中信改革发展研究基金会·中国学派集成

全球化的裂解与再融合

朱云汉 著

The Future of Globalization

中信出版集团 | 北京

图书在版编目（CIP）数据

全球化的裂解与再融合 / 朱云汉著 . —北京：中信出版社，2021.11
（中国学派集成）
ISBN 978-7-5217-3596-3

I. ①全…　II. ①朱…　III. ①国际政治—研究　IV. ① D5

中国版本图书馆 CIP 数据核字（2021）第 189867 号

全球化的裂解与再融合

著者：　　朱云汉
出版发行：中信出版集团股份有限公司
（北京市朝阳区惠新东街甲 4 号富盛大厦 2 座　邮编　100029）
承印者：　天津丰富彩艺印刷有限公司

开本：880mm×1230mm 1/32　　印张：10.75　　字数：216 千字
版次：2021 年 11 月第 1 版　　印次：2021 年 11 月第 1 次印刷
书号：ISBN 978-7-5217-3596-3
定价：69.00 元

“中国学派集成”总序言

新中国成立70年来，中国的发展成就斐然，道路独特，特别是在改革开放40年中，中国一直在探索自己的发展道路，体现了对中国自主发展与文明复兴的追求。

2015年，中信改革发展研究基金会推出了中国道路出版工程，其宗旨是：坚持实事求是、践行中国道路、发展中国学派。我们组织力量进行“中国道路”丛书的编辑和出版工作，从分析中国经验、中国道路的问题意识出发，在研究中国特色的制度、道路、模式的基础上，努力对中国道路和中国经验进行理论化总结。目前已经出版了几十部著作，产生了一定的影响力。

2018年下半年，我们在《经济导刊》杂志开辟了“中国学派”专栏，围绕一些重要的议题，陆续组织相关学者进行高端访谈和开放性的讨论。在此基础上，我们将组织编辑出版“中国学派集成”系列丛书，在理论战线积极促进中国学派的原创性研究，为社会科学领域构建中国学派的思想阵地助力。

什么是“中国学派”？为什么要提出发展中国学派？在社会科学各领域怎样推进中国学派的发展？这些问题存在多种认识和争议，不同的认识对于探索构建中国学派都具有启发意义，也将在本丛书的讨论中贯穿始终，逐步深化。

现代中国最丰富的思想和经验绝大多数是从中国发展的实践中产生的，当代中国学者在中国实践理论化方面一直在进行持续的自觉努力，构建中国学派也一直是学界努力的方向，这是艰难的基本建设工作，需要进行尝试和努力。这种努力和推动形成了动力，包含了一种期待，在发展中国学派的过程中构建相应的学术共同体。

改革开放40年来，全球学术界越来越关注有关中国问题的讨论和研究，究竟如何理解中国的发展，人们不仅要看西方学者怎么说，更要看中国学者怎么说。瓶颈在于，社会科学领域的研究一直存在理论滞后于实践的现状，一些学术研究既缺乏对现实生活的解释能力，更缺乏对现实生活的理论指导，对中国道路的实践缺乏研究动力。我们需要改变理论脱离实际的学风，破除那种在学术研究中严重脱离中国社会发展现实，以西方的问题代替中国的问题，以西方的方法代替中国的方法，以西方的标准代替中国的标准所形成的思想桎梏。我们要敢于挑战和打破各种流行思维和迷信，包括所谓的洋教条和新自由主义。

任何学派的产生都是特定时代伟大实践的产物，是对那个时代重大问题的思想回应，也是对那个时代特点的理论概括。毛泽东在中国共产党成立初期就特别强调，任何一种理论都需要从中国革命的具体实践出发。我认为，近现代以来，毛泽东是真正的中国学派的开创者。他将中国共产党和中国革命的实践，与马克思主义理论相联系，从中国革命和建设的具体实践出发学习、发展和丰富马克思主义，将马克思主义中国化。在1963年11月18日，毛泽东修改《人民日报》编辑部、《红旗》杂志编辑部文章时加写了一句“社会实践是检验真理的唯一标准”。他一直倡导对中国革命和社会主义建设已经发展出的理论经验，根据新的条件加以修正和运用。邓小平同志是中国学派的推动者，他推动的思想解放、实事求是，为我们改革开放以来的思想发展、理论发展和学术发展创造了条件。1978年5月11日，《光明日报》发表《实践是检验真理的唯一标准》的评论员文章，邓小平为文章题词“实践是检验真理的唯一标准”。邓小平理论不是从教条中来，而是在实践中摸着石头过河，在实践中总结、提高，形成新的方略，其实践性带有从实际出发的创造性。习近平是新时代中国学派的引领者，他站在理论的最前线、思想的最前线，他是中国学派的代表和旗帜。

学术研究和国家的发展是互动的，学术研究也是建立在国家发展成就的基础上。习近平总书记2018年5月2日到北京大学考察时说，什么是一流？要在中国特色下去评价。过去讲，只有民族的才是世界的，先是要让国家达到一流水平，其他服务于国家一流。这个说法归纳起来就是“国家一流，学术才能一流”。在学术界，一直存在一种较狭隘的想法，认为学术一流才能国家一流。在此我想强调的是，中国的实践已经形成了中国特色的社会主义道路，我们的国家已经达到了一定的能力和水平，由此，学术就有条件赶超一流国家的能力和水平，我们要有自信，要把学术研究建立在国家发展成就的基础上，做到知行合一。

谈到发展中国学派这个问题，我认为应该视野更开阔，我们国家走过的道路非常艰难，但在一定程度上已经“成形”。在2018年两会上，习总书记再次担任国家主席时发表演讲，他说，中国人民是具有伟大创造精神的人民，中国人民是具有伟大奋斗精神的人民，中国人民是具有伟大团结精神的人民，中国人民是具有伟大梦想精神的人民。由此，中国人民的创造精神正在前所未有地迸发出来，中国的大“势”正在推动中国学派的形成。

我们所谈的中国学派不是狭义的、学术流派意义上的学派，而是有自己的概念体系和理论体系，更多地体现出一种中国人看问题的视角和观点，同时包含不同的理论流派，包含与国内外各派学者的竞争和相互借鉴。中国学派不是只研究中国的“学派”，也要进行世界性的研究。中国的改革开放，不仅使国家越来越强大，还使很多学者有条件进行广泛的国际交流和国际比较研究，从中国视角放眼看世界。中国学者对“中国特殊性”要有深刻理解，能够把握中华文明不同于其他文明的独特品质，以中国为立脚点，立足于中国本土的实践基础，彰显富有中国特色、中国风格、中国气派的独特精神。

让世界对中国思想、中国经验、中国道路有所了解，这也是中国学者的使命。多年来，国际上通常以现有的西方学者创造的理论框架来解释世界，并以此来分析中国的发展模式，因而不能正确地解释中国现象。中国学派应该扬弃中国知识分子一向抱有的“西天取经”的信念，这并不是拒绝西方，马克思主义就是来自西方，但是要打破西方思想的理论禁锢，要创造性地理解和吸收。理论的适用与否取决于理论的前提条件，我们要扬弃的是照抄照搬现象，逐步增强“自信”，破除“他信”。

为什么过去很多人只承认西方的学术体系是科学体系？难道中国的诸子百家就不是我们古代的中国学派？我们曾经批评过将西方的“普世价值”植入替代中国的“普世价值”的思想和做法，并不是否定西方在自身的实践和道路上形成的理论，然而我们不能妄自菲薄。站在历史的高度，从我们的先贤那里走到今天，我们不可能放弃本土的学术追求，否定中国自己的理论特色。我们要善于融通古今中外各种资源，几千年的中国优秀传统文化形成了发展中国学派不可多得的丰厚底蕴。近百年来，指导中国革命和中国建设的马克思列宁主义、毛泽东思想的基本理论，以及实践中形成的思想成果，是中国学派进行研究的根基，世界各国在人文社会科学取得的积极成果，都可以成为中国学派的有益滋养。认识没有终结和边界，我们应突破固有的知识框架和概念体系，而不是教条式地顶礼膜拜。有学者提出，我们推动发展中国学派，是否可以理解为面对新的发展环境，在马克思主义基础上的理论创新？我认为可以这样理解，它既是对中国文化的继承、传承和发展，又是对马克思主义的继承。

中国学派的发展，从根本上不能脱离中国发展的基本点和归宿。真知蕴藏在实践中。不能解释中国实践的理论，就不可能正确指导中国的实践。任何重大理论问题都源于重大现实问题，要善于发现问题、研究问题，要在解决实际问题的过程中提出自己的概念和理论。近百年来的中国革命和建设，近四十年来的中国改革开放，波澜壮阔，历经艰难曲折，这是与西方世界的兴起迥然不同的伟大实践，无法在西方的知识体系中加以解释，因而，我们要站在“此岸”而不是站在“彼岸”来认识问题。采取正确的认识路线是第一位的，解决问题要在此岸，离开中国的实际、离开实事求是，认识路线就跑到彼岸去了。我们不是简单地囿于西方理论，也不是简单地囿于我们自己的传统学说，所有的理论，实践性应该是最高品格。我们要结合中国现实问题，在实践中推陈出新。中国学派要有平视世界的学术自觉、学术自信和学术自强，以中国视角去认识世界、认识历史、认识社会。有了这样的历史传承和现实创新，有了这样的认识论和方法论，中国学派的发展就带有历史的必然性。

中国学派应该有学术报国的情怀，这也是中国学派发展的重大历史时代背景，而不是一群学者聚在一起搞脱离实际的纯学术讨论，把学术看成一种独立的、脱离中国实践的追求，这样是无立足之地的。

中国学派的历史使命就是要形成具有中国特色、解决中国问题的知识体系，为我们国家提供认识中国、认识世界的基本理论，为人类发展提供中国智慧、中国道路、中国经验，并及时介绍给世界，如果做不到这点，就是中国学者的缺位。

中国学派要以中国实践创新中国理论，以创新的理论来指导中国实践，需要构建具有中国特色、解决中国问题、以中国视角来观察和研究世界的研究体系和学术队伍，这种新时代的理论诉求，催生了中国学派发展的必然性。

我们正走在中华民族伟大复兴的道路上，中国发展改革中有很多问题需要研究和探讨，习总书记指出，这是一个需要理论而且一定能够产生理论的时代，这是一个需要思想而且一定能够产生思想的时代。我们处在这样一个需要新思想、新理论的新时代，发展中国学派正当其时！在中华民族伟大复兴的道路上，我们要把握好这一历史机遇，把发展中国学派作为自己的使命！

孔丹

2018年10月15日

目 录

序 1　遍地烽火，何日河清：从镶嵌到融合

许倬云

朱云汉教授撰成新作，讨论世界的裂解与融合，请我撰写序文，拜读之后，深有感触。2019 年 8 月 11 日，《纽约时报》刊载的新闻，就有不少世界各地的动乱。仅各处新移民与当地主要族群的冲突的新闻，就不少于 5 条；冲突出现的地点，遍及挪威、瑞典、美国的得州、亚洲的克什米尔；牵涉经济发展与国际贸易的事件，至少有 7 件，包括中美贸易战、北美自由贸易区与北美自由贸易协定、日韩贸易纠纷、欧盟与英国脱欧问题、中东石油国际禁运。每天打开报纸，触目之处，竟可说遍地烽火，狼烟四起，这一地球，几乎没有安宁土，没有清静日。

朱云汉教授讨论的主旨是在最近一二十年中，世界各处政治经济局面发生了前所未有的变化，尤其是民族主义问题达到高潮。这一民族主义问题不是肯定自己，而是排斥他人。同时出现的是经济发展的混乱，也使得过去已经维持 30 多年的供应链几乎处处断裂。回忆当年，大约是 1960 年以后，世界各地都在讨论全球化。而到今日，在推动全球化发展中，也产生了去

全球化呼声，国与国之间的冲突、人与人之间的矛盾越来越显著。

全球化这一梦想其实与“大同世界”有相当大的不同。在中国文化中，大同世界是无私的世界。20 世纪讨论的全球化，则是一个相互依赖的世界。大家相互融合，而不是彼此分割。目前有一些国际组织，如世界贸易组织、北美自由贸易协定，还有就是欧盟从一个产业结合体，演变为一个“欧洲大联盟”的雏形。凡此，都将加速推进全球化的过程。但是进入 21 世纪以来，这种趋势，却被美国的领导者——特朗普总统悍然推翻。他或者主动退出协定，或者干脆废除协定，以至于曾经为了经济秩序而建立的种种约定与布局，正在化为灰烬。

全球化的现象，本来是基于经济资源配置和产品的流通，而构建彼此联结的供应链。但进入 21 世纪以来，突飞猛进的信息科技，将信息链的联系迅速转移到个人手中。信息链的紧密联系，让人们感觉“天涯若比邻”。任何地方的信息，俄顷之间，就可以到达另一地方，这增加了合作的机会，也增加了冲突的可能。构建全球化的前提，是经济合作和信息流通这两个文化现象。但从负面看，近代工业化的发展消耗大量能源，使得本来“靠天吃饭”的农业，也变成了“戡天而毁之”。这些现象与因人类行为而导致的生态危机叠加，使得人们开始警觉，地球只有一个：70 多亿的“小蚂蚁”，只有“拳头大”的地球作为生存基地。这种同生死共存亡的感觉，为全球化增添了一个沉重的注脚。

如此顺畅推行的全球化，为什么忽然之间又出现了问题，以至于每个国家都出现了像特朗普那样的人物？族繁不及备载，不必一一提及，他们的共同特点是唯我独尊。在富有的国家，典型的是“使美国再次伟大”这种口号。而在穷困的地方，则是穷凶极恶地剥削百姓，使其上层比任何阶层都要优越。无论于公还是于私，全球化的梦想被我们抛在脑后。我们面临的是一个分裂中的世界，而且这裂痕一天比一天大，因为美国还在不断制造危机。

朱教授特别提出两个陷阱。一个陷阱是经济方面，即不惜破坏全球融合的格局，代之以分裂与混乱，掉入失序的“金德尔伯格陷阱”（Kindleberger's Trap）。另一个陷阱则是所谓的“修昔底德陷阱”（Thucydides's Trap），也就是全球掌有权力者，不允许另一个伙伴共享权力。也就是说，第一号掌权者要消灭第二号崛起者，擂台台主要把打擂台者扔到台下。在朱教授的新作里，就这两个现象列举了很多政治经济方面的例证。

朱教授特别提到两个名词，一个是镶嵌的格局，一个是融合的完成。这两个名词，其实也代表人类历史上的两种发展形态。我是学历史的，对朱教授所提的这两种对立的现象，深有同感。因为在历史发展过程中，我们的确可以看到西方世界常见镶嵌而罕见融合。而即使有融合的个例，也会或是毁己从人，或是化他为己。

从大历史现象看，我们从希腊世界开始，看看欧洲的发展历史。古代希腊世界常以雅典为首善之区。雅典文化发达，城邦富足，的确不愧这一领头身份。有了雅典的带头，配合斯巴达的合作，才能成功击退波斯的扩张。但是从彼时以后，“修昔底德陷阱”就出现了。雅典不容许斯巴达在其卧榻之旁鼾睡。最终雅典独占霸主地位，强令各国海军的建设必须由各国出资，却将舰队归属雅典控制。雅典先后压服可能的挑战者——斯巴达和科林斯，控制了希腊各城邦。雅典不为此满足，又以全力远征西西里，这导致了雅典最终的覆亡。希腊世界终于屈服于远在边陲的马其顿。这一亚历山大建立的马其顿帝国也不容许波斯与其并肩，所以亚历山大一生的努力就是东征西讨，却帝业未成，英年逝世。他尸骨未寒，亚历山大帝国就崩解为三个中东王国。

第二次出现大国，是在罗马时代。罗马城邦是仿照希腊城邦的模式构建的集合体，格局已经超越城邦体制，核心力量则还是罗马城邦。这个核心力量，依赖其独特的权力共享观念，由元老院代表贵族联合体，而罗马城外农夫，则以公民身份武装为罗马军团。罗马军团兵锋四出，遂使地中海四周，北达高卢，南到埃及，都屈服于罗马之下。罗马的统治几乎涵盖当时地中海世界的全部地区，只剩下迦太基依然保持其商业帝国的经营方式存在，富有而强大，成为罗马的挑战者。迦太基可能并不想挑战罗马，因其有自己发展的天地，比如非洲。但是罗马却容不得迦太基的存在。罗马屡次征战，三代经营，终于消灭了迦太基，随即屠戮其百姓，乃至引海水灌入良田，使其不能生产谷物。这就是“修昔底德陷阱”，中文所谓“卧榻之旁，岂容他人鼾睡”，只是罗马作为的残酷，则不是这句中文言语的想象可及的。

罗马世界并不是一个融合的总体。各地都有罗马的属地。罗马容许其新占的各个领地保有自己的法律风俗，也并不将原有的统治者代之以罗马的官员，缺少人才、资源、文化在这个庞大疆土流转，进而逐渐融合。罗马帝国不是一个融合的集合体，而只是一个霸主宗邦，强制将许多城邦纳入其麾下。

古代的罗马帝国逐渐衰亡，首先出现“蛮族入侵”，他们成为雇佣兵，暗中偷换为罗马内部权力的质变：新侵入的“蛮族”，以基督教为名建立神权秩序。这个秩序无论是本来成为教廷的罗马，还是后来以“神圣罗马帝国”之名建立的国际秩序，不同于中国秦汉以后出现的编户齐民制度，处处都是各种族群建立的城邦。有的是以封建方式，只承认宗主国权威，但是并不接受其治理；在封建小国内，也是封君与领主的从属，并不接受王者派遣的官员。

如今，欧洲尽管有一个共同的秩序，但依旧只是镶嵌格局，并不是融合的。欧洲历史上，从来没有出现过“华夏”方式的“天下”，在不断进行的文化、种族的融合过程中，互相融合为庞大的有机集合系统。

17 世纪，《威斯特伐利亚和约》以后，欧洲挥手告别了名义上的帝国体制，承认列国体制的秩序。从 17 世纪到今天，欧洲战乱不断，其原因都不外乎争夺霸权：地中海东、西之间的争霸，欧洲大陆上中欧与西欧的争霸。近代以来，欧洲的霸业争夺，表现为法国、德国、英国之间的征战。有一方坐大，另两方就合力而攻之，两次欧洲战争都是如此。

由世界格局论，大英帝国的扩展与资本主义的发展共生，其国旗飞扬各处。它一度占有了世界三分之一的人口和大半个地球的资源。但它与罗马帝国一样，是镶嵌的格局，而不是融合的秩序。在大英帝国内，印度还是印度，马来西亚还是马来西亚，甚至英语民族国家，如美国、澳大利亚、新西兰等处，一旦分出去，只是同语言的原因接受为同族，但绝对不会趋向国与国之间的融合。目前，大不列颠及北爱尔兰联合王国因为脱欧，自外于欧洲，其内部也可能分裂。

以上所说，两千余年来，西方世界的力量一步步扩大和强盛，最终成为地球上的统治群体。然而，西方称霸世界的时候，尤其是后半段，我们只看见他们抢占别人的领土作为自己的殖民地，并没有看见以“和”引起的合作，而只看到以“力”进行的利益争夺。更可诟病的是，西方殖民各处，又往往以“一神信仰”的排他性，视各处有色人种为异类，悍然掠夺、奴役，甚至杀戮，何来融合的观念。

鄙意以为，自公元前四千年以前，高加索山下的人驯服了马匹，加长了活动距离，也扩大了其控制范围。很快西方人发展了骑乘技术。马上民族一拨儿又一拨儿，四下扩充。其中的一路涌向了南亚次大陆，后来者处于先到者之上，构成了千层糕一样的制度。而向西扩充的路线，将先到者推到大陆旁边，后来者占据主要地区，各处建国。他们冲击原住民的社会，改组原有格局：或以宗教信仰，或以结盟方式，构建列国体制。但是如此局面依然是镶嵌，而不是融合。最近的个例，原本可能逐渐走向融合局面的欧盟，却因英国的脱欧，引发了内部的矛盾。从此以后，欧洲融合的机会只会更渺茫。

美国在特朗普的治理下，悍然撕毁各种条约约定，或者努力将原有的合作条约重新签订。他要求各国接受霸主的约束指挥，凡参与新订条约的国家要承担义务，只有霸主美国可独享权力。原本似乎正在开展的全球化进程，因为美国一直以“霸主”姿态自居，以至世人终于发觉，全球化不过是一个幻影，其背后仍是“强者为王”的现实。今日，世人难得不做如此想法：历史竟是屡次不断地重现的错误。所谓大同世界，在世人的眼中，其实只是白人的天堂。“太阳城”不过是白人信仰的“一神信仰”教义中设想的境界，而不是人间可以期盼的理想秩序。

相对而言，在中国历史上，春秋战国的融合过程，何尝不是刀光剑影，人喧马嘶。在春秋战国，经过不断的战争，秦始皇统一了中国。但在这一竞争过程中，各国彼此学习，以至于秦汉统一之前，各国已纷纷实现了内部的郡县制度，也纷纷招纳客卿，借用贤才，为自己服务。它们无不推动资源流通，逐渐构建了资源流通的道路网络。秦始皇统一中国以后，推动“书同文，车同轨”，规划度量衡标准化。出于同样心态，战国招贤纳士的政策，在秦汉帝国发展为察举制，延揽贤良为国家工作。汉代终于将中国融合成一个结实的集合体，华夏世界因而铸造成一个文化与经济共同体。中国的“天下”，其终极境界是大同世界。儒家讲究修己、安人，终于安天下百姓。《礼记·礼运·大同篇》盼望的大同世界是，选贤与能，人人有职业，老幼妇孺都受到照顾。人有能力，应当服务大众，而不是只为自己；资源属于大众，不在自己。当然，如此美好的世界，当然不易企及，却应是憧憬与努力的目标。

这种融合的思想，自古贯穿至今。这一核心力量的强大，足以将边陲的文化融合在华夏文化的大圈子之内。大文化圈的增长扩延，也是不断地通过吸收各地乃至域外的文化，使其本体不断变化，终于融合，而不是镶嵌：犹如熬制一锅浓汤，五味杂陈，调和成味，而不再顾及其本来成分的味道。相对而言，美国的烤牛排，是肉归肉，配料归配料。美国的沙拉，诸种成分搅和，无非是一盘“镶嵌”菜肴。

这种不能融合的现象，也是骑马战斗民族的心态。扩张和掠夺是为“我”，而不是为他人。“我”为主，旁人为从。跟“我”走，“我”凌驾于你之上。美国原来标榜的自由主义，本来是人人拥有、众人应有的权利，现在却变成“我”要保护自己的权利。于是，自由主义成为个人主义的另一个名称。每个人都坚持自己的权利，乃至于性别差异都不被作为界限。每个人坚持自己的选择之后，可以去除自己先天的性别，而是选择自己认同的性别。只认同“I”（我）这个字，最终超越“he”（他）与“she”（她）。

这一全盘放任的心态，使西方构建的近代历史充满了开创的活力和冒险犯难的精神，但是也带来了蔑视他人、埋葬过去的短处。最后只剩下独立于万民之中，一个孤独的“我”。“自由”两个字被误解了，以至于在这种新的自由理想之下，“镶嵌”，最后导致裂解；自我肯定，终于丧失了尊重别人和融合为一体的心。法律规定，保护的是“利”，法律之外界定人际关系的是“力”。“利”与“力”结合在一起，就不再会有容忍他人、彼此尊重的宽容。譬如，一碗众味调和的佳肴，失去了这些互补，竟成为一口怪味。

在近现代医学史上，只有最近才认识到人体各个器官彼此之间的影响。至今还有人执着于头痛医头、脚痛医脚的观念，而没有想到要整体考虑这些器官之间的关系。我们不仅应当认识到人体是一个整体，还要认识到世界是一个整体，宇宙也是一个整体。个体不能妨碍全部，而应对全体有所贡献，而且在全体中应当有所约束，而不是一定要取得“第一”的地位。朱教授这本大作的后半部分，之所以提出了“世界的今天”与“中国的未来”，也许他的想法也是我在这里通过历史的引证而呈现出的西方世界和中华世界之间巨大的差异。在中华农耕文明中，人与人的合作，土壤、空气与生物本身生机的结合，这些因素必须互相配合，才能构成一个鸟飞于天、鱼跃于渊的和谐、活泼的世界。

以上所说是我对朱教授大作的感想。提醒各位读者，也许我们可以相呴以湿，相濡以沫。我们要在自己的周围，主动创造融合的局面，而不是镶嵌的裂解。我们盼望，特朗普现象只是过眼云烟。这种忽然出现的一个“另类”，终将会在人类的正常心态中化解于无形。

我盼望，有朝一日，人人都能觉悟：个人不能离群独立生活，任何族群不能永远称霸，世界的和平必须建立于各族群之间的融合之上。何日河清？仰天祈祷，早日能见！

序 2　全球化下的西方与中国

郑永年

朱云汉教授来新加坡参加会议时，提到他的新著《全球化的裂解与再融合》即将出版，我向他祝贺，同时也很期待。这些年来，云汉教授笔耕不辍，对当今世界所发生的事物有非常深刻的思考，写了不少洞见文字。但每次读后，总感觉到云汉教授还没有说完，因此就有了新的期待。和他交换了一些看法之后，云汉问我是否可以为他的新书写一个短序。我欣然答应，但同时告诉他，我答应写序主要是向他学习。我们都是从美国留学回来的，云汉长我几岁，对他的作品，我都是抱着学习的态度，看他的文字的确获益匪浅，也影响了我自己的研究。所以，我这里的这些文字与其说是序言，倒不如说是读书心得。

云汉的新著不长，文字也不多，但这本书不是一般的学术研究，而是云汉多年来深刻思考的文字表达，加上深厚的知识背景，读者需要花很多时间来思考、消化，最终才会有所感悟。特别需要指出的是，此书涉及的“西方”和“中国”这两个原本只是地域性的概念，现在已经成为高度政治化和意识形态化的对象。近年来，人们对20世纪90年代以来中国和西方（尤其是美国）所发生的变迁，感性太多，理性过少。赞叹、怀疑、恐惧等情绪充满舆论空间，但缺失了基于理性思考上的分析。

在这里，我并不是要赞扬或评判云汉的观点，而是借着学习云汉的论述，围绕他所思考的问题，也谈一些我的看法，既作为对云汉作品的“悟”，也作为对其观点的延伸。

西方制度面临困局

在全球化下西方和中国所发生的巨变的确令人深思。记得20世纪90年代初，日裔美籍学者福山发表了其所谓的“历史终结论”，认为西方自由民主是世界上最好的，也是人类最后一种政治制度。一方面是因为其符合西方主流意识形态的需要，另一方面是因为东欧剧变，这一理论广为流传，名噪一时。但是好景不长，西方自由民主内部开始发生巨大危机，并深刻影响到作为西方内部秩序外延的“自由国际秩序”。今天，西方内外部危机互相交织，日益恶化，人们看不到内外危机如何缓和解决，出路在何方。与此同时，也正是在这段不长的时间里，中国实现了快速和可持续的崛起，不仅催生了内部新制度的诞生，而且开始走向世界舞台中心，在剧烈变化的国际事务中扮演着越来越重要的角色。世界历史不仅没有为西方的“自由民主”所终结，相反地，中国的崛起开启了新的世界历史。

曾经创造辉煌的西方制度为什么会在今天面临这样的困局？简单地说，西方制度为根深蒂固的既得利益所怀抱，不能与时俱进，适应新的环境，到今天形成了“政治之恶”、“资本之恶”和“社会之恶”“三恶并举”的局面。尽管人们对此甚感可惜，但也无可奈何。应当指出的是，这里的“恶”并不是一种道德上的判断，而是一种正常社会现象，即各种角色的“自私”行为。

今天人们所见到的西方制度是近代变革的产物。无论在理论层面还是在实践层面看，可以说西方政治制度起于暴力，终于民主。在近代民族国家产生之前，西方所经历的政治体制要不是非常地方化的体制，包括部落和欧洲式的小王国（kingdom），要不是庞大的帝国。在很长一段时间里，欧洲的政治历史就是由地方化的小王国到帝国、帝国解体再分裂成小王国、再由小王国到帝国的循环往复。直到近代，欧洲才形成了统一的民族国家。德国哲学家黑格尔对近代民族国家形式的推崇到了迷信的程度，直接宣称近代民族国家为“历史的终结”，认为它就是人类最好的国家形式，也是最后的。

但是，现实中，民族国家并非当时的人们想象的那么美好。尽管基于近代“绝对主权”理论之上建立的主权国家推进了经济和社会的发展，但并不能保障国家之间的和平。近代欧洲国家之间战争频发，至一战和二战达到了顶峰。二战结束后，西方诸国内部实现了经济和社会的繁荣。在国际层面，在英美主导下，西方也形成了西方人一直为之骄傲的所谓的自由世界秩序。这种局面一直维持到20世纪90年代初苏联解体。尽管苏联解体有其复杂而深刻的内在因素，但在西方看来，这完全是西方“自由民主”的功劳，是那里的人民抛弃了自己的制度，而选择了西方制度。这也就是“历史终结论”的背景。

那么，西方政治制度到底发生了怎样的危机？这就要看西方政治制度的“初心”及其演变。

一句话，西方政治制度需要解决的是“权力之恶”问题。西方国家起源于暴力，即战争和征服。在理论上，从意大利的马基雅维利到英国的霍布斯，人们已经为通过暴力（包括战争）而建设国家路径的合理性提供了最有力的论证。霍布斯的《利维坦》假定人类的原始状态是一个“无政府的战争状态”，而他人就是敌人，人与人一直处于战争状态。为了求生存，就要结束这种不安全状态。因此，人们“让渡权力”给主权国家，并且和国家签署“契约”，让民众保存一部分不可让渡的“权利”。在实践层面，欧洲近代国家在战火中诞生，绝对专制是所有近代欧洲国家的最主要特色。只有在近代专制国家形成之后，欧洲才开始了“软化”和“驯服”权力的过程，也就是后来被称为“民主化”的过程。洛克的自由主义理论开始“软化”政治的专制性质，而阿克顿勋爵的名言“权力导致腐败，绝对权力导致绝对腐败”①，则使欧洲政治制度的设计目标昭然若揭，那就是“权力制衡”。

---

① 阿克顿．自由与权力［M］．北京：商务印书馆，2001：342．

西方通过一系列的制度设计来达成“权力制衡”的目标，包括宪政、三权（立法、行政和司法）分立、法治、多党制、自由媒体和多元主义等。到了美国经济学家加尔布雷思那里，就连经济力量也是对政治力量的有效制衡，即政治和经济权力的分离是西方民主的前提条件。必须指出的一点就是，所有这些制度设计都是当时西方诸国社会力量的反映。

且不说所有这些“制衡”是否有效及其制衡的结果，西方政治制度的设计既忽视了“资本之恶”的问题，也忽视了“社会之恶”的问题，不过这种忽视是很容易理解的。西方近代国家的产生本来就和资本不可分离，如马克思所言，资本主义国家本来就是“资本的代理人”。在亚当·斯密的“看不见的手”那里，“恶”（追求私利）是一种积极的要素，他相信人们的“自私”行为可以自动导致公共品的出现。但其他人从中发现了“资本之恶”的恶果。对“资本之恶”，马克思进行了充分的理论揭示，法国作家雨果和英国作家狄更斯等做了文学描述。近代以来，各国通过共产主义运动，对“资本之恶”有了一定的制衡。在这个过程中，民主的确发挥了很大的作用。在马克思描述的原始资本主义阶段，西方议会里都是传统贵族或新生权贵（商人和资本家），但随着民主的扩张，越来越多的人进入议会和政治过程，西方政府权力的基础逐渐从资本转移到选票。

但是，当代全球化已经彻底改变了这种局面，资本再次坐大。“资本之恶”可以被民主所制衡的条件就是资本具有主权性（在国家政权的范围内），无论是政治还是社会，可以对资本产生影响。然而，全球化意味着资本可以轻易与主权“脱钩”。资本没有国界，也就是说，资本没有主权。一旦资本与主权“脱钩”，资本所从事的经济活动，无论是全球化还是技术进步，无一不演变成独享经济，而非往日的分享经济。全球化和技术进步为人类创造了巨额的财富，但财富则流向了极少数人手中，大多数人并不能分享。这是今天西方收入差距加大、社会分化加深的最主要根源，也使得各种社会冲突浮上台面。

在任何地方，与政治和经济相比较，社会似乎永远处于弱势状态。无论是在宗教时代，还是在世俗政权下的帝国或地方性政权，社会永远是“被统治者”。近代民主产生以来，社会力量的地位尽管有所改善，但仍然改变不了其弱势的局面。尽管“社会之恶”基本上是其弱势地位的反映，但仍有效制约着西方政治体制的运作。今天的西方，社会一方面追求自己的权利，但同时也在滥用权利。福利制度就是明显的例子，民主经常演变成福利的“拍卖会”。尽管“一人一票”的民主保障了人们可以得到“一人一份”，但并没有任何机制来保证“一人贡献一份”。而如果没有“一人一份”的贡献，就很难保障福利社会的可持续性。资本自然被要求多付几份，即政府通过高税收政策来追求社会公平。显然，一旦资本可以自由流动，那么就可以逃避本国的高税收。实际上，“避税”也是西方资本“全球化”的强大动机之一。进而，随着社会越来越不平等，西方社会各种激进主义、极端主义及其所导致的暴力行为横行，影响了社会的正常运作。

中国创造性探索适应时代的新体制

今天的西方，一个不可回避的现实就是：政治上越来越崇尚民主，经济上则越来越不民主；政治上已经充分实现了“一人一票”制度，但经济上则越来越不平等。在这种情况下，政府需要有所作为，因为政府代表着社会的整体利益。但现实是残酷的，西方政府不仅无能为力，反而趋恶，其表现为政治精英之间难以形成共识，党争不止，治国理政被荒废。更为严重的是，党争往往与形式繁多的民粹主义甚至政治极端主义联系在一起，造成了更进一步的社会分化。近代以来的代议民主已经失效，因为一些政治人物已经失去了政治责任感，导致了“有代议、无责任”的局面。民主成为各种社会冲突的根源。政党政治成为意识形态之间、阶级之间、宗教之间、民族之间、公民与移民之间等种种冲突的直接根源，并且对这些冲突推波助澜。

无论是民主还是福利，其逻辑就是：一旦拥有，再不能失去。尽管危机越来越深刻，但人们看不到出路。很显然，在政治、资本和社会所有群体都成为既得利益的一部分，没有任何一个群体可以站在既得利益之上的时候，谁来解决问题呢？

因此，这个新时代呼吁一种新体制的出现，这种体制既可以形成政治、资本和社会内部的制衡，又可以形成政治、资本和社会三者之间的制衡，从而实现双重的均衡及其在此基础上的稳定发展。而中国经过数十年的创造性探索而造就的一整套新体制，正是适应了这个时代的需要。

1949 年之前，毛泽东那一代解决了革命与国家的问题，通过革命建设了一个统一的国家，结束了近代以来内部积贫积弱、外部受人欺辱的局面。新中国成立后的前三十年对新中国的基本制度建设做了很多探索。不可否认，新中国的基本国家政治制度都是在毛泽东时代得到确立的。毛泽东时代之后的中国被称为“改革开放”的时代，顾名思义，“改革”就是“改进”、“改善”、“改良”和“修正”等，而非革命和推倒重来。

改革开放以来，邓小平一代解决了经济发展问题。在短短的40 年时间里，中国书写了世界经济史上的最大奇迹，把一个一穷二白的国家发展成世界上第二大经济体、最大的贸易国，即使就人均国民收入来说，也已经接近了高收入经济体。不过，更大的奇迹在于促成了近 8 亿人口脱离贫困。从历史角度看，任何社会都有致富的方式，但不是任何社会都能够找到脱贫方式。在脱贫方面，中国无疑是独一无二的。

尽管中国的经济奇迹为人们所称道，但中国所取得的成就并不能仅仅以各种经济指标来衡量。无论是中国历史上的辉煌，还是近代西方国家崛起的经验，都表明了一个道理：无论是国家的崛起还是民族的复兴，最主要的标志便是一整套新制度的确立和其所产生的外在影响力，即外部的崛起仅仅是内部制度崛起的一个外延。仅有经济总量，但没有制度建设，这样的崛起是不牢靠的。中国近代历史充分说明了这个道理。例如1820年，中国经济总量虽然占世界经济总量的30%以上，但在1840年的鸦片战争中被英国打败。

制度是决定性因素。看不到中国的制度优势，不仅难以解释中国所取得的成就，也难以保障已经取得的成果，更难以实现未来的可持续发展。这些道理很多人都明白，但同时制度建设也是最难的。近代以来，直到今天，很多人一直期待着会从“天”上掉下来一套好制度，一些人更迷信西方制度，以西方为“天”，以为移植了西方制度，国家就可以轻易强大，但恰恰这一点早已被证明是失败的。二战后，很多发展中国家简单地选择了西方制度，把西方制度机械地移植到自己的国家。尽管从理论上说，宪政、多党制、自由媒体等什么都不缺，但在实际运作层面什么也没有发生，不仅没有促成当地社会经济的变化，反而阻碍着社会经济的发展。而自主的制度建设和改进正是中国数十年以来的要务。如果说党的十八大之前，一些人对中国自己的体制还缺乏信心，不仅不敢正视自己体制的优势，反而认为自己的体制是必须被改革的，那么十八大以来的“制度自信”和“文化自信”相互配合、相互强化，造就了今天人们所看到的一整套制度体系。

在基本经济制度方面，中国已经形成了“混合经济制度”。具体来说，就是“三层资本构造”，即顶端的国有资本、基层以大量中小型企业为主体的民营资本、国有资本和大型民间资本互动的中间层。这个经济制度可以同时在最大程度上发挥政府和市场的作用。各种经济要素互相竞争和合作，造就了中国经济的成功，同时它们之间也存在着互相制衡的局面。因为三层资本结构一旦失衡，经济就会出现问题，人们就必须在三层资本之间寻找到一个均衡点。而在这个过程中，政府扮演着不可或缺的角色。

在中国的哲学中，发展和管理经济永远是政府最重要的责任之一。政府承担着提供大型基础设施建设、应对危机、提供公共服务、平准市场等责任，而民间资本提供更多的则是创新活力。过去数十年，中国创造了世界经济历史的奇迹，又克服了亚洲金融危机（1997 年）和全球金融危机（2008 年）的影响，与这个经济体制密不可分。

在政治领域，西方的“三权分立体系”为党争提供了无限的空间，导致了今天政府无能的局面。相反，中国在十八大以来，以制度建设为核心，通过改革融合了新中国成立以来的基本制度和传统制度因素，形成了“以党领政”之下的“三权分工合作体系”制度，即决策权、执行权和监察权。传统上，“三权分工合作体系”自汉至晚清，存在了两千多年，并没有受王朝兴衰更替的影响。今天，通过创新和转型，重新确立了“三权分工合作体系”，为建设稳定、高效、清廉的治理制度奠定了基础。

尽管“三层资本体系”和“三权分工合作体系”仍然有很大的改进空间，但它们已经构成了中国最为根本的制度。经验表明，经济形式决定社会形式，而社会形式又决定政治形式。

三层资本形式塑造着今天中国的社会结构。同时，中国的政治过程又是开放的，不同资本和社会形式都可以进入这一开放的政治过程，参与政治过程，有序地主导和影响着国家的进程。

中国的制度模式不仅促成了中国成功的故事，也为那些既要争取自身的政治独立又要争取经济社会发展的国家提供另一个制度选择。中国的经验表明，制度建设，不能放弃自己的文明，但需要开放，对自己的文明进行创造性的转化。凡是文明的才是可持续的。只有找到了适合自己文明、文化的制度形式，人们才可以建设一套行之有效和可持续的制度体系。虚心学习他国经验很重要，但学习的目的不是把自己变成他国，而是要把自己变得更好、更像自己。这是普世真理，中国成功了，其他国家也能成功。

这些是我读朱云汉这本新书的一点感悟。应当强调的是，能够把西方、中国、全球化这些当今世界所面临的最大问题，在如此短小的篇幅中进行压缩性讨论，很少有学者能够像云汉教授那样胜任。我自己觉得，读者不必要求自己从云汉的这本书中得到任何肯定性结论，但这本书肯定会成为读者思考问题的起点。

导 言

当前全球政治经济格局正处于新旧秩序交替的黎明破晓时分，也正处于科技大爆发对现有社会体制带来颠覆性冲击的文明蜕变前夕。旧的观念、规范与体制正出现运作失灵和不胜负荷的疲乏与凋零迹象，新的思维、秩序与模式正处于激荡、探索与酝酿阶段，尚未破茧而出，因此全球经济与人类社会正面临五大不确定性。

第一，全球化的前景高度不确定。从2016年开始，西方社会反全球化运动与排外民粹主义风起云涌，英国脱欧，特朗普异军突起，意大利反欧盟联盟上台，西方发达国家内部对自由贸易与经济开放的社会共识已经全面松动。全球化引爆的政治两极化冲突的震荡，让不少经济研究机构纷纷发出警告，他们担心世界经济已经开始步入“逆全球化”（deglobalization）的通道，过去30多年高速前进的全球化即将出现逆转。2019年底突如其来的新冠病毒大流行，暴露了全球产业供应链缺乏应对突发大型灾变的韧性，助长了经济民族主义的声浪，更让全球经济瞬间跌入1929年大萧条以来最急遽的衰退，让有些观察家担心这场庚子年的大瘟疫将是压倒全球化的最后一根稻草。

第二，二战后西方主导的所谓自由国际秩序之前景高度不确定。以联合国体制为核心的战后多边主义基础不断被侵蚀，特朗普主政下美国外交政策加速转向专断的单边主义、贸易保护主义与狭隘民族主义。美国向中国与欧盟发起贸易战，压榨弱小贸易伙伴，公然践踏世贸组织权威，并抛弃维护国际秩序的责任，不惜让许多美国过去带头构建的国际多边体制失灵或陷入瘫痪。拜登的外交团队虽然修正了特朗普的激进单边主义倾向，但依然刻意忽视联合国体制的职能，试图串联少数西方国家来片面制定所谓的“规则”并强加于人，对于世界政治经济格局早已多元化的现实视若无睹。在新冠肺炎疫情这场百年来仅见的全球公共卫生危机中，西方国家抢夺医疗物资，囤积疫苗，完全不顾广大发展中国家的急迫需求，让世卫组织无法发挥统筹全球抗疫行动的职能，导致疫情在全球范围迅速扩散，陷入失控状态。以美国为首的西方国家，为了对抗严重的经济衰退而纷纷采取“无限制”量化宽松政策，美联储带头滥发货币，导致资产泡沫继续膨胀，埋下了引发恶性通货膨胀的重磅引信。哈佛大学约瑟夫·奈（Joseph Nye）教授担心，世界经济因缺乏承担领导责任的大国以及缺乏有效政策协调机制而爆发系统性危机，也就是滑向“金德尔伯格陷阱”的危险，有增无减。

第三，中美关系的前景高度不确定。从特朗普时期开始，美国鹰派人士逐步推升与中国（及俄罗斯）的战略对抗，已经在美国社会掀起一场全面对抗“中国威胁”的麦卡锡主义风潮。民粹政治人物不断鼓噪，摆出不惜对中国发动一场“新冷战”的决心。拜登上台后仍持续推进以中国为首位假想敌的战略围堵政策，升高对中国的科技封锁，加速在太平洋地区的针对性军事部署，不断在涉台、涉疆、涉港、南海等问题上刻意挑衅，甚至为了掩盖美国政府抗疫不力而企图编织“武汉实验室病毒外泄”的谎言嫁祸中国。这让国际关系学者高度担忧，如果中美之间战略摩擦与对抗快速升级，双边关系将陷入传统国际政治霸权争斗的零和游戏之中，不但会严重冲击全球与区域的和平与稳定，而且会将世界经济推向全面裂解的深渊。这就是哈佛大学肯尼迪政府学院前院长格雷厄姆·艾利森（Graham Allison）所提醒的“修昔底德陷阱”之历史悲剧可能重演。

第四，中国在建构后西方世界秩序中的角色与担当也存在高度不确定性。以中国为首的新兴市场国家正成为全球经济增长的新引擎，也正以更大的力度要求改革全球治理机制，提出追求更民主、公平、包容与可持续的国际新经济秩序的目标。中国国家领导人也提出构建人类命运共同体的宏大愿景，全力推进“一带一路”倡议，为全球化开辟新路径与注入新动力，并积极创建新的多边合作机制与搭建全方位多层次的政策协调平台以深化南南合作伙伴关系。一方面，这些正面发展激起了广大非西方国家对全球经济秩序重构的乐观预期；另一方面，也引来西方国家的疑虑、抗拒与抵制，毕竟西方国家早已将自己居于世界秩序的核心，并将掌控普世价值标准的话语权视为天经地义。西方国家的知识与政治精英尽管对自己体制优越性的信心已经动摇，也不再提倡“历史终结论”，但尚未有与非西方新兴国家平起平坐的心理准备，更谈不上迎接多元文明而愿意彼此尊重并相互借鉴。所以，西方政治精英将中国所展现的制度自信与全球治理改革倡议，视为对西方核心利益的挑战与威胁，并刻意把中国展现的新型软实力扭曲为“锐实力”。而发展中国家也有不少对以西方为中心的秩序早已养成严重心理依赖或利益依附需求的社会精英，对于中国倡导的社会主义核心价值观、人类可持续发展愿景与新型多边合作倡议半信半疑，甚至盲目跟随西方媒体妖魔化中国的调门起舞。

第五，人类社会对于如何驾驭科技革命的巨大潜力充满不确定性。量子物理、人工智能、物联网、绿色能源与生命科学正处于科技大爆发的前夕，新科技将对现有的社会结构、物质供需关系，以及工业化社会的生产与交换模式带来颠覆性的改变，涉及极为复杂的利益协调与分配、基本权利重新设定、社会分工模式变革，以及道德风险管控等制度创新议题。科技大爆发也带来了棘手的社会变革路径选择难题。

人类社会正处于历史的十字路口，我们可能被零和游戏思维主导的传统大国博弈不断激化而导致历史悲剧重演，因缺乏包容文化多样性的文明冲突而陷入四分五裂，因民粹政治人物煽动的种族主义与仇外思维而埋葬全球化。我们也可能身不由己走上邪路，放纵垄断性数字资本攫取支配新增生产力与主导社会秩序的绝对权力，并对人类社会可持续发展构成严重威胁。但我们也可能逐步构建福祸相依的全球意识，超越狭隘的但求自保的国族本位思维；可能借助科技革命的巨大赋能潜力，让世界人口爆炸带来的粮食、能源、水资源、疾病控制、生态挑战与基本需求保障等方面的问题迎刃而解，并有机会开启通往分享经济与共享社会的康庄大道。

本书就是我对令大众困惑的五个不确定性的初步观察、分析与思考。我的基本观察是，当中国越来越接近恢复其人类历史舞台中心地位时，面临的挑战必然越大，战略形势也必然更复杂与险恶。“新冷战”威胁、“金德尔伯格陷阱”、“锐实力”等批评声浪此起彼伏。中国的道路自信、理论自信、制度自信与文化自信，宏大的“一带一路”倡议，以及在G20（二十国集团）框架下的积极作为，完全超出美国精英的预想，一时之间他们的心理难以调适。

在新冠肺炎疫情引发的危机中，西方发达国家居然成为全球疫情集中大暴发的震中。包括中国在内的东亚国家在应对疫情第一波暴发所展现的应变、控制、协调与调度能力，以及把确诊病例和死亡人数增长曲线迅速而有效控制下来的客观记录，更是给西方社会精英带来巨大的心理震撼，他们曾拥有的体制与文化自信、自尊与优越感遭到了颠覆性的打击。所以在疫情消退后，以美国为首的西方国家政客与媒体必然对中国掀起新一轮的诋毁与攻讦，西方媒体与智库也会炒作“去中国化”的全球化这个议题。中国需要审慎因应当前美国冷战思维重现、战略对抗升高，以及仇中情绪高涨等挑战，预估攀登顶峰的最后一段路程可能产生的风险。

尽管中美战略对抗形势可能日趋险恶，但中国需要保持冷静与战略定力。我个人对全球战略格局变化趋势与中国面对的百年未有之大变局有五个基本判断。

第一，以西方为中心的世界秩序开始式微，以中国为首的非西方世界开始崛起，人类历史进入后西方中心时代，世界经济重心快速向亚洲转移，新兴经济体开始参与国际社会规则与标准制定，人类历史回归多元文明并举的常态。在全球秩序重组的历史分水岭时刻，中国的角色极为关键，中国的国际担当已经难以推卸，但仍需量力而为，并在短期内沉着应对新旧秩序并存及多元模式磨合的过渡期必然发生的局部震荡与战略摩擦。

第二，全球化的动力仍十分充足，已经在世界各地创造了众多的利益攸关者，还有更多的潜在利益攸关者期待分享全球化的红利，反全球化运动主要集中爆发于西方发达国家，因此全球化的融合能量远大于裂解能量。新冠肺炎疫情引发的危机会引导全球产业布局的调整，以及激发网络经济的蓬勃发展，而不是全球化的全面倒退。美国过去30多年主导的全球化模式已经难以为继，全球化的路径与规则需要调整，必须与包容性增长及社会可持续发展目标建立有机的联结。经济高度对外开放需要相应的国际多边体制及社会保障体制，才能维持全球化的社会支持基础。COVID－19（2019冠状病毒病）导致的严重经济与社会冲击，凸显了当前全球治理机制以及各国社会风险管理体制均严重落后于经济全球化，国际社会急需构建全球健康与公共卫生互助机制来有效应对大流行病的风险。过去长期由西方国家把持的全球治理机制已经僵固老化，需要新兴市场国家参与改革，才能纾解反全球化的社会压力，并有效应对当前人类社会共同面临的生态失衡、全球气候变暖、流行性疾病、人口爆炸、贫富悬殊等生存发展挑战。

第三，中国模式与美国模式有机会进行一场良性竞争，而模式竞争优胜劣败的关键不仅仅在于哪种体制可以在 21 世纪科技创新竞赛中领先，也在于哪一种模式可以更灵活地掌握科技创新带来的制度创新与社会变革机遇，可以更有效地去发掘这些新科技对社会的巨大潜在效益并控制其风险，可以更有效地利用人工智能、大数据及 5G 通信进行数字化社会风险管理。这很大一部分取决于政治体制能否为社会治理、生产组织、经济分工与合作模式、物质交换与分配机制的革命性演进打造健康的生态环境。

第四，美国背离多边主义，必然给全球治理带来新的难题，尤其不利于应对全球气候变暖与新冠病毒危机等全球议题的国际合作。不过，美国已不再能主导全球经济体系运作的游戏规则，这可为全球政治经济秩序转型带来契机。全球社会正迫切需要超越新自由主义的窠臼，建立更符合对等与互惠原则的经济交换与合作模式，建立一个更能统筹兼顾地球上绝大多数经济体可持续发展需要的全球贸易、货币与金融体制，一个更尊重文化与宗教多样性与差异性的全球公共舆论场域，一个更能体现“休戚与共”及“和而不同”理念的全球社会和平共处规范。亚洲国家可以先在自己的区域构建公共卫生共同体，以及更紧密的经济共同体，退可以应付全球化裂解的风险，进可以审时度势积极把握参与全球秩序改造的历史机遇。

第五，得道多助，失道寡助。中国推进全球化路径与规则的修正，提供新型国际公共产品（公共财货），引领全球治理机制改革，以及倡导人类命运共同体，最终将得到广大非西方世界越来越积极的响应。欧亚大陆更紧密的经济整合也可以给陷入停滞的西欧带来经济活力。而美国政府所展现的激进单边主义及“超级流氓大国”行径，最终必将被全球广大社会唾弃，美国对中国发起经济围堵与科技封锁最终必然导致美国作茧自缚。中国担负新兴大国全球责任与推进全球治理变革的最高指导思想应该是“天下为公”“世界大同”。这是源于中国的文化传承与数千年智慧之积累，也是孙中山先生一生倡议的最高理想；这既是中华民族向往的地球上多元文明和睦共处、互助合作的最高境界，也是中华民族追求民族伟大复兴并再度屹立于先进文明之林的初衷。

第一章

反全球化政治浪潮全面来袭

曲终人散：西方国家五巨头最后一次抱团取暖

2016 年 4 月 25 日，德国北部莱纳河畔的科技重镇汉诺威，迎来了西方国家五巨头——法国总统奥朗德、德国总理默克尔、意大利总理伦齐、英国首相卡梅伦、美国总统奥巴马。这是奥巴马总统任内最后一次赴德进行正式访问，这场告别之旅对奥巴马有特别意义，因为德国是他政治事业跃升的舞台。2008 年，他还是一位初试啼声的民主党总统候选人，在国际社会默默无闻，他资历中唯一亮眼的就是曾担任一届代表伊利诺伊州的联邦参议员。2008 年，他以总统候选人身份访问德国，在盛夏的柏林举行了一场露天演讲。那天有一百万柏林市民涌进勃兰登堡门前广场，争相目睹美国第一位非裔总统候选人的风采。那场演讲让奥巴马在全球媒体聚光灯下展现了他的口才与风度，并让他成为自肯尼迪总统以来最受德国人青睐的美国政治领袖。①

在汉诺威，他与默克尔总理举行双边会谈，并与奥朗德、伦齐和卡梅伦相约在此举行一场五巨头高峰会。奥巴马此行给这四位欧洲领袖带来了温暖，他在当天稍早的一场公开演讲中，再次向欧洲人民宣誓美国对北约集体安全体系坚定不移的庄严承诺，他反复强调，美国与全世界都需要一个强大、民主、团结、繁荣的欧洲。他也期勉欧洲公民千万不要对一个自由、和平、多元、奉行利伯维尔场主义（古典自由主义）的欧洲失去信心，他赞扬过去30年欧洲能把28个国家整合成一个5亿人的经济与政治共同体乃是历史上罕见的成就。②

奥巴马知道这四位领袖家家都有本难念的经。此后不久英国要举行脱欧公投，而这场公投是卡梅伦首相想要摆脱“脱欧”议题纠缠的权宜之计。德国总理默克尔坚持人道主义立场而承诺接纳更多北非与中东难民的政策，已经让她的政治资本严重耗损，反移民的激进民族主义势力正在抬头。法国总统奥朗德的民调支持度已经降到历史新低，在他任内，法国经济毫无起色，面对僵化的劳动力市场、竞争力衰退的法国企业、愤

---

① “US Elections: Obama Wows Berlin Crowd with Historic Speech,” *The Guardian*, July 24, 2008.

② “Remarks by President Obama in Address to the People of Europe,” Hannove Messe Fairgrounds, Hannover, Germany, April 25, 2016. https://obamawhitehouse.archives.gov/the-press-office/2016/04/25/remarks-president-obama-address-people-europe.

怒的中产阶级与恶化的财政结构，他束手无策。同时，在他任内，法国爆发多起伊斯兰激进组织发动的恐怖主义袭击事件，让过去隐藏的社会歧视与族群对立难题浮现台面，穆斯林新移民第二代的宗教认同觉醒，给传统上以包容多元文化而自豪的法国带来巨大的考验。意大利是欧元地区继希腊之后最可能爆发财政与金融危机的国家，大型金融机构都摇摇欲坠，更因意大利选民情绪波动，议会小党林立，政党分合无常，内阁频繁更换且无力处理这些不定时炸弹而险象环生。这位在位超过两年、坚持中间路线的年轻总理伦齐，被视为挽救意大利经济的唯一希望，也被欧洲主流政治人物视为唯一有能力抵御来自右翼与左翼的反欧盟势力夹击的中流砥柱。

当时，奥巴马仍然对维护西方中心世界秩序展露出满满自信，虽然他自己的任期即将在 9 个月后届满，而且他属意的接班人正陷入一场异常艰困的民主党总统候选人提名初选竞争，一位来自美加边境佛蒙特州小地方的参议员桑德斯，居然在数场关键州的初选中让声势浩大的希拉里尝到败绩。不过，奥巴马仍深信，获得民主党当权派以及华尔街与加利福尼亚州硅谷高科技产业大佬坚定支持的希拉里，可以顺利获得提名并最终成为美国首位女性总统。可预期希拉里将延续他制定的重返亚太与全球战略再平衡路线，并借助他任内启动的跨太平洋伙伴关系协定（TPP）及跨大西洋贸易与投资伙伴协定（TTIP），让美国夺回重组全球经贸版图与修改国际贸易规则的主导权。

这五位巨头都没有料到，这场聚会是西方国家集团主流政治领袖最后一次抱团取暖，此情此景无法再现，只能回忆。西方国家内部所积蓄的反全球化浪潮的政治能量远远超出他们的想象，接下来的几个月他们都难逃被反主流政治海啸严重袭击的厄运。

反全球化社会力量的反扑

机关算尽太聪明的卡梅伦首相，因在2016年6月举行的脱欧公投这场政治豪赌中彻底失算而黯然下台，并赔上了英国的国运。奥朗德在2016年12月宣布放弃寻求连任，成为二战以来首位不敢寻求连任的法国总统。伦齐急于推动的宪政改革也惨遭滑铁卢。他把政治前途押在2016年12月一场关键修宪公投上，但没有料到反欧盟与反财政撙节的各股政治势力趁机集结起来进行政治反扑，他只好履行公投不过即辞职的承诺，意大利政局再次陷入群龙无首的僵局。最让人意外的是，在2016年11月初举行的美国大选中，奥巴马所属意的接班人希拉里被半路杀出的特朗普打败，导致他推进全球化进程的政治路线无法延续；更可悲的是，特朗普上台后立刻撕毁奥巴马的精心杰作——跨太平洋伙伴关系协定，让他的心血付诸东流。

这四位西方世界领袖遭遇的政治海啸，都来自同一个震源，那就是全球化的利益受损者正在掀起一场震惊世界的政治反扑，他们主要集中在发达国家，他们的挫折与愤怒通过网络相互感染，在西方社会迅速蔓延。

那时默克尔总理是唯一幸存的在位领袖。虽然西方世界主流精英仍寄希望于她能坚持信念与立场，成为抵御排外主义、保护主义与反全球化民粹政治最终的中流砥柱，但她犹如过江泥菩萨，已经自身难保。

2017 年 7 月，默克尔总理是 G20 汉堡峰会的东道主，这场在汉堡召开的全球主要经济体领袖会议差一点儿就流产了，因为来自全欧洲的 15 万名抗议者涌进了汉堡，他们在三天三夜中掀起了德国战后以来最为暴力的一场抗议活动，让面积不大的汉堡整座城市陷入瘫痪。聚集在汉堡的抗议者多半属于比较激进的左翼反全球化、反资本主义社会运动团体，他们的口号是"welcome to hell"（欢迎来到地狱）。这些愤怒的抗议者砸毁了很多警车，还有一些人四处纵火，愤怒的抗议群众数度突破警方的封锁线而逼近离会场不到两公里处。俄罗斯总统普京与土耳其总统埃尔多安下榻的饭店还曾一度被抗议者攻占，默克尔从德国各邦紧急调动警力驰援汉堡才勉强得以控制局面。这批抗议群众不惜采取过激的抗议手段也要向 G20 政治领袖传达一个信息：你们这些制定全球经济规则的领袖必须要改变现状，因为我们已经无法忍受！

紧接着，在 9 月举行的议会选举中，默克尔领导的基督教民主联盟受到重挫，她历经三个月的艰苦斡旋才勉强组成新一届政府。激进右翼政党德国选择党首次进入议会，并以接近 13% 的选票晋升为第三大政党。这个政党的日耳曼种族主义与排外主义诉求，让人联想到二战前的德国纳粹党，而他们的追随者也毫不忌讳地公开怀念希特勒。

冰冻三尺非一日之寒。西方发达国家反移民、反经济一体化、反全球化的社会声浪早已浮现，尽管这些底层的声音长期受到主流新闻媒体的忽视，但通过网络社交媒体它们已经开始扩散、凝聚并累积可观的政治动员能量，汉堡爆发的激烈抗议活动只是冰山一角。

近年来，几乎所有的西方发达国家都陷入拥护全球化与反全球化力量的激烈冲突，虽然每一个国家引爆冲突的导火线不尽相同，反全球化浪潮所推动的具体政治诉求与寻求的政治宣泄渠道也大异其趣，而且通常都夹带了其他的社会矛盾，包括宗教冲突、价值观冲突或族群认同冲突等，但这从根本上反映了全球化的经济成果与社会风险分配极端不均的问题。主要发达国家都因拥护全球化与反全球化两股势力的对抗，而陷入社会四分五裂与政治长期动荡不安的困境。西方社会原来长期支持贸易自由化、市场开放与经济一体化的社会共识基础已经坍塌，分配正义冲突的严重程度已经超过以往运行平稳的政党竞争体制与民主决策机制的负荷能力。

脱欧公投为欧洲的梦魇揭开序幕

2016 年 6 月 23 日，一场决定欧洲命运的世纪性公投登场，超过 3 000 万的英国选民涌入投票所，为他们自己国家的命运，同时也为欧盟的前途投下关键的一票。这场举世瞩目的公投的投票率高达71.8%。投票结果超出许多观察家的预测，赞成脱欧的居然以51.9%的比例击败选择留欧的48.1%，世界为之震撼。

尽管在投票前夕从奥巴马到默克尔，从国际货币基金组织（IMF）总裁拉加德到美联储委员会主席耶伦女士，从金融大鳄索罗斯到众多诺贝尔经济学奖得主，共同警示英国“脱欧”的严峻后果，但这些西方社会主流精英已经明显失去了英国基层民众的信任，再多的理性说服与深情呼唤，都劝阻不了心意已决的英吉利海峡对岸的“疑欧”选民。

英国脱欧公投结果揭晓之后，许多西方主流媒体评论都责怪那些支持脱欧的选民不理性，认为他们根本不理解脱欧议题的复杂性，只是被民粹派政治人物误导。这些批评不无道理。但是，他们在事前无法预见公投的结果（如果能够预见，卡梅伦首相就绝对不敢进行这场政治豪赌），这场令他们错愕的公投反映出欧美社会主流精英与基层民众脱节太久，即便痛定思痛，他们仍无法充分理解“疑欧”选民的不满心理。

有三层因素激发多数英国民众选择脱欧。浅层因素是欧洲的长期经济衰退，难民与非法移民问题日益严重，以及“伊斯兰国”恐怖主义分子趁机而入；中层因素是欧盟体制设计的先天缺陷，以及过去10年成员国扩张过于快速；而深层因素则是全球化与经济一体化带来的利益与风险分配极度不均，让所有欧洲国家都面临社会裂解不断加深的危机。

其结果是，一个英国分裂成两个社会：一半的人拥抱欧洲一体化，另一半的人未享其利却先蒙其害。在伦敦金融区上班的专业人士，享有优渥的待遇与分红，可以尽情享受伦敦多姿多彩的文化生活与异国美食，并充分利用欧洲一体化带来的便捷与商机。他们搭上“欧洲之星号”高铁，两小时一刻钟以后就抵达巴黎北站，然后到香榭丽舍大道与乔治五世大街交会口附近的名牌旗舰店大肆采购一番。相形之下，伦敦众多的中低阶层白领劳工却被不断飙涨的高物价与高房价压得喘不过气来。他们被排挤到距市中心一个半小时通勤的远郊，每天要搭乘又慢又旧、常发生事故、票价又不断飙涨的通勤火车，通勤支出平均高达上班族月薪的17%。几条铁路都是在撒切尔时代全面民营化的，私营铁路公司只想拉高投资回报率，完全无心于提升质量、更新设备或确保轨道运输安全。

欧盟作为超主权管辖体制的一场超大型制度试验，本来就成败难料。欧盟框架为成员国提供单一市场、统一货币、劳工自由移动、基本人权规范，以及生产与消费环节和环保领域的大量统一立法，但财税权、金融监管及各类执法权仍归各国所有。将传统主权国家的职能进行这样的分割，并无先例可循。

1993年，《马斯特里赫特条约》(《欧洲联盟条约》) 生效之初，仅适用于共同体12个原始成员国，其中德、法、英、荷四国为欧盟初期运作的成功奠定了基石。这四国经济体制健全，工资水平差距不大，有深厚的法治传统，不需要强大的外部约束即可自觉维持财政纪律与金融秩序。只有体制较弱的西班牙与葡萄牙需要西欧拉抬与布鲁塞尔的督促。

2002 年欧元正式上路，两年内就在国际货币体系内坐稳全球第二大储备货币的宝座。欧盟试验初期的成功，让欧洲政治领袖对体制设计过于自信。从 2004 年开始，欧盟快速扩张，吸纳了大量的南欧与东欧国家。但是，大多数新成员国的劳动生产力水平与西欧差距悬殊，财政纪律不佳，金融监管松弛。在欧元币值信用与欧洲央行隐性担保的大伞掩护下，这些国家一度享受到借贷成本大幅降低、投资热钱大量涌入的甜头。结果是消费信用急速扩张，资产泡沫加速膨胀。当 2007 年美国次贷危机爆发，全球金融危机冲击下，欧盟体制设计的缺陷就暴露无遗，欧债危机席卷欧洲。

欧债危机激化了成员国之间以及各国内部的矛盾。期待债务减免的南欧与坚持维护债权的西欧之间冲突不断。经济长期衰退也让欧盟财政纪律规范难以执行，生硬追求财政平衡反而导致经济收缩变本加厉，尤其是在被迫进行财政撙节的这些国家，反欧与脱欧的声浪节节升高。

成员国之间生产力增长速度始终存在严重落差，导致欧洲内部结构性经济失衡问题越来越严重。德国产业竞争力一枝独秀，长期独享巨额贸易顺差，撑高了欧元的汇率，却严重压缩其他国家的潜在增长率。在全球经济增速放缓之际，柏林仍一直坚持实施保守财政政策，更不断加大了欧元地区通货紧缩压力。

在各国失业率普遍攀高之际，东欧移民不再受到西欧欢迎；当北非与中东难民大量涌现时，开放边境政策更饱受质疑；最后，一连串的恐怖主义袭击事件让反移民的情绪濒临失控。

英国脱欧公投给新自由主义政策路线一次重击，这个极右派思潮在20世纪80年代兴起，于90年代席卷全球，成为加速全球化与区域整合的指导思想。历史的逆转经常以极具讽刺的形式出现。英国是孕育新自由主义意识形态的发源地，也是新自由主义革命的试验田，30多年之后却是由英国民众首先发难，阻挡经济一体化趋势，撒切尔夫人若是地下有知，一定难以瞑目。

英国脱欧与特朗普的当选，预告了过去30多年全球化的发展方向与游戏规则都将被迫修正。全球化必须与包容性增长的目标相结合，经济利益受损者必须获得合理的补偿，弱势群体的需求必须得到更好的照顾。英国的脱欧也预告了欧洲的梦魇已经开始。在英吉利海峡对岸，长期高举脱欧大旗的法国“国民联盟”跃跃欲试，反欧盟的意大利五星运动党已经挤入执政联盟。在不少中欧与南欧国家，“脱欧”势力也蠢蠢欲动。

从特雷莎·梅接下首相职务开始，英国与欧盟展开了一场长达三年的马拉松式谈判。特雷莎·梅首相使尽浑身解数也无法从布鲁塞尔那里得到可以让英国民众满意的脱欧方案。她在2018年12月向议会提出的协议草案遭到否决，连保守党的议员都弃她而去。这场“离婚谈判”注定难以善了，因为欧盟领导人意志坚定地要让英国选民为自己的错误抉择付出可观的代价，他们心里很明白，绝对不能让英国顺利脱欧，否则会造成多米诺骨牌效应，使欧盟危在旦夕。在英国议会否决了梅首相的提案后，欧盟领导人关起门来拒绝了英国政府重开谈判的请求，布鲁塞尔宁可让英国在没有协议的情况下硬脱欧，并宁可让英吉利海峡两岸共同承受硬着陆带来的混乱与阵痛。

“特朗普革命”震撼西方

如果英国脱欧已经让欧盟各国领导人头痛万分，来自大西洋彼岸的“特朗普革命”，就更让西欧国家胆战心惊。

首先对美国社会而言，2016 年的大选是一场没有真正赢家的惨烈选战，因为这场选举让美国民主体制的正当性基础严重折损，让主流媒体的专业伦理与社会公信力跌落至谷底，社会内部的价值观、阶级与种族矛盾全面爆发，使全球化与自由贸易的社会支持基础彻底动摇。这场劲爆而激烈的选举，不但加深了美国社会原有的种族隔阂，加剧了共和党与民主党两党的政治恶斗、自由派与保守派在意识形态上的对立，更扩大了劳工阶层与主流精英群体之间的信任鸿沟，主流政策精英长期宣扬的自由贸易、全球化及国际干预与全球领导角色，面临 70 年来最严峻的质疑。

在选战过程中，面对完全不受传统政治禁忌约束的特朗普，目睹了大量愤怒基层民众通过特朗普的竞选集会所发出的颠覆性政治诉求，美国主流媒体精英既感到震撼又心生恐惧。他们为了全力阻挡特朗普，已经顾不上自己长久以来所标榜的平衡、客观、忠于事实等专业标准。以《纽约时报》

为首的主流媒体穷追不舍，开始对特朗普展开一场全面的无情的围剿与追杀，并不断质疑他与普京暗通款曲，相信特朗普若无俄罗斯在网络上散播假消息的暗助绝不可能当选；反过来，主流媒体对希拉里所有泄密与敛财的违法行为，以及在她国务卿任上克林顿基金会公然向外国企业与中东王室索取巨额捐赠的贪婪举措，却全然视若无睹。

有些观察家把2016年11月的美国总统大选结果称为"特朗普革命"并不夸张。[①] 尽管这是一场不流血的革命，但是特朗普的当选情景与政策趋向都带有颠覆性的色彩。特朗普刮起的政治旋风完全颠覆半个世纪以来美国的政治游戏规则。他利用网络社交媒体提供的政治动员平台，打破了两大政党主流政治精英的权力垄断，并冲破所有主流媒体对他的围堵。他冲撞了美国社会所有的主流价值标准，也搅乱了传统划分左右政治版图的坐标。

特朗普从根本上质疑美国过去70年来所构建的自由化国际秩序，他并不信奉这个秩序的两大主轴——政治民主化与经济自由化。他反对根据民主、人权、多元这些价值标准来区分敌友与亲疏；他的广大支持者更深信过去美国大力推进的经济自由化与开放贸易体系，是导致美国产业空洞化以及劳工与中产阶级贫困化的元凶。

---

① Richard Wolffe, "Donald Trump's Victory is Nothing Short of a Revolution," *The Guardian*, November 9, 2016.

特朗普要重新设定美国的国际角色，而且相信这样做就像把计算机关机后重新启动一样容易。在他眼里，所有美国过去扮演的国际领导角色、承担的国际条约义务、长期信守的政策承诺以及一手创建的多边合作体制，都可以推翻重来，一切都要重新评估是否符合当前美国经济利益与国内政治需要。①

他当选后的言行让所有西方盟国领导人都警觉到，他们将面对一个无法预测、难以捉摸的美国总统。这位世界上最有权势的领导人，居然底线飘移、框架模糊，没有信念准则，而且摆明从此美国要给得更少却拿得更多。他还把自己随时可以重新设定游戏规则的这种任性与霸道，当作吓唬对手、买空卖空的筹码来运用。

“乡村包围城市”

特朗普与希拉里的支持者最大的分野就是：特朗普的选民大量来自在快速全球化过程中被遗忘的、被边缘化的或被疏离的群体与地区；而希拉里的支持者则普遍拥抱全球化与经济开放，以及接纳与全球化相匹配的价值观，包括反保护主义、反种族主义、反性别歧视，鼓励多元文化，鼓吹所谓进步社会价值（摆脱基督教教条、包容同性恋、积极应对地球变暖危机

① Josh Rogin, “Trump’s Only Foreign Policy Doctrine is Trumpism,” *Washington Post*, October 25, 2018.

等）。而特朗普则成功地调动了处于低就业状态、面临薪资长期停滞或饱尝职场压力与充满经济不安全感的选民，特别是从中产阶级跌落到社会底层的中低教育程度的白人群体。他把他们的失落、挫折、愤怒与恐惧导向三大替罪羊：非法移民、伊斯兰激进组织与不公平贸易，尤其是“中国通过巨额贸易顺差抢走美国人的工作机会”。

从地域分布看，特朗普的选战策略是典型的“乡村包围城市”。美国3 100个县（含与县同级的行政单元）中，特朗普赢得了2 600个县，面积占美国国土的84%，而希拉里仅赢得500个县，这样的选票地域分布让特朗普赢得选举人团票的多数。希拉里之所以在普选票上赢过特朗普，是因为在人口最稠密的100个县中，她赢得了88个县（包括联邦政府所在的哥伦比亚特区）。希拉里的选票集中在特大城市、东西两岸都会区、大学城与科技产业带，以及新移民比较集中的州，特别是夏威夷州、加利福尼亚州、亚利桑那州、新墨西哥州、得克萨斯州最南部紧挨着墨西哥的几个县。而特朗普则赢得了几乎所有的乡村、中小城市，以及广袤的内陆。[①]

简单来说，这场选战把美国分割为两个世界：一个是排斥全球化的美国，一个是拥抱全球化的美国。而且从历届美国总统选举的选票地域分布趋势来看，政治版图分布两极化的趋势

---

① 有关2016年美国总统大选共和党与民主党选票分布地图，可以参考https://brilliantmaps.com/2016-county-election-map/。

越来越明显。政治版图的僵化更意味着两党政治人物都会倾向放弃中间路线，而急于讨好自己的忠实支持者，让所有政策冲突的妥协空间越来越小。

比对美国 2016 年总统大选与英国脱欧公投的选票地域分布，会发现两者之间有着惊人的相似之处。以英国议会议员选区为单元，全国共有 650 个选区。选择留欧的选民集中在大伦敦地区、爱丁堡、格拉斯哥、利物浦、曼彻斯特等大城市，牛津、剑桥与诺丁汉等这些大学城，以及整个苏格兰与北爱尔兰地区；而选择脱欧的则遍布整个英格兰地区的乡村、中小城镇及老工业区。①

同样地，倡导脱欧运动的意见领袖成功地运用了“乡村包围城市”策略。支持脱欧民众聚集的地区正是被欧洲一体化和全球化所遗忘的、疏离的及边缘化的地区。这些选区的普遍特征是年轻人出走，人口老龄化，失业率高，自杀率高，更多家庭依赖政府的社会救助。

西方需要修复“镶嵌式自由主义”

美国政治学会前会长莱克是一位令人尊敬的国际政治经济

① 请参见 https：//www. washingtonpost. com/news/worldviews/wp/2016/06/24/this-map-shows-britains-striking-geographical-divide-over-brexit/？utm_term =. ac1ba55034ad。

学家。2017年他在政治学会年会的主题演讲中，特别针对特朗普主张的“美国优先”政策如何损害美国国际领导地位的合法性提出他的分析。他的重要结论之一是，美国要重振其国际领导地位，必须先从修补自由国际秩序的国内社会支持开始，而处方就是重建“镶嵌式自由主义”（embedded liberalism，又称“内嵌自由主义”）。①

“镶嵌式自由主义”是由曾经担任联合国助理秘书长的哈佛大学肯尼迪政府学院教授鲁杰所创，他用此概念来说明战后自由国际秩序的关键配套设计。这个配套的精髓就是要通过国内的社会体制安排，来有效控制资本主义必然带来的经济不稳定，并节制其破坏性与掠夺倾向，让多数社会群体的生存与发展机会得到合理保障，以维护社会永续发展，并为战后美国建立的自由国际秩序奠定牢固的社会支持基础，也就是国际自由经济秩序的国内合法性基础。②

从二战结束到20世纪80年代初，英国首相撒切尔夫人与美国总统里根推行新自由主义革命之前，有将近40年时间，西方政治精英都牢牢记取20世纪前半叶资本主义危机反复出现的历史教训，并强烈感受到苏联共产主义体制对西方资本主义体

① David Lake, “International Legitimacy Lost? Rule and Resistance When America is First,” *Perspective on Politics*, Published online: 12 January 2018, pp. 6 – 21.

② John Ruggie, “International Regimes, Transactions, and Change: Embedded Liberalism in the Postwar Economic Order,” *International Organization*, Vol. 36, No. 2, (Spring, 1982), pp. 379 – 415.

制的威胁，必须设法维持社会内部阶级关系的和谐，对此不敢掉以轻心。所以当时所有西方发达国家都采用高累进所得税与资本利得税，并通过社会福利措施与财政转移支付来平衡市场经济的初次分配结果。政府对劳动市场进行干预，制定严格的劳动标准与受雇者权利，并保障工会的集体谈判与罢工权利。国家设置了各种市场监管机制，保护消费大众，节制托拉斯与不公平交易，并对公共事业普遍采取国有国营政策。

各国也记取20世纪20年代的历史教训，对金融危机采取严密的预防风险措施，进行金融企业监管，实施强制性存款保险制度，在证券商、投资银行与商业银行之间高筑防火墙。对于因市场开放与国际竞争受损的产业，采取各种救济措施来对失业劳动力提供扶持与转业辅导。有将近40年的时间，资本主义运行在西方国家受到了层层节制，经济自由主义被镶嵌在保护弱势群体的层层框架里，所以被称为“镶嵌式自由主义”。

西方发达国家实行的“镶嵌式自由主义”体制，也有与之相匹配的国际经济秩序安排。西方国家逐步建立了有助于国际经济合作与贸易增长的多边体制，布雷顿森林体系（俗称美元本位制）扬弃了缺乏弹性的黄金本位货币秩序，而实行以美元为本位的固定汇率制度，以美元与黄金维持固定兑换率为锚定。各国货币则对美元长期维持固定汇率，同时实施资本管制与外汇管制，严格控制汇率的波动，更不允许外汇的投机性交易。

在关税及贸易总协定（GATT）框架下，美国带头逐步推动多边关税减让，实施有序的贸易自由化。当时，GATT框架下国际贸易规范也允许各国保留足够的防卫措施与调节工具，来缓冲自由贸易与跨境投资对本国的冲击。在很长时期内，西方主要贸易大国有共识，必须将敏感的产业（例如农业）排除在贸易自由化目标之外。战后的国际经济游戏规则也仅仅在货物贸易的范畴内推行自由化目标。劳动的跨国移动是被严格管制的，各国允许外商直接投资（FDI）在本国从事实体经济活动，但严格管制资本账下的兑换，限制外国投资机构或自然人参与本国资本市场，而且所有国家都在实施某种程度的外汇管制，根本不允许热钱在各国资本市场自由流动。这些措施最重要的功能，就是限制并大幅削弱资本家操纵资本的自由移动，增强劳工阶级与资本家的谈判筹码。企业主不得不与劳工阶级及中产阶级达成妥协，从而奠定了战后西方社会福利国家体制的政治基础。

但是在过去30多年，从撒切尔与里根推行新自由主义革命开始，“小政府大市场”的神话成为主流经济思潮。各国政府都在解除管制、减少干预，以及全盘自由化、市场化、私有化，快速与国际接轨的名义下，把许多战后实行的保护与平衡措施进行逐一拆解。国有资本全面退场，并逐一取消各种税制的累进原则，也取消了对资本跨境移动的限制，让资本获得了在全球追逐最大回报的最大自由。劳工阶级不可避免地普遍失去与资本家谈判的筹码，政府的财政基础普遍恶化，社会福利体制不断被削弱，社会弱势群体被迫裸露在市场力量无情的支配下，直接承受着经济全球化带来的社会风险与金融波动，最终导致跨国资本的支配力量凌驾于国家与社会之上，金融资本的投机需求凌驾于实体经济之真实需求之上。具有全球垄断地位的超级巨型跨国企业可绕过国家而直接制定新的经济游戏规则，“镶嵌式自由主义”体制逐渐花果凋零，只有少数北欧国家还勉强维持其基本骨架。

如今，莱克提倡修复“镶嵌式自由主义”，诚可谓知易行难，因为资本家早已没有祖国，并将自己享有的跨境自由移动、支配政策的权力、低税环境与避税机会，以及各种投资优惠条件，视为理所当然。西方国家除非经历更严峻的经济危机与更劲爆的社会冲突，才有可能重新启动“镶嵌式自由主义”的制度安排。

国会山庄迎来不畏虎的初生牛犊

莱克所期待的政治奇迹，在2018年11月的美国中期选举露出一线曙光。这次国会选举对特朗普而言算是不小的挫折，民主党重新夺回众议院的多数，意志坚定的加利福尼亚州女强人佩洛西再次出任众议院议长，她立即在美墨边境筑墙预算议题上给特朗普总统下马威，面对特朗普关闭联邦政府的苦肉计丝毫不退让。

这次选举也有为数可观的少数族裔第一次当选联邦众议员，其中最亮眼的国会新秀是来自纽约市第14选区的亚历山大·奥卡西奥-科特兹（Alexandria Ocasio-Cortez）。她的当选具有世代交替与新时代开端的双重意义，她不仅仅是历史上最年轻的女性国会议员，也是第一位代表纽约市皇后区（Queens）及布朗克斯区（Bronx）的拉丁裔国会议员。她在民主党初选初试啼声并一鸣惊人，原因是她在2018年6月的民主党党内初选时，打败了在该选区连任十届的党内大佬乔·克劳利（Joe Crowley）。这是一场史诗级的大卫与歌利亚之战：克劳利有显赫的政治资历、庞大的竞选团队，并从纽约市金融业与地产业者那里募集了数以百万美元计的竞选经费；而科特兹参选时只有28岁，身无分文，一年前还在酒吧打工养活自己，唯一的从政资历就是担任民主党总统候选人提名阶段的角逐者——桑德斯参议员的竞选志愿者。她拒绝了所有企业的政治捐献，与金主围绕的克劳利形成鲜明对比。

从抵达华盛顿的那一天开始，她就是全国媒体关注的焦点，她的社交媒体上经常有超过两百万的粉丝。她在国会发起了一个净化政治联盟——“全新国会”，加入的成员必须宣誓从此拒绝接受任何企业或金主的献金。她宣称自己是民主社会主义的信徒，推崇北欧的民主社会主义体制；她高举罗斯福的新政理念，推出“绿色新政”（Green New Deal）政纲，要求国会尽快立法让美国在2035年以前将所有电力能源供给都转换为清洁能源；她还带领充满激情的支持者冲进议长佩洛西的办公室，要求众议院马上把清洁能源法案列入议程。

在一个充斥着律师出身、男性与白人的国会殿堂里，科特兹是令民主党资深同事头疼的异类。她坚持拒绝政治献金的立场更让绝大多数的国会议员心头不快，因为他们的政治本能告诉他们，金钱是选举政治最重要的支撑，他们很难想象没有金主簇拥的日子。

科特兹大胆主张恢复新政时期的高级距累进所得税制，至少要把最高所得级距的边际税率提高到70%—80%。这个主张在美国共和党和民主党两党的主流政治精英看来简直就是离经叛道，因为这些台面上的政治人物早已为盛行30多年的新自由主义与新保守主义的意识形态所绑架，而这位不畏虎的初生牛犊，居然斗胆试图以一己之力把长期停顿在最右端点的政治钟摆拉回左边。

她提出的看似激进的税制改革主张，立即招致同党资深议员的嘲弄，批评她是不经一事不长一智，像《华尔街日报》这些右翼媒体更是鸣鼓而攻之。她的主张不经意间激起了一场美国舆论界难得一见的政策辩论，甚至让上千位出席2019年冬季达沃斯论坛的全球企业界大佬也感受到余波荡漾之威力。

诺贝尔经济学奖得主克鲁格曼特别在《纽约时报》专栏评论中声援她，[①] 克鲁格曼借机推销另一位诺贝尔经济学奖得主戴蒙德的研究成果，这位享誉全球的公共财政专家曾经与研究经济不平等问题的权威学者塞斯，共同发表过最佳边际税率的理论模型估算。他们的结论是：在边际效益递减与竞争性市场

① Paul Krugman, "The Economics of Soaking the Rich—What does Alexandria Ocasio-Cortez Know about Tax Policy? A lot." *New York Times*, January 5, 2019.

的条件下，对最高所得者的最佳边际税率应该是73%。[①] 显然这个结论惹怒了保守派，所以共和党国会议员全力阻止戴蒙德担任美联储委员会的理事。

高边际税率曾经是历史主流

这场政策辩论也唤起了众多美国人的记忆，许多被尘埃埋没的历史资料得以重见天日。为呼应她的主张，好几位经济史学者特别制作了几个类似下面我引用的历史统计图（见图1-1）。这张图显示美国的个人所得税、资本利得税及企业所得税三种税的最高边际税率的历史演变，并标出哪一位总统任内推动立法改变税制。[②]

从图1-1我们可以得知，与罗斯福总统的新政时期相比，科特兹的税制改革主张一点也不激进。在新政时期，个人所得税的最高边际税率从63%逐次提高到95%（不过只有不到千分之一的最顶端收入者才会适用这个税率）。二战结束后的头15年其基本维持在90%，在约翰逊总统任内降到70%，共和党人尼克松总统还曾一度微幅上调，一直维持到1981年里根总统上

---

① Peter Diamond and Emmanuel Saez, "The Case for a Progressive Tax: From Basic Research to Policy Recommendations," *Journal of Economic Perspectives*, Vol. 25, No. 4, (Fall 2011), pp. 165-90.

② "Historical US Tax Rates Poster," August 20, 2012, 2: 30 pm by Barry Ritholtz. https: //ritholtz.com/2012/08/historical-tax-rates-poster-on-sale-for-10/.

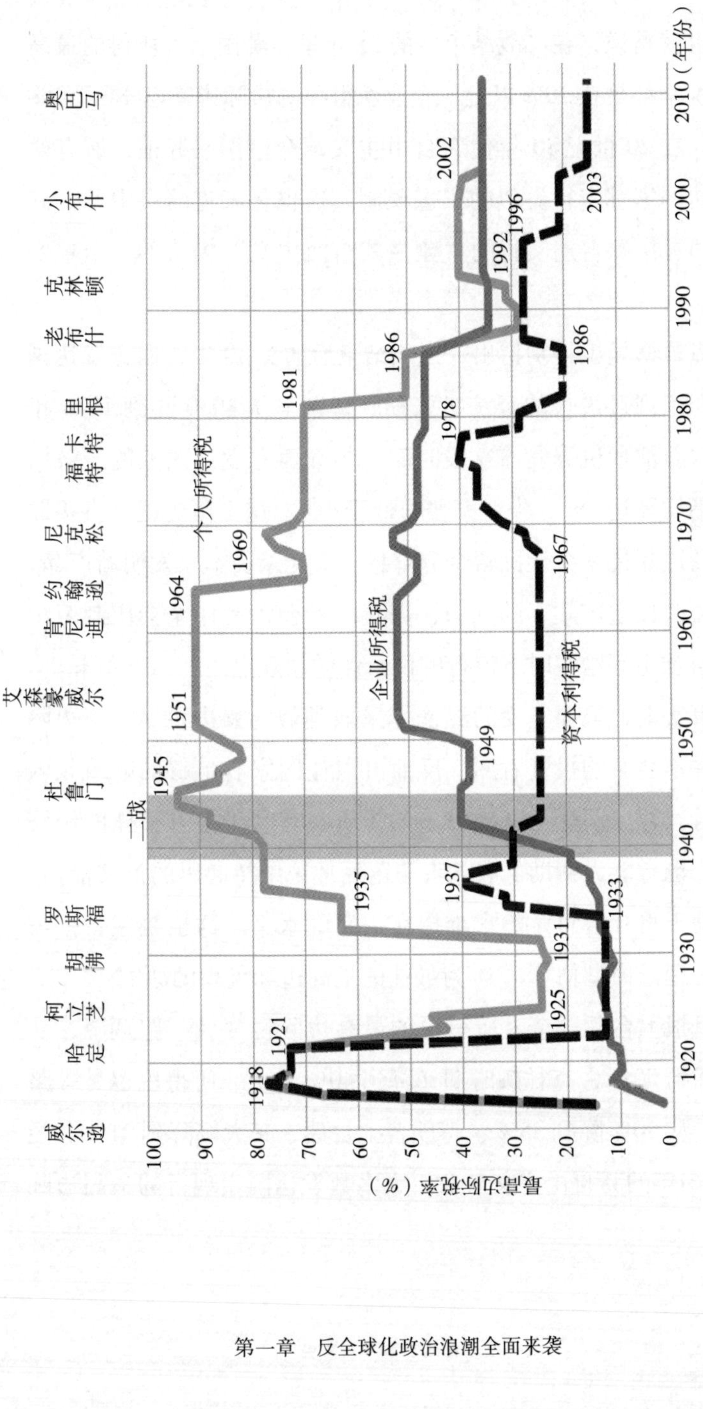

图1–1　美国三种税制的最高边际税率历史演变，1916—2011年

资料来源：Visualizing Economics。

台。也就是说，在二战结束后的35年里，美国个人所得的最高边际税率都是在70%以上，企业所得税的边际税率基本在50%以上。在20世纪80年代新自由主义革命浪潮兴起前，所有西方发达国家都实行类似的累进税制，这也是莱克演讲中所提到战后西方国家普遍实行的“镶嵌式自由主义”模式的一个重要元素。

克鲁格曼也特别指出，二战结束后的头30年，西方发达国家曾经出现过最长的经济扩张期。特别是从1950年到1973年第一次石油危机爆发前这段时间，多数西方发达国家的经济增长率平均高达5%，失业率普遍低于4%。这个历史记录直接驳斥了高边际税率会让民营企业窒息，会扼杀资本家发明新产品，会阻碍改良生产效率的动力，完善的社会福利体系会压制劳动力参与意愿等这些时下流行的供给侧学派观点。

事实上，只要主要的经济体采取类似的累进税制，高边际税率并不会影响投资意愿，反而可以让国家有足够的财政收入来进行教育、医疗与基础设施的投资，有利于提升整体的经济福祉，也有能力帮助低收入者与落后地区维持起码的消费能力，也有助于将社会总体需求维持在一定的水平。这也是戴蒙德与塞斯的理论模型估算73%为最佳的最高边际税率的原因。

里根上台后，个人所得税的最高边际税率就一路调降，从70%降到50%，克林顿时期又降到40%。企业所得税也是一路调降，从50%降到35%，特朗普上台后，又大幅降到21%。经过30多年的新自由主义革命，大多数发达国家现行的最高边际税率所得税收都已经远低于实现社会可持续发展目标所需的财政基础。国家已经没有能力维持社会晋升体系的公平，没有能力进行必要的教育与基础科研投资，没有能力更新陈旧的基础设施，没有能力协助经济弱势群体维持起码的消费能力。

如今，资本可以快速自由移动，跨国企业与富豪阶层更可以把利润、所得或利得，通过会计手法在边际税率最低的国家进行申报，或把大量现金与财富隐藏在“避税天堂”，所有国家都被迫竞相减税。只要美国及主要发达国家继续维持很低的边际税率，就会让那些想要维持高边际税率的国家陷入经济困境，因为它们很难阻止资本外逃，因此北欧国家也不得不将最高边际税率调降到50%左右。[①] 残酷无情的事实是，只要跨国企业与全球富豪阶层可以继续支配美国的主流经济思想，以及维持过去30多年所实施的对资本高度友善的财税政策，他们就可以迫使许多欧洲国家放弃民主社会主义的理想，也会让中国在追求社会主义共同富裕的道路上遇到不少险阻。科特兹想要推行税制改革，就等于在全球资本主义大本营的太岁头上动土。

所得分配恶化改写百年记录

“镶嵌式自由主义”盛行的年代，不但是西方发达国家经

---

① 可参考OECD（经济合作与发展组织）各国税率资料：https：//stats.oecd.org/index.aspx?DataSetCode=TABLE_I7。

济增长最成功的年代，也是历史记忆所及西方资本主义社会所得分配最为平均的年代，而且两者相辅相成。因出版《21 世纪资本论》而一夕成名的托马斯·皮凯蒂（Thomas Piketty）为我们提供了坚实的历史数据。皮凯蒂所领导的巴黎经济学院研究团队根据联邦政府的税务档案以及人口普查统计资料，构建了美国家庭所得与财富分配数据库，有些数据可以回溯一百多年。下面我引用的统计图（见图 1－2）描绘了所得最高 10% 家庭与其余 90% 家庭，在总所得（含税前的薪资所得与资本收益）的分配变化趋势，统计数值序列几乎横跨一百年，从一战结束后一直到 2010 年。黑线代表 10% 的最高所得家庭的分配比例，灰线代表其余 90% 所占的比例。这幅图有助于我们理解为什么桑德斯几乎可以阻断希拉里通往总统之路，特朗普可以半路杀出截断希拉里的总统美梦。

图 1－2 呈现三个重要历史性事实：第一，在经济大萧条前夕，出现了急剧的所得分配两极化，10% 的最高所得家庭占了将近一半的总收入。这是产生经济危机的基础，因为中产阶级和劳工失去了消费能力，就会导致总体需求不足，而富豪阶层累积大量财富就会推升资产价格，最后因股市泡沫破裂而爆发金融危机。

第二，这一趋势在战后得以彻底扭转。在经济大萧条时期，许多国家改为采用激进的所得再分配政策，二战期间又实施全面经济管制，还有很多资本在战争中被摧毁，因此西方国家的经济结构得以重新洗牌；二战后，各国都实行“镶嵌式自由主

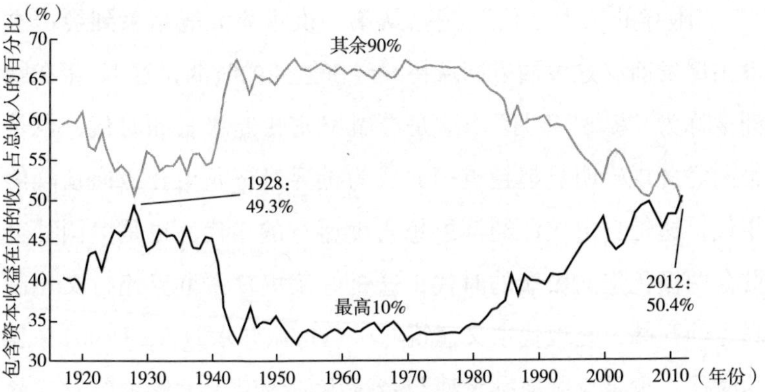

图 1-2　美国最高 10% 与其余 90% 家庭的分配变化，1917—2012 年

资料来源：Thomas Piketty and Emmanuel Saez, David Gilson "Charts: Income Growth Has Stalled for Most Americans," Mother Jones com, September 28, 2013。

义"体制，10% 的最高所得者分配到接近 1/3 的总所得，而其余 90% 的人可以占到总收入的 65% 左右，这是一个比较合理的比例，而且这种分配比例延续了很长一段时间，一直到 20 世纪 70 年代中期。这段时间也正好是战后西方发达国家经济增长速度最快的时期，稳定的所得分配比例代表着劳工与中产阶级可以等比例地分享经济成长果实。

第三，自从里根开启了新自由主义之后，各种保障劳工与中产阶级的经济政策与体制逐步被削弱，于是 20 世纪 20 年代的历史开始重演。10% 的最高所得家庭占有的分配收入不断上升，而其余的 90% 则不断下降。到 2010 年，前者占总收入的比重已经超过了 50%，所得分配悬殊的程度甚至超过"咆哮的二十年代"（Roaring Twenties）。

“咆哮的二十年代”是指从第一次世界大战结束到经济大萧条爆发前夕这段西方国家持续经济繁荣的时期，这10年在欧洲被称为“疯狂年月”。这是金融财富快速膨胀的时代，也是美国经济规模明显超越英国而成为世界经济龙头并迈向顶峰的年代；这是自由放任经济思想再度盛行的年代，也是美国社会贫富两极化走向极端的时代；这是好莱坞攻占世界流行文化制高点的开端，是现代主义建筑与“装饰派艺术”(Art Deco)鼎盛的时代，也是克莱斯勒大厦与帝国大厦等摩天大楼纷纷耸立曼哈顿天际线的年代。在这个时期，美国出现史无前例的金融泡沫，这个时代也因华尔街股市一夕崩盘而刹那画上句号。

如果把2008年的金融危机与1929年的华尔街股市崩盘进行比对就会发现，两者真是有高度雷同之处。在1929年华尔街股市崩盘之后，美国经济急速萎缩，美国国会通过空前强烈的贸易保护措施，其结果是迅速点燃西方国家之间的贸易大战，世界贸易规模急速萎缩，经济大萧条向全球蔓延。在经济全面崩溃与社会秩序濒临解体之际，意大利、德国、罗马尼亚、匈牙利、希腊等国的法西斯政权趁势而起。

如今，世界经济尚未完全摆脱2008—2009年世界经济大衰退的阴霾，右翼排外民粹政治运动在西方国家如雨后春笋般涌现，民主体制的合法性遭遇严重挑战；特朗普上台后开始拆解全球经济合作体制，把WTO贸易规则踩在脚下，不惜挑起贸易大战，让人不由得担心20世纪30年代世界动荡的历史是否会重演。

第二章

新自由主义革命与超级全球化

“镶嵌式自由主义”：战后秩序重建的基石

在二战后头 35 年，“镶嵌式自由主义”之所以成为西方发达国家普遍采用的体制，是因为有特殊历史条件。首先，在西方国家经历经济大萧条并吸取惨痛教训后，以哈耶克为代表的古典主义经济学家，被西方国家政治精英彻底抛弃。新古典主义学派深信自由市场配置效率，坚信市场可自动达成充分就业的总体均衡，这些核心假设饱受质疑。而主张政府积极利用财政和货币政策调节经济周期与从需求侧选择性干预价格形成机制的凯恩斯经济学，开始登上历史舞台，并在此后近半个世纪的岁月里成为西方国家普遍奉行的主流宏观经济思想。从 1933 年美国罗斯福总统上台推行新政开始，接着瑞典与德国政府也采取凯恩斯的政策建议，英国也出现如何有效对抗经济大萧条的政策大辩论。在越来越多的西方国家实践过程中，凯恩斯经济学的确让剧烈的经济周期波动与大规模金融危机反复出现的问题得到相当程度的控制，而凯恩斯经济学也正是战后西方国家采用的“镶嵌式自由主义”体制的指导思想。

其次，二战后西方国家的国内社会环境与国际政治环境，都迫使资本家选择与劳工及中产阶级进行政治妥协。经过经济大萧条与世界大战的洗礼，各国资本家的经济力量与政治基础都受到严重削弱，大量的金融资产与固定资产都因漫长的经济衰退与毁灭性的战争而遭到损毁；传统上资本家所拥有的投资、雇佣与定价自主权力（经济决策的自由），都曾经被经济管制、物价控制、资源征用与实物配给等战争动员体制替代。在战后复原与重建的过程中，资本家仍必须适应国家经济管制权力的逐步退场，而且在有些政策领域，政府还必须扩大经济职能或扩大公共部门投资，包括对战争伤员（及其家属）的抚恤与照顾，为数量庞大的复员军人返校进修或返回就业岗位进行安排与辅导，并调动资源来尽快重建被战争损毁的工厂、建筑物与基础设施，所以“镶嵌式自由主义”体制一开始就继承了这些既存的历史条件。

同时，战后西方资本主义体制还面临以苏联为主的共产主义扩张模式的生存威胁，资本家别无选择，必须与劳动阶级达成政治妥协，承认劳动阶级的基本经济社会权利与集体谈判权利。“镶嵌式自由主义”的政治功能就是使西方社会各阶级在实行某种形式的民主社会主义模式下，达成阶级共存共荣的妥协，以预防激进左翼政治势力的兴起，并有效对抗共产主义的蔓延。在“镶嵌式自由主义”体制下，资本家被迫接受“管制资本主义”。国家通过市场监管、反托拉斯、劳动基准立法、金融国有化、高级距的累进税制，以及财政转移支付等机制，抑制了资本主义对社会的破坏作用与对弱势群体的掠夺倾向，修正了资本拥有者与出售劳动者在市场中进行不对等交换所必然导致的财富与所得分配两极化倾向，并通过严格的资本管制与金融压抑大幅削弱资本家最重要的结构性权力，因为资本无法自由跨境移动追求最大利润回报，反而维持了阶级间权力关系的长期平衡与稳定。

更重要的是，“镶嵌式自由主义”为战后美国主导的自由国际经济秩序，提供了稳固的社会支持基础。国家主导的补偿与扶助机制，让开放经济体系下的潜在利益受损者得到适当的救助与保护；同时，教育、培训、医疗保障、完善的基础设施与普及的公共服务，让更多的市场参与者能适应国际市场竞争与发掘新的市场机会。“镶嵌式自由主义”体制让西方社会对维持经济体系的对外开放，形成牢固的跨阶级、跨地域与超越左右政治竞争的社会共识，让有利于西方经济快速重建与振兴的开放贸易体系得以确立。

实际负起战后国际经济秩序重建的两位灵魂人物，一位是代表英国政府参加布雷顿森林会议的凯恩斯，一位是代表美国政府的财政部部长助理怀特。虽然怀特与凯恩斯在如何构建战后国际货币体系上持不同意见，凯恩斯提出的建立名为班克的超主权新国际货币方案，① 最终不敌怀特所提以美元为国际储备货币的议案，但他们两位在许多问题上的见解是有高度共识的。

他们都认识到要深刻记取经济大萧条的历史教训：第一，必须扬弃加诸各国桎梏的金本位货币体系，因为这套机械式的国际收支强制性平衡机制（美其名曰“市场自动调节”），必然导致经济周期更大幅度震荡，而且剥夺各国政府的逆周期经济调控能力。②

第二，要有效引导各国放弃以邻为壑的贸易保护主义或货币竞相贬值的重商主义手段，必须构建全新多边合作体制，来重建国际货币体系与维持各国汇率的稳定，并以金融互助机制来协助成员国渡过国际收支失衡的难关；同时，必须推进更有效率的贸易自由化的多边谈判与协议，让各国同步减让关税与开放市场，并设置专门国际机构，负责督导各国履

① 凯恩斯的方案是成立一个由所有主要国家参与的国际清算联盟（ICU）。各成员国将保持自己的货币和央行，同时接受以共同记账单位来为所有支付项计价。凯恩斯将这一记账单位称为“班克”（Bancor），并通过 ICU 来清算所有国际支付。Benn Steil，*The Battle of Bretton Woods：John Maynard Keynes，Harry Dexter White，and the Making of a New World Order*，Council on Foreign Relations Books（Princeton University Press，2013）.

② 加利福尼亚大学伯克利分校埃森格林教授认为，金本位制是西方国家陷入经济大萧条深渊的罪魁祸首，参见 Barry Eichengreen，*Golden Fetters：The Gold Standard and the Great Depression，1919 – 1939*，Oxford University Press，1996。

行贸易自由化承诺与调解贸易争端。

第三，稳定的国际货币体系与固定汇率制度，可以为各国战后经济重建提供稳定的外部经济环境，并可促进国际贸易的增长，也有助于各国政府对宏观经济进行必要的调控，而其先决条件是必须对资本跨国移动进行严格的管制。

第四，西方国家已经无法维持帝国体系下与各殖民地的经济关系。西方国家为因应亚非民族解放与殖民地独立的大趋势，必须通过新的国际经济秩序来重设西方国家与广大前殖民地之间的垂直分工和经济交换关系，并维持意识形态指导的优势地位，让西方国家仍能享受最有利的国际分工与交换模式，继续以亚非拉发展中国家为西方企业扩张的腹地，以及廉价大宗商品和能源之可靠来源。在这样的缜密构思下，美国引领与会的同盟国集团内 40 多个国家的代表，[①] 签署了成立国际货币基金组织和国际复兴开发银行（世界银行前身）的协议。[②]

---

① 在布雷顿森林会议上，中国代表团强力主张战后新国际经济秩序的安排，必须考量广大发展中国家发展权利，以及它们在国际贸易上所处的弱势地位。中国代表团在成立国际复兴开发银行以提供发展中国家中长期发展融资为主要任务，以及在 GATT 中承认发展中国家应当享有优惠关税待遇等议题上，发挥了相当重要的作用。参见 Amy King，“China's Economic Nationalists：From Bretton Woods to Bandung,” working paper presented at the International Political Economy of East Asia Series，University of Oxford China Centre & St Antony's College，Oxford，26 January 2016。

② 根据布雷顿森林会议结论，原本预定成立权限更完整的“世界贸易组织”，后来因美国国会的抵制，而降格为 GATT。

凯恩斯与怀特所擘画的战后国际自由经济秩序是“镶嵌式自由主义”体制在国际层面的体现。这套体制把民主社会主义模式（福利国家体制）的阶级大妥协、需求侧的国家干预角色、金融监管与资本管制，以及自由贸易体制四者结合为有机的整体，为战后西方国家的经济复兴与持续繁荣奠定了坚实的基础。虽然因东西方冷战的爆发，这套体制与战后国际安全秩序重建并不完全对接，其出发点主要是照顾西方集团核心成员及其外围成员的利益，而苏联则自己组成社会主义国家的经济互助体制，但美国带头创设的这套体制的确在世界经济体系内发挥了主导作用。

同时，同盟国领袖也深刻记取两次世界大战的教训，不但完全摒除要求战败国接受屈辱性投降条件的念头，美国还积极通过“马歇尔计划”大力协助西欧的战后重建，德国与法国则抛弃历史仇恨，化干戈为玉帛，以建立“煤钢共同体”为起点，逐步推进西欧的经济整合。战后五强建立的联合国集体安全体制，虽然因冷战而无法充分发挥功能，但在法理层面确立了排除以战争为解决国际争端合法手段的原则，再加上日后核武器的巨大吓阻效果，大大降低了大国之间再度爆发大规模战争的可能性。这些历史发展也为“镶嵌式自由主义”体制的实施提供了必要的和平与稳定的国际环境。

“黄金年代”褪色与“镶嵌式自由主义”式微

从1950年到20世纪70年代中期这四分之一个世纪，是许多凯恩斯学派经济学家津津乐道的“黄金年代”[①]。这是发达国家整体经济表现在历史上最亮丽的时期，那时各发达国家不仅经济增长强劲而持续，失业率也达到历史新低，同时所得分配也趋向平均，金融危机爆发的频率也达到历史新低，[②] 如此辉煌的纪录从此不再现。在法国，这段史上最成功的持续强劲经济增长，被称为“辉煌三十年”（Trente Glorieuses），从1945年到1975年，法国平均增长率为5%，失业率低于2%。类似的亮丽经济表现也出现在美国、德国、荷兰、瑞典、意大利、比利时等。这个时期也是日本战后经济最辉煌的年代，东亚“四小龙”的经济奇迹也是在这个时期奠定基础的。

英国著名经济史学家斯基德尔斯基，特别把“黄金年代”的全球经济表现与新自由主义思潮当道的30年（1980—2009年），也就是他所称的“华盛顿共识时期”，进行比较。[③] 他发现，几乎在所有指标上，“黄金年代”的全球经济以及主要经济体的表现，都明显优于“华盛顿共识时期”。在“黄金年

---

① Stephen A. Marglin and Juliet B. Schor, *The Golden Age of Capitalism: Reinterpreting the Postwar Experience*, Oxford University Press, 1995.

② Martin Wolf, *Fixing Global Finance*, Yale University Press, 2009, p. 31.

③ Robert Skidelsky, *Keynes: The Return of the Master*, Allen Lane, 2009.

代”，全球经济平均增速为4.8%，而“华盛顿共识时期”只有3.2%，而且苏联计划经济的表现也相当突出。

但好景不长，1973年第一次石油危机爆发，多数西方国家两度陷入停滞性通货膨胀的困境。第一次发生在1974—1975年，第二次发生在1979—1981年，经济衰退、失业率攀升与物价快速上涨同时出现。停滞性通货膨胀对凯恩斯经济学的逆周期调控的有效性构成严峻挑战，也给传承古典主义经济学的新自由主义思潮重返历史舞台提供了绝佳机会。在新古典主义经济学理论掩护下，右翼保守政治力量开始集结，并对“镶嵌式自由主义”的典型措施与制度设计发起严厉的抨击，认为政府对市场经济的过度干预与管制，公共部门占用过多社会资源，对企业与高收入群体征收过高的边际税率，社会福利支出过于泛滥，以财政刺激为名而导致财政纪律松弛，国营事业的垄断与低效率，过于严格的金融管制与资本控制，赋予工会过多的集体谈判与罢工权利，都是西方国家经济顽疾的罪魁祸首。①

---

① 直到今日，对于20世纪70年代西方国家两次经济衰退成因的诊断，以及什么才是最适当的政策处方之争论从来没有停止过。尤其是2008—2009年金融危机爆发后西方国家经济再度陷入停滞，新古典经济学与凯恩斯学派之间的争论再次涌现，也包括“后凯恩斯学派经济学”对停滞性通货膨胀的重新诠释。参见Harcourt, Geoff, *The Structure of Post-Keynesian Economics: The Core Contributions of the Pioneers*, Cambridge University Press, 2006; http://socialdemocracy21stcentury.blogspot.com/2011/06/stagflation-in-1970s-post-keynesian.html。

市场原教旨主义重返历史舞台

20 世纪 80 年代初，撒切尔夫人与里根总统陆续上台，开始在西方国家掀起一场新自由主义革命。这场高举市场万能而妖魔化政府干预角色的“市场原教旨主义”（market fundamentalism）革命，在接下来的 30 多年里，成为席卷全球的主流经济政策主张。新自由主义革命彻底执行供给侧经济学的主张，简单来说，就是要让资本家在投资、借贷、避险、雇佣、定价等决策上享有完全的自主权，要尽可能排除来自政府的干预或扭曲，甚至包括以纠正市场失灵为出发点的干预或管制也要降到最低，并把所有需求侧的政府干预与调节都视为百害而无一利。这场革命将二战后“镶嵌式自由主义”节制资本家决策与移动自由的各种制度安排，以及法律赋予资本家的各种强制性社会义务，包括高边际税率的累进税制、劳动法规、工会权利、反托拉斯、市场监管、公平交易与消费者保护、雇主分担主要社会保险费用、公共事业国有化、严格金融监管、资本账户管制等，不是大幅削弱就是彻底拆除。

新自由主义革命思潮几乎彻底征服了美国、英国、澳大利亚、新西兰、加拿大等这些盎格鲁-撒克逊国家，即使像德国、法国与北欧那些民主社会主义传统深厚的国家也被迫改弦易辙，欧洲各国大型企业也抛弃自己的传统，而逐步向追求股东权益最大化的美式资本主义靠拢。新自由主义革命更经由美国政府通过贸易谈判与外交施压等进行强制性推销，并借助世界银行与国际货币基金组织开出的经济政策处方提升话语权，在“华盛顿共识”旗帜下，把彻底市场化、私有化、自由化与国际化的市场原教旨主义主张灌输给发展中国家政策精英。在美国的施力下，日本与东亚新兴市场国家也不得不修正原来的发展型国家模式。

“华盛顿共识”一词是由美国国际经济研究所前所长约翰·威廉森所创，最早出现于1990年。当时，美国国际经济研究所邀请国际货币基金组织、世界银行、美洲开发银行和美国财政部的研究人员，以及拉美国家的代表，在华盛顿召开了一个研讨会，共同讨论20世纪80年代中后期以来拉美的经济调整和改革。会上，约翰·威廉森总结说，与会者在拉美国家已经采用和将要采用的10项政策工具方面，在一定程度上达成了共识。该共识包括压缩财政赤字、降低边际税率、实施利率市场化、对国有企业实施私有化、放松政府管制等10个方面。他认为，上述共识或者说政策工具不仅适用于拉美，而且还适用于其他有意开展经济改革的广大发展中国家。①

---

① 在1992年威斯康星大学麦迪逊分校芭芭拉·斯托林斯（Barbara Stallings）教授主办的一场学术研讨会上，我曾与约翰·威廉森有过一段激烈争论。我以东亚发展模式为例，批驳“华盛顿共识”政策与东亚成功的后起工业化的经验不符，其实东亚模式下国家刻意扭曲短期价格信号来引导产业升级的经验，对其他发展中国家有更积极的启示意义。参见 Yun-han Chu，“The East Asian NICs：A State-led Path to the Developed World，” in Barbara Stallings ed.，*Global Change*，*Regional Response*，New York：Cambridge University Press，1995。

当时，世界银行正在准备一篇有关“东亚奇迹”的政策回顾报告，在这个报告的起草中，承受了美国政府与日本政府角力的巨大政治张力：日本政府希望呈现“东亚奇迹”中国家对市场指导的正面角色，而美国坚持要突出市场机制是起关键作用的，以符合当时流行的“华盛顿共识”。最后形成的文稿成为政治妥协的产物，写作小组只好淡化国家机构在东亚经济发展中的作用。①

新自由主义革命带来的所有变革中最关键的就是大幅解除金融管制，彻底开放资本账户自由兑换，并强迫各国开放金融产业与资本市场。这种变革如同纵虎归山，把资本主义这头猛虎放出了栅栏，为企业主与富豪阶层扫除了所有妨碍资本在全球追求最大投资回报的人为障碍，彻底改变了资本家、劳工与国家三者间的权力均衡，也等于把战后“镶嵌式自由主义”体制最核心的设计拆解了。② 从此之后，社会弱势群体在强大市场力量之下得不到公平保障，跨国资本获取左右国家政策与立

---

① 这篇报告就是 World Bank，*The East Asian Miracle：Economic Growth and Public Policy*（World Bank，1993）。美国政府在报告起草过程中的介入，可以参考 Robert Wade，“Japan，the World Bank，and the Art of Paradigm Maintenance：The East Asian Miracle in Political Perspective，” *New Left Review*（May-June，1996）。

② Jonathan Kirshner，“Keynes，Capital Mobility and the Crisis of Embedded Liberalism，” *Review of International Political Economy*，Vol. 6，No. 3（Autumn，1999），pp. 313 – 337；Jeffrey A. Hart and Aseem Prakash，“The Decline of ‘Embedded Liberalism’ and the Rearticulation of the Keynesian Welfare State，” pp. 65 – 78，published online：19 Oct 2007.

法，通过修改国际经济游戏规则达到支配各国社会生活方式的最终权力。

金融资本放闸，猛虎出山

我们回过头看，西方国家在战后以温和民主社会主义模式为基础达成的所谓阶级大妥协，只是资本家的权宜性退让，他们始终在积蓄政治实力。拉拢媒体、政客与知识精英来引导公共舆论，并等待历史机遇来恢复他们的结构性权力，可以说，他们无时无刻不在设法逐步挣脱“镶嵌式自由主义”加诸他们身上的枷锁。他们可以耐心等待，等待人们逐渐忘却二战前惨痛的历史教训，等待苏联共产主义制度模式对西方资本主义体系的威胁消退，等待布雷顿森林体系的严格资本流动管制出现裂缝。

资本追求安全、回报与可变现性，其中可变现性十分关键。可变现性让资本可以非常便捷地转移到更安全的地方，以及非常机动地追求更高的回报。而金融资本的可变现性最高，所以资本主义体系下资本的积累最终都会朝着金融资本日益强大的方向发展，尤其是当实体经济的投资回报率不断下降时。①

---

① Giovanni Arrighi, *The Long Twentieth Century: Money, Power and the Origins of Our Times*, Verso Newand Updated Edition, 2010.

在哈佛大学肯尼迪学院罗德里克（Dani Rodrik）教授笔下，从19世纪中叶到第一次世界大战爆发的第一波全球化中，跨国金融巨头跃升为最强势的跨国利益集团，他们掌控各国中央银行而拥有货币发行特权。当时主要西方国家（包括美国、英国、法国与德国等）的中央银行都不是政府主控或拥有的，而是由少数大型私人银行出资组建而获得发行法币特许权的私营再拆借机构，纽约联邦储备银行、英格兰银行、法兰西银行与德意志帝国银行（前身是普鲁士中央银行）皆是如此。①

这批跨国金融巨头的政治影响力横跨大西洋，对所有西方国家政府都有呼风唤雨的能力。他们让各国政府身不由己地服膺在金本位货币体系的桎梏之下，他们也曾经成功打造了第一波金融全球化，可以让伦敦、纽约与苏黎世的银行利率同步调整，让大清帝国担保的中国铁路债券可以在各金融中心同步发行。②

他们控制的庞大金融资产，对货币政策的独揽大权，以及横跨大西洋两岸的政治权势，因两次世界大战与漫长经济大萧条的破坏而被严重削弱。他们的社会公信力更因股市崩盘、金

---

① Barry Eichengreen, *Globalizing Capital: A History of the International Monetary System*, Princeton University Press, 1996.

② Dani Rodrik, *The Globalization Paradox: Why Global Markets, States, and Democracy Can't Coexist*, Oxford University Press, 2012.

融体系溃散，以及金本位货币体系的解体而跌落谷底。[①] 他们在布雷顿森林会议上几乎没有声音，但随着二战后西方国家连续30年的经济繁荣，他们所控制的金融资产与政治实力也逐渐恢复。

在20世纪60年代，他们在凯恩斯与怀特所设计的布雷顿森林体系内找到第一个突破口：当时越来越多的美元在美国境外流通，并逐步累积至相当可观的规模，这些累积在境外银行的美元需要寻找出路。于是他们大力游说美国与英国政府，允许设在伦敦的跨国金融机构开辟“欧洲美元”的拆借、放款与主权联贷业务，排除适用更严格的境内金融监管与跨境资本流动管制，不再受美联储委员会的管辖。美国政府之所以愿意网开一面，是因为不希望这些境外美元回流美国造成物价上涨压力或逼迫美国政府履行兑换黄金承诺，而英国政府则乐于借此恢复伦敦的国际金融中心地位。他们成功的政治游说，给战后金融全球化复兴开了一扇小门。

因美元币值信用危机的冲击，布雷顿森林体系在1971—1973年间迅速瓦解，这又给跨国金融利益集团一个良机。20世纪60年代，美国政府为了支应约翰逊总统开启的“大社会”社会福利体制改革，以及日益庞大的越战等海外军费开支，必须不断扩大财政赤字与增发美元，导致美元的实际购买力不断下降。持有大

---

① 关于主控英、美、法、德四大西方国家中央银行的跨国金融巨头，如何因他们僵硬的思维而让经济大萧条雪上加霜，参见 Liaquat Ahamed，*Lords of Finance*：*The Bankers Who Broke the World*。

量美元的欧洲国家与境外金融机构开始质疑，美国是否有能力履行以 35 美元兑换 1 盎司黄金这一固定兑换比例的能力。

为彻底解除美元币值信用危机的压力，尼克松政府于 1971 年突然宣布中止布雷顿森林协议的美元黄金兑换承诺，导致战后固定汇率体系难以为继，各国被迫改为浮动汇率。为因应从事贸易厂商的汇率避险需求，各国政府不得不开放远期外汇的避险交易。接着，在跨国金融利益集团的推波助澜下，各种更复杂的避险与对冲工具纷纷出笼，外汇交易市场很快就膨胀成一个超级巨大的投机交易市场。再加上更多大宗期货交易的陆续开放，投机性交易很快就喧宾夺主，成为汇率与商品价格波动的主导力量，完全凌驾于企业实质避险需求之上，并不断吸引更多的投机性资金进入这个合法大赌场。

制定美国全球战略的决策者与跨国金融利益集团不久就发现，他们在“后布雷顿森林体系时代”已经成为命运共同体。美国历任负责国家安全战略的决策者把维护“美元霸权”视为国家核心利益的重中之重，因为正如法国前总统吉斯卡尔在 20 世纪 60 年代担任法国财长时所指出的，美元作为国际储备货币赋予美国“过分的特权”（exorbitant privilege）。美元霸权让美国可以调动全世界储蓄，来为其日趋庞大的财政赤字、贸易赤字与私人债务买单，可以让美国不费力地维持天文数字般的国防支出与无与伦比的全球军事投射力量。要维护美元作为主导性国际储备货币的地位，一方面美国需要打压任何其他可能成为美元竞争对手的货币，另一方面就必须让各国政府、跨国企业，以及各国金融机构与投资人，都不约而同地需要储备美元。

在布雷顿森林体系崩解后，美国除了利用其军事威慑力量威胁利诱中东石油出口国采取石油美元计价，而创造所谓石油美元体制外，也积极构建“金融美元”体制，作为支撑美元霸权的第二根支柱。与此同时，美元霸权随着金融全球化的脚步加速而更为凸显，因为各国央行除了必须储备大量美元来支应经常账的进口结算需求外，还需要储备美元来因应日益膨胀的资本账结汇需求，为了吓阻国际金融大鳄炒作本国汇率更需要储备美元“子弹”。在金融美元体制下，所有国家的金融机构或富豪阶层想要分散其资产配置，都需要通过美元计价与美国控制的银行跨国清算与支付系统进行交易。

正如复旦大学史正富教授所指出的：1971 年尼克松政府废除美元与黄金的挂钩后，美元不再是“美金”，而成了美国印发的“美钞”。美钞作为纸质印刷品，为什么能够通行世界数十年呢？简要而言，有三招很关键：一是凭政治军事科技的“霸权三角”，锁定中东石油用美元定价的垄断权；二是发展金融衍生品交易市场，创造天文量级的美元交易与投资（含投机）需求；三是基于全球金融交易市场的内在震荡，创造出各国央行对美元的储备需求。①

---

① 史正富. 走向新的宏观经济学［EB/OL］. 复旦大学经济学院中国政治经济学 40 人论坛 · 2018，（2018 – 12 – 29）. https：//www. guancha. cn/ShiZhengFu/2019_01_20_487550. shtml？ s = zwyzzwzbt.

只要华尔街能开拓更多形态的跨国融资机制、投资渠道与金融衍生工具，不断做大跨国金融交易规模，并吸引更多的全球财富追逐投机性交易的可观回报，金融美元的需求就越来越大。所以在过去20多年，美国政府非常积极配合跨国金融利益集团的金融自由化与全球化议程。而华尔街本来就直通美国财政部，财政部又可直接影响国际货币基金组织的主导思想与重要决策，所以从20世纪90年代开始，国际货币基金组织都在鼓吹金融资本自由流动的好处，而且对接受其纾困方案的国家都提出开放资本市场与汇率市场化的要求。

超级全球化时代的降临

有不少研究全球化的文献把过去30多年的高速全球化过程，称为超级全球化。[①] 所谓超级全球化可以从两种角度来理解：一个是全球化所追求的经济一体化之目标，一个是全球化所实际达成的经济整合之结果。

哈佛大学罗德里克教授就把超级全球化界定为，以追求货物、服务、资金以及金融活动跨越国界之交易成本最小化为目

---

① Martin Kessler and Arvind Subramanian. "The Hyperglobalization of Trade and Its Future," *Peterson Institute for International Economics Working Papers WP* 13－6, published on-line, July 2013. https: // piie. com/publications/working-papers/hyperglobalization-trade-and-its-future.

标的一种全球化，这种全球化出现于过去30年。[1] 跨境移动的交易成本不仅来自关税或贸易配额，也包含各国的市场监管规则、产品与技术规格、产品安全标准、知识产权规则、金融监管体制等。而超级全球化就是在最大可能范围内让跨国企业可以规避各国的规则与监管。从这个角度看，超级全球化必然导致国家经济主权的沦丧，而新自由主义革命正是开辟超级全球化时代的推土机。

过去30多年，新自由主义革命同时在国内与国际两个范畴，大幅度扫除了阻碍资本家在全球范围整合生产要素与自由追求最高回报的各种政策障碍。各国政府为吸引资本的青睐，都尽可能打造对资本友善的营商环境，并对商品、资金、信息与人员的跨境移动提供便捷化措施。在新自由主义思潮的指导下，包括世界银行在内的各种国际机构与智库，都给各国施加压力，敦促它们的政府进行私有化、自由化、市场化及去管制化的改革，同时压缩政府的经济和社会管理职能，并通过各种国际评比指标的发布来加大国际舆论压力。美国政府更通过经贸谈判直接向贸易伙伴施压，要求金融监管松绑，全面开放金融服务业与资本市场，并允许跨国金融机构直接参与银行、保险、证券与租赁等行业。

美国与其他发达国家在升级版的WTO框架下，积极推进更

---

① Dani Rodrik, *The Globalization Paradox: Democracy and the Future of the World Economy* (New York: W. W. Norton & Co., 2011), pp. 200–201.

彻底的贸易自由化，把更多的产品纳入免税或关税大幅减让范围，并基本上将所有信息技术类零部件与终端产品（计算机、手机、半导体等）都纳入《信息技术协定》（Information Technology Agreement），全面享受免关税待遇。美国与西欧国家也试图深化WTO规则的管辖范围，把WTO的多边谈判推进到非关税贸易壁垒，涉及产品规格、政府采购、知识产权，甚至劳动、卫生与环保法规等领域，也积极推进排除服务业的进入障碍。美国与西欧主导的多边贸易谈判，基本上都以强化西方跨国企业与金融机构的竞争优势，保障其垄断地位，或有利其全球布局为出发点。

在这个时期，各国政府对贸易自由化与区域经济整合所可能带动的投资、贸易与经济增长的乐观预期，也促成区域经济一体化与区域自由贸易协定的快速发展。在德国与法国的主导下，《马斯特里赫特条约》于1993年生效，欧盟实现了生产要素自由流动的高度一体化目标，并通过吸纳中东欧新成员而扩大为一个覆盖5亿人的经济与政治共同体。几乎同时，在克林顿政府主导下，美国、加拿大与墨西哥之间的《北美自由贸易协定》于1994年1月生效。这两个划时代的经济一体化协议激发其他国家与区域积极仿效。

史无前例的经济相互依存

我们也可以从全球化所实际达成的经济高度整合之结果来

理解超级全球化。无论是与19世纪中叶开始的第一波全球化相比，还是与二战结束后布雷顿森林体系下重新启动的全球化相比，从20世纪90年代开始，跨国供应链网络、贸易网络、运输网络、信息网络、金融网络、移民网络、跨国企业全球布局与交叉控股，把全球经济联结成一个空前紧密、高度整合的整体，也让人类社会的经济相互依存达到空前程度，在很多重要指标上都是史无前例的。

首先，在超级全球化时代，第一次出现精密而复杂的跨国供应链。例如，精密度要求极高的苹果手机的制造过程，涉及来自十几个国家的上千个零部件与关键芯片。这些分散在各国的供应商与负责终端装配的厂商（如富士康），可以在取得苹果公司的产品设计数字档案与订单后的几个月内，制造出在规格与性能上精密无误的零部件，并在跨境供货时间上与生产线运作衔接得天衣无缝，让像富士康这样的代工大厂，能准时将几千万部新手机运交全球数千个电信商营业网点或网络手机批发商。

不仅手机的跨国供应链如此运作，计算机、汽车、飞机、船舶、机床、重型机械、核能反应炉、人造卫星、高级运动鞋等都是如此。没有国家可以在这些高附加值制造业领域维持传统封闭的自给自足的产业体系。至于没有运输成本与没有空间地域限制的软件设计、半导体设计与各种数字化产品的全球分工体系，更是可以随时灵活地重新组合。在超级全球化时代，国际贸易增长的速度远远超过全球经济增长的速度，前者有时甚至是后者的两倍有余，意味着越来越多的生产活动是为了出口，用经济学术语来说就是生产活动的贸易密度（trade intensive）不断增加。例如，从1990年到2010年，全球货物出口贸易占GDP的比重从15%增加到26%，加上服务出口贸易则达到33%，这个统计数字可能还低估了全球分工体系中服务出口贸易的急速发展。

其次，在这个超级全球化时代，经济全球化的吸纳与辐射作用在空间覆盖上，以及对社会生活穿透上，都达到前所未有的广度与深度。市场力量的作用几乎渗透到世界每一个角落，也把地球上大多数的个人、群体、社区、企业、社会组织、各级政府都卷入这个经济整合过程，创造出无穷尽的交换、分工、协作、对话、碰撞与相互影响之机会与挑战。过去被排除在外的中国大陆与前苏联加盟共和国，都被纳入这个全球范围的分工与交换体系，过去市场与信息穿透力量鞭长莫及的非洲大陆、中亚与南亚之穷乡僻壤也被唤起。所有因政变、战争、传染病、恐怖主义、自然灾害或气候变迁引发的经济震荡，都会经过复杂而无远弗届的传导机制，而让千里之外的群体受到难以预见的波及。

最后，过去30多年，全球化过程最突出的结构性变化，就是金融全球化的爆炸性成长与虚拟金融活动全面凌驾于实体经济活动之上。虽然一战前夕在金本位体系下，金融全球化也曾经达到当时交易工具与通信能力所能及的极限，但在过去30多年里，国际金融资本所驱动的全球金融市场各种天文数字规模的高杠杆套利交易，以及那些不日落的虚拟交易，导致的价格波动与大规模热钱跨境流动，对实体经济产生的巨大影响是前所未有的。无论是在哥伦比亚山区种植咖啡的农夫，受雇于印度尼西亚甘蔗园的工人，国泰航空的空服员，还是在阿联酋打工的孟加拉国移民工，他们的生计都会受到石油与大宗商品期货交易市场的剧烈震荡的影响，无所遁逃。

由于美国金融监管机构的有意放任，在过去20多年里，现代金融业分化成服务实体经济的中介性金融和以自我服务为主的交易性金融这两大领域，后者对实体经济的干扰越来越大，所累积的系统性风险高到难以想象。在金融工程和金融创新的名义下，任何一个金融业务商家都可以制造、合成、编制出一个衍生品，拿到交易所里，只要有人买有人卖，它就成为一个正常交易的金融产品，由此就衍生出越来越多、越来越纷繁复杂的金融衍生品体系。在诱人的部门利润与经理人高薪奖励的驱动下，美国金融机构推出的金融衍生品如雨后春笋般涌现，更将各种投机性虚拟交易（美其名为避险）的规模推升到科幻小说般的天文级数。

因为缺乏监管机制及各国法令统一的认定，很多金融衍生品交易合约是场外交易，所以这些合约的真实规模从来没有准确的统计。根据国际清算银行在2014年年中所做的初步统计，到2013年底全球柜台交易的金融衍生品交易合约的余额高达710万亿美元，是全球经济总规模的10倍，比2012年底增长了12%。这意味着，虽然金融虚拟交易曾经因2008—2009年金融危机而一度萎缩，但很快又如雨后春笋般涌现。国际清算银行的上述估算还不包括数量庞大的场外交易合约，把这些隐藏的交易合约也都纳入，曾有专家粗估各类金融衍生品交易合约的余额可能是全球 GDP 的 20 倍。[①] 这些虚拟交易合约之间的风险传递关系像连环套一样，任何一家大银行一旦倒闭，其交易对手将如多米诺骨牌般纷纷倒下。难怪巴菲特曾经多次公开警告，这个超级庞大的不定时炸弹一旦引爆，将给全球经济带来一场巨灾。这个畸形发展的赌场资本主义绑架了所有主要国家央行的货币政策，也绑架了整个国家。

推进超级全球化的两大加速器

从 20 世纪 90 年代初期开始，超级全球化能高速推进，得力于两个特殊的历史条件，它们发挥了加速器的作用。

助力超级全球化的第一个有利条件是科技革命。在这个时期，通信手段、运输工具、物流管理、互联网、运算能力等领域都出现惊人的进步与突破。集装箱运输与数字通信让远程贸易的交易成本快速下降。互联网与计算机运算及储存能力的快速升级，让跨国企业可以高效率、精准无误地组建、营运及机

---

① Bruce Wilds, "Derivatives Could Explode Like A Bomb!" *Seeking Alpha*, Feb. 15, 2017 2: 05 PM ET, published on-line at: https://seekingalpha.com/article/4046338-derivatives-explode-like-bomb.

动调整超远距离与高度复杂的跨国供应链和销售网络，可以在全球范围精准而实时地将人力资源、物流、库存、销售、财务、客户等信息进行整合。金融科技可以让所有跨国金融机构与数以千万计的投资人，在全球各主要交易所同步进行天文级数规模的金融商品和合约交易的下单、撮合、对冲、交割、结算与保管登录。

助力超级全球化的第二个有利条件是中国快速融入世界经济。超级全球化为中国的改革开放与高速工业化提供了极为特殊的历史机遇，中国的经济崛起反过来成为超级全球化的加速器，全面提高了全球化的速度与能量。从历史经验来看，西方国家主导的国际分工与交换体系，从来没有在如此短暂的时间里（不到20年），吸纳像中国这样巨大规模新成员的先例。自2001年正式加入WTO开始，中国从国际贸易体系内一个轻量级的成员，快速跃升为全球第一大贸易国、全球最重要的制造业生产基地；中国也在最短时间内，在国际产业分工体系内连续晋级，构建了全世界最完整的上下游供应链产业体系；中国在最短时间内超越美国成为拉动世界经济增长的最重要火车头；中国不仅是全球最大的能源与各类大宗商品进口国，也是全球最大的手机、汽车、空调、钢铁、水泥、玻璃、化肥等消费国。

在19世纪中叶开启的第一波全球化过程中，欧洲曾经面临美国崛起的挑战与冲击。二战后布雷顿森林体系重新启动的全球化，也曾经让美国与西欧面临日本与东亚新兴工业化经济体崛起的挑战与冲击，并一度导致西方发达国家的纺织、钢铁、汽车、造船与家电等产业出现结构转型困难。历史上，美国的崛起是惊人的，但其崛起的过程有半个世纪之长；战后日本的崛起也很可观，但规模无法与中国相提并论。

在一个生产要素（土地、劳动力、资本与信息）高度整合的超级全球化时代，单单看劳动人口比重，就知道中国在全球化过程中的贡献十分突出。2010 年中国人口占世界人口的比重是 19%，但中国劳动力规模占全球劳动力的比重则高达 24%。中国劳动力规模超过美国、西欧与日本的总和，这是因为中国的劳动参与率在世界名列前茅，远高于人口规模也十分巨大的印度。主要原因是中国妇女的劳动参与率直追西方发达国家，女性劳动人口占劳动总人口的比重达到 45%，而印度只有 25%。[①]

中国在制造业领域的突飞猛进更是让世人震惊。如下面这张世界银行制作的统计图所示（见图 2-1），中国的制造业生产总值在 2003 年首次超越德国，在 2007 年一举赶上日本，到了 2010 年又超越了美国，中国成为全世界最大的制造业生产基地，然后一路拉开与美国的距离。在人类工业化的历史中，从来没有一个后起工业化国家以这种追赶速度崛起，而且中国制造业的产业覆盖面之广也达到全世界前所未有的跨度。目前，中国拥有 41 个工业大类、191 个中类和 525 个小类，是全世界唯一拥有联合国产业分类中全部工业门类的国家，从而形成了一个举

① U. S. Bureau of Labor Statistics, "Charting International Labor Comparisons," Chart 2. 1, September, 2012.

世无双、行业齐全的工业体系，能够生产从服装鞋袜到航空航天、从原料矿产到最大直径硬岩盾构机的所有工业产品。这个门类齐全的工业体系成为中国竞争力的重要源泉，也是进一步升级产业所必需的基础和动力。

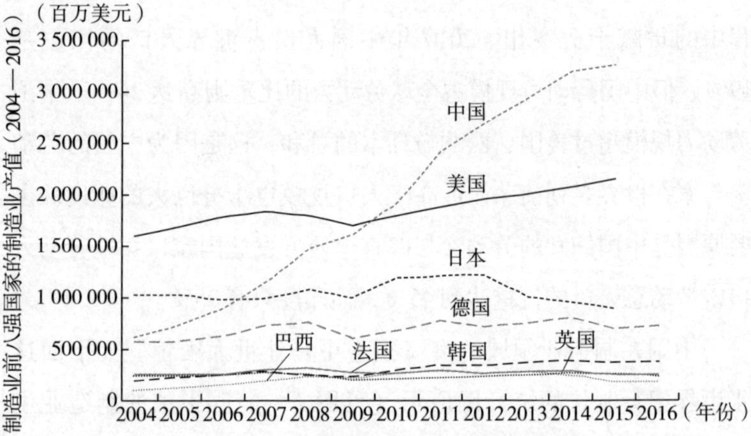

图 2－1　中国在极短时间内成为全球最大的制造业平台

资料来源：世界银行。

“寻租资本主义”愈演愈烈

超级全球化创造了巨大的经济红利，也带来前所未有的社会风险。而且过去 30 多年在新自由主义意识形态指导下所搭建的国内政策框架与国际经济秩序，必然导致全球化利益与风险的分配极度不均。

超级全球化的发展背景，让跨国企业领导层与超级富豪阶层名正言顺取得了前所未有的政治权力，他们成为在全球范围行使权力的主体。他们可以凌驾政府、支配社会游戏规则，并一步步地削弱保护弱势群体、劳工与中产阶级权益的经济监管体制与社会保障体系。他们进行大规模改革，废除曾经限制其行动自由与资本回报的全球治理或监管机制，并借全球化去影响各国的法律，可以通过金权政治的运作来影响美国的对外经济政策与美国政府主导的国际规则，也可以左右国际货币基金组织与美国联邦储备委员会的观点和政策。

跨国资本在全球取得前所未有的主宰地位，因为超级全球化使极少数的巨型跨国企业取得前所未有的市场垄断地位。如果我们把国家也视为经济体，将 2017 年所有国家的财政收入与全球大型企业的营收作为比较基础，根据“全球正义运动”（Global Justice Movement）组织所做的统计，全球前一百大经济体只有 31 个是主权国家，其余都是跨国企业。全球营收最高的跨国企业是沃尔玛，只有 9 个国家的财政收入超过它。作为一个经济实体，沃尔玛的规模远超西班牙、韩国、澳大利亚。这就意味着，在这些企业巨兽面前，绝大多数主权国家都成为政治侏儒，没有任何谈判筹码。①

经济控制权的高度集中也导致“寻租资本主义”愈演愈烈。2018 年联合国贸易和发展会议（UNCTAD）发布的《贸易

① https：//www.globaljustice.org.uk/news/2018/oct/17/69-richest-100-entities-planet-are-corporations-not-governments-figures-show.

和发展报告2017》就特别指出，“寻租资本主义”对世界经济结构的扭曲作用。[①] 典型的寻租就是地主坐收地租，不劳而获。现代经济中典型的寻租，就是企业借助政治影响力来取得特殊竞争优势，或巩固自己的独占，或寡占地位，借此压榨供应商、消费者或政府以获取超额利润。

UNCTAD这份报告首先指出，超级全球化导致了产业结构的高度集中，也让极少数享有垄断地位的超大型跨国企业攫取了越来越高的超额利润。在全球“寻租资本主义”盛行的时代，贫富两极分化是必然的结果。根据UNCTAD的分析，在1995年，如果我们把全世界所有非金融类上市公司的市值从最大到最小进行排列，前一百大的总市值是最后的2 000家公司的31倍，而20年后这个倍数已经暴增到7 100。在过去20年中，前一百大企业的超额利润比例也不断攀升，跟同业平均获利率相比，1995年它们的超额利润占利润的比例是16%，2015年则上升到40%。

UNCTAD的报告也指出，这些超大型跨国企业之所以能急速扩张，又能获得惊人的获利能力，主要不是因为它们的创新或效率提升，而是因为它们可以借助自己的政治影响力来扭曲法律、政策与市场监管体制，可通过收购专利与滥用专利诉讼来压制对手或阻挡潜在竞争者，可以在全球范围逃税，以及设

---

① UNCTAD, “Corporate Rent-Seeking, Market Power and Inequality: Time for a Multilateral Trust Buster?” Policy Brief, No. 66, May 2018. https://unctad.org/en/PublicationsLibrary/presspb2018d3_en.pdf.

法摆脱反托拉斯法的束缚，可以通过并购而快速巩固其市场垄断地位，并通过暗中侵占消费者权益的商业模式规避消费者保护法的管控，甚至还可要挟各国政府或各级地方政府给予自己特殊优渥的财政补贴。

难怪这几年美国国会最活跃的游说团体就是微软、苹果、谷歌、脸书等科技巨兽。2017 年，亚马逊宣布要在美国选址设置第二总部，立刻就有 238 个城市积极提案争取。这些城市不断加码，从提供免费土地到价值 70 亿美元的租税减免，这些地方首长别无选择，只能双手捧上朝贡礼单。

世界饱受金融危机折磨

在新自由主义指导下的金融自由化，驱使巨额的金融资本流向投机性的虚拟交易，给所有国家带来难以承受的系统性金融风险。也正因为这些投机交易导致的剧烈价格波动与不时制造的金融危机，实体经济受到巨大的扭曲与干扰，各国的弱势经济群体更是最大的受害者。

在跨国资本利益集团的推波助澜下，从 20 世纪 70 年代开始，跨国银行热衷于利用欧洲美元拆借市场缺乏松弛的空隙，给发展中国家政府提供超额联贷来赚取高额的中介费用，而不顾这些借贷国面临的利率与汇率风险。等到美联储在 20 世纪 80 年代初大幅提高利率，拉丁美洲国家纷纷陷入外债危机。

从 20 世纪 80 年代末期开始，美国带头进行大幅金融松绑，拆除金融防火墙，全面开放金融衍生品，并压迫各国全面解除对跨国资本流动的管制与放弃政府对汇率市场的干预。其结果是热钱在世界各地兴风作浪，制造了一轮轮的资产泡沫与金融危机。1997—1998 年亚洲国家遭遇区域金融危机袭击，韩国、泰国与印度尼西亚都深受国际货币基金组织超级严峻纾困条件的折磨。它们终于认识到，这些西方国家主控的多边机构，都是以保护跨国金融机构的债权为优先，而弃发展中国家的经济生机于不顾。亚洲金融危机还陆续蔓延到俄罗斯、巴西、阿根廷与土耳其。根据国际货币基金组织专家构建的数据库，从 1970 年布雷顿森林体系动摇开始到 2008 年，全世界共爆发了 208 次汇率危机、63 次主权债务危机和 124 次金融危机（银行倒闭风潮）。[①] 大力推动金融自由化与全球化的美国，最终也难逃金融危机的浩劫。2008 年由不动产次贷危机引发的全球金融危机，给美国与欧洲带来空前的经济重创，直到今日也未痊愈，金融体系的系统性风险隐患至今也未真正拔除。[②]

2008 年 9 月，雷曼兄弟因金融衍生品交易合约大规模违约而申请破产。美联储与联邦政府只好动用高达 4 万亿美元的应急方案，来拯救 AIG（美国国际集团）、花旗银行、美林证券等

---

① https://www.researchgate.net/.../23533944_Systemic_Banking_Crises_A_New-Database.

② 在金融危机爆发后多年，美国大型银行对金融衍生品合约的风险部位仍然高居不下。美国货币监理署当时报告称，美国银行衍生品敞口总计 237 万亿美元。其中，摩根大通、花旗银行、高盛和美国银行这四大银行的市值超过 219 万亿美元。

大型金融机构，把美国经济从崩溃的悬崖边救回来。美联储与财政部联手要求美国国会迅速通过《经济稳定紧急法案》（Emergency Economic Stabilization Act）与“不良资产救助计划”（Troubled Asset Relief Program），动用纳税人的钱来收购不良金融资产，并帮助所有大型银行重新注入资本，以修复它们的资产负债表。在目睹美国政府政策在紧急应对金融危机的过程中被华尔街彻底绑架后，诺贝尔经济学奖获得者约瑟夫·斯蒂格利茨（Joseph Stigliz）不禁感叹，今日美国民主已经沉沦为：“百分之一所有，百分之一所治，百分之一所享。”①

不堪负荷的西方政体

新自由主义意识形态指导下的全球化，必然导致贫富两极化与所得分配不均的不断恶化，而且新自由主义革命走得越深越远，贫富悬殊问题就越严重。分配正义问题在仍可维持经济持续高速增长的国家不太严重，因为社会中绝大多数人都是绝对赢家。尽管所得分配长期趋向不均，但即使是最低收入群体都可以感受到物质生活条件不断得到改善。但在经济增长缓慢的西方发达国家，这个问题就非常突出，因为这意味着全球化与区域经济一体化制造了大量的绝对输家，大量中产阶级面临薪资长期停滞，甚至因失业而跌入贫困。大量被解雇的制造业劳动力，无法

① https：//www. vanityfair. com/news/2011/05/top-one-percent-201105.

再次找到固定或高薪的工作岗位，必须屈就于低薪的服务业底层工作，甚至沦为派遣工，或在各种高度剥削的人力市场中沉浮。

我借用伦敦《金融时报》副主编马丁·沃尔夫在分析评论近年来西方民粹主义政治兴起的专栏文章中引述的图。这张统计图（见图2－2）清晰地显示，西方发达国家在超级全球化时代普遍出现的中产阶级所得停滞现象。从2005年到2014年间，在25个发达国家的总人口中，有将近2/3的家庭（扣除通货膨胀因素后）出现实际收入下跌或停滞。在意大利这个比例高达95%以上，美国超过80%，英国将近70%，法国超过60%。但也有明显的例外，像是基本上仍能维持社会民主体制的瑞典，这个比例只有20%。但北欧都是小国寡民，对计算发达国家实际收入受损家庭的跨国加权平均比例无足轻重。

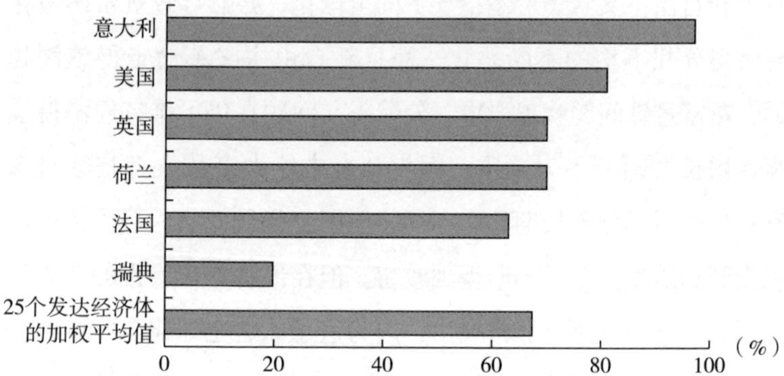

图2－2　发达国家遭遇实质所得下跌或停滞的家庭，2005—2014年

资料来源：Martin Wolf, "Seven Charts That Show How the Developed World is Losing its Edge," *Financial Times*, July 27, 2017。

当然，西方发达国家的中产阶级萎缩与大量高薪的制造业岗位消失，并不完全是产业外移或生产外包造成的，主要是新自由主义政策变革、生产全球化与科技变革的相互作用。西方国家许多技术工人失业，是由于他们的岗位被自动生产线与机器人替代；许多白领阶层被解雇，是因为信息科技带动新的管理模式，许多企业组织都趋向扁平化，大量中间层的管理职位因而消失，甚至不少高级管理层的职务因频繁的企业兼并而消失。由于金融解除管制，市场监管松绑，劳动法令削弱了对劳工的保障，发达国家的企业并购之风盛行。擅长杠杆操作进行敌意收购的投资人在掳获猎物之后，通常都会进行组织瘦身与裁员，企图在短期内改善企业财务报表，拉高盈余预估以冲高股价。所以，许多上市公司的高级管理层获得丰厚的薪酬奖励往往不是因为他们创造了大量工作岗位，而是因为他们为了让自己的股票选择权的价值倍增而裁减许多工作岗位，这是美式资本主义模式很难避免的悲剧性结果。

超级全球化意味着生产要素跨境流动的交易成本不断下降，全球价值链可以快速重组，供应长链中不同阶段的附加值活动可以迅速进行空间转移。在信息与通信成本趋于零的条件下，服务业也可以进行灵活的跨国供应链布局。美国医院病患计算机断层扫描档案可以由远在印度的医检技师撰写判读报告，英国的航空公司电话订位服务系统可以由远在孟加拉国的服务专员上线受理。这意味着生产要素价格会在全球范围出现趋同现象，这对西方发达国家的广大受雇者必然不利，对可以自由跨境移动的资本与特殊专业技术拥有者必然极为有利。

高速全球化也必然导致西方发达国家的财政结构不断恶化。一方面，政府的税收基础在不断流失，各国政府被迫不断调降个人所得、资本利得、企业所得及遗产税的边际税率，再加上企业及富豪阶层可以在全球范围灵活避税，各国政府被迫不断变卖国有资产，撙节支出与扩大举债。西方发达国家的普遍现象是，政府几乎把可以处置的国有资产都变卖了，甚至把正常情况下不可能变卖的固定资产都通过财务安排而变现。例如，历届意大利政府把公立学校校舍、桥梁与公路打包出售，再签长期租赁或特许收费合约保证投资人的租金收入，真可谓饮鸩止渴。2018 年，意大利热那亚的一座高速公路高架桥突然坍塌，导致 43 人死亡，就是因为这段高速公路在 1999 年私有化以后，控股财团不断压缩道路桥梁维修经费。[①] 这与英国铁路私有化后的公共危险灾难频发如出一辙。

另一方面，所有欧洲民选政府都知道，财政撙节是很难推行的，一定会招致选民的反弹。虽然过去 30 多年许多欧洲国家的社会福利与退休保障水平都缩水了，但社会福利支出规模却仍继续增长。这是因为结构性失业不断攀升，需要救济或转业辅导的劳工与白领阶层人数更多，加上人口出生率下降导致人口日益老龄化，所以除了制造业竞争力强大的德国与有大量石油收益的挪威外，绝大多数的西欧国家都捉襟见肘。

---

① “Italy's Bridge Disaster: An Inquest into Privatization,” *Financial Times*, September 3, 2018. https://www.ft.com/content/874b7e4c-ac3f-11e8-94bd-cba20d67390c.

罗德里克认为，超级全球化架空了国家的经济主权，因此对西方的民主体制构成严重威胁。毕竟民主是以国家为单位的政治体制，如果年复一年无论如何换届或轮替，民选产生的政府根本无法解决财政基础流失，财政结构恶化，社会福利缩水，产业空洞化，中产阶级跌入贫困，以及年轻一代低度就业这些问题，民众对民主体制的信念必然出现动摇，他们就很容易被民粹政治人物的激进主张煽动或蛊惑，甚至愿意考虑采取非民主手段来突破经济困境。这正是当前西方发达国家所普遍面临的危机。

其实，超级全球化只是导致民主体制合法性松动的充分条件，真正的必要条件是新自由主义革命拆除对社会弱势族群的保护。凡是新自由主义革命走得越深越远的国家，政府必然逐渐丧失扭转资本主义下所得分配两极化的再分配功能，也逐渐失去维护弱势群体享有社会公平机会与保障劳动市场参与者基本权益的能力，更失去约束巨型跨国企业滥用市场垄断权力的能力。因此，民主作为“国家层次”的政治体制日渐成为一个空壳，既无法维护公民的福祉，也无力满足公民的政策需求，其合法性基础自然受到严重侵蚀。

超级全球化的政治冲击已经动摇了过去西方政治学者的通行理论。他们相信，在最富裕的西方国家，民主是不可能倒退或崩解的，因为这些国家拥有“周延”的制度安排、厚实的公民社会与坚实的民主信仰文化基础。但是两位年轻的政治学者，哈佛大学政治学讲师雅沙·蒙克及墨尔本大学罗伯托·斯蒂芬·福阿教授，陆续在《民主季刊》发表论文，列举各种民意调查资料，提出西方国家已经出现民主解体迹象的红色警报。他们特别指出，在美国、澳大利亚与不少欧洲国家，年轻人对民主体制的信心正在下降，支持专制政体的人数正在上升。他们认为，国家经济主权的流失正是侵蚀民主合法性的主要因素。①

他们的第一篇论文在初次投稿给《民主季刊》时，遭到匿名论文审查人的严重质疑，因为他们的论点挑战了过去所有研究有关民主问题主流学者的共识。《民主季刊》的主编破例主动征询所有编辑委员的意见，我也是大力支持刊登这篇文章的编辑委员之一。经过 6 个月的折腾，他们的第一篇文章才在 2016 年 7 月号上刊出。4 个月之后，反体制的特朗普异军突起，当选美国总统，为他们的观点提供了最好的例证。这篇文章广为主流媒体所引述，也轻易打破《民主季刊》创刊以来新刊论文在发表后一年内被引用次数的历史纪录。

如果说经济困局与金融危机可能导致西方民主体制的解体，这不会是第一次，因为许多西方民主体制也曾经无法承受上一轮资本主义危机，也就是 1929 年经济大萧条的压力而崩解。当

---

① Roberto Stefan Foa and Yascha Mounk, "The Democratic Disconnect," *Journal of Democracy*, Volume 27, Number 3 (July 2016), pp. 5 – 17. https://www.journalofdemocracy.org/sites/default/files/Foa%26Mounk-27-3.pdf; Roberto Stefan Foa, Yascha Mounk, "The Signs of Deconsolidation," *Journal of Democracy*, Volume 28, Number 1 (January 2017), pp. 5 – 16.

出版社在2012年再版金德尔伯格教授的经典名著《世界陷入大萧条》（*The World in Depression，1929—1939*）时，加利福尼亚大学伯克利分校的德隆（Bradford DeLong）与埃森格林（Barry Eichengreen）这两位经济史专家，在为再版所写的前言中就曾提醒读者："今日的欧洲与20世纪30年代的欧洲的类似之处非常醒目，让人越来越感到震惊与害怕，我们目睹失业特别是青年人失业攀高到前所未有的程度。金融震荡与经济压力无所不在，对极右或极左政党的政治支持正在兴起。"

在德隆与埃森格林提出他们的警告之后，欧洲民粹主义政治浪潮方兴未艾，法国极右翼政党"国民联盟"与德国选择党支持率不断攀升，希腊的激进左翼联盟（Syriza）与意大利民粹主义政党五星运动党纷纷登上执政宝座。英国首相特雷莎·梅经过三年的艰辛谈判，仍无法消除英国脱欧势力与欧盟执委会之间的巨大期望落差，只好引咎辞职，脱欧大将鲍里斯·约翰逊取而代之。约翰逊的硬脱欧主张，可能是继卡梅伦之后又一次不负责任的政治豪赌。最坏的情况是硬脱欧将触发苏格兰与北爱尔兰寻求独立，而导致有近400年历史的大不列颠及北爱尔兰联合王国正式解体。

美国民主的衰败

如果我们要深究特朗普当选的原因，就必须正视新自由主义革命对美国民主社会基础的长期侵蚀。由里根时代开启的新自由主义革命，既造就了美国经济将近30年的繁荣表象，也为美国的社会分裂与政治败坏种下祸根。在西方发达国家中，美国民主社会主义的传统最为薄弱，而在新自由主义革命的道路上也走得最远，再加上长期由共和党多数把持的最高法院，更不断为富豪阶层打开金权政治洪流的闸门，[①] 因此美国社会所累积的贫富两极分化问题也更为严重，向上的社会流动渠道趋近停滞的问题也最为突出，拥护全球化与反全球化的冲突也最为尖锐。日积月累的社会矛盾最终以选出特朗普这样的民粹政治人物而得到暂时的宣泄，但这也为今后美国社会更严重的撕裂埋下伏笔。

美国政治最大的难题是政党与政治精英都被少数利益集团绑架。军工企业集团、网络科技集团、华尔街投资机构，以及大银行、跨国能源企业、大型媒体集团、制药与医疗集团等主要利益集团的代理人，盘踞了国会两院的各个常设委员会。这些利益集团还可以驱动大律师事务所、大会计师事务所、信用评级机构与依靠企业主捐赠的东西两岸大小智库，帮它们出谋献策并引导舆论。

特朗普之所以能掳获白人蓝领阶层的支援，是因为这批选民迫切需要知道未来足以维持中等收入的工作机会在哪里，政

---

① 有关美国最高法院大法官如何为金权政治泛滥打开一道道洪水栅栏，可以参考曾经角逐民主党总统候选人提名的桑德斯参议员这位内行人的精彩分析，Bernie Sanders，*Our Revolution*，Thomas Dunne Books，2016。

府何时才能大幅更新残破不堪的基础设施，他们的下一代是否能享有相对公平的教育与社会晋升机会，婴儿潮一代大批退休后美国的社会保障系统能否支撑，如何扭转过去30多年富者越富而中产阶级趋贫的两极化趋势。美国共和党和民主党两党的主流政治人物纷纷失去这批选民的信任，因为这些熟面孔不是已经被利益集团彻底绑架，就是面对经济与社会难题束手无策，选民宁可寄希望于毫无从政经验的新手，如特朗普。

但是特朗普并没有纾解美国经济困局与社会矛盾的良方。相反地，他毫无章法的内政与外交举措，更让观察家担心，他可能是一个加速家道中落的败家子，不但不懂得珍惜前人累积的资产，反而轻率地将家底典当变卖。他对富人与企业的大幅减税，必然导致美国财政结构的急剧恶化，2019年的联邦赤字首度突破一万亿美元大关。他把移民视为美国工作机会流失的罪魁祸首，极可能使这个长期以来让美国经济得到必要的人力资本补充的关键通道开始萎缩。他白宫团队中的鹰派大将更试图用各种威逼与迫害手段，来割裂曾经被超级全球化紧密捆绑在一起的中美经济连体，并升级贸易战来迫使跨国企业把以美国市场为目的地的全球供应链撤离中国，来借此压制中国的产业升级与综合国力的进一步提升。但这些措施极可能损伤美国经济自身的元气，让美国高科技产业更快失去在芯片与操作系统领域的独占优势，并让过去20多年中国全面参与全球供应链带给美国经济的低物价、低通胀、低利率的全球化红利烟消云散。

第三章

国际政治的双陷阱危机

2018 年 5 月，有 1 140 位美国经济学家，其中包括 14 位诺贝尔经济学奖得主，联名给特朗普总统写了一封公开信，提醒他贸易保护主义只会给美国经济以及世界经济带来灾难性后果。此时，特朗普刚刚对主要贸易伙伴的钢铁与铝制品加征 25% 的保护性关税，但暂时给予欧盟、加拿大与澳大利亚短期豁免，对中国的贸易战尚未揭开序幕。上千位经济学家在信中特别提醒特朗普不要重蹈 20 世纪 30 年代的覆辙：80 多年前，美国率先筑起保护主义高墙，引发一场惨烈的贸易大战，将世界经济推入大萧条的深渊。但是特朗普对这封公开信视若无睹，仍然磨刀霍霍向贸易伙伴，以向支持他的选民证明他会履行竞选承诺。

这不禁让人联想到 1929 年的同一历史场景。当时美国面临华尔街股市崩盘后的严重经济衰退，金融机构破产，失业率暴增，保护主义声浪大涨，国会通过《斯穆特－霍利关税法》

（Smoot-Hawley Tariff Act），把两万多种农产品及工业制品的关税大幅调升到65%。当时有1 028位经济学家联名上书胡佛总统，呼吁他务必否决此法案，但胡佛置之不理，仍如期签署法案。结果引发美国所有主要贸易国的报复，在短短4年内美国的出口额急速萎缩61%，进口额萎缩66%，世界贸易规模也骤降近2/3，全世界陷入最严峻的经济大萧条。

特朗普上台后，立刻宣布退出奥巴马任上谈妥的跨太平洋伙伴关系协定，并搁置了跨大西洋贸易与投资伙伴协定的谈判，也立刻要求与加拿大和墨西哥就北美自由贸易协定重新谈判。同时，他公开批评世贸组织是一个灾难，誓言美国绝不接受任何侵犯美国主权的WTO决议与仲裁结果。特朗普政府也刻意抵制WTO上诉机构的法官任命，不惜让仲裁机制瘫痪，他的代表对WTO任何新提案都采取负面立场。其恶劣影响之一就是，2017年底在阿根廷举行的两年一度的WTO部长级会议，在全球贸易领域没有达成任何实质共识的情况下落幕，这是WTO成立以来部长级会议第一次“交白卷”。这让长期奉行自由贸易政策的主流外交精英非常担忧，他们担心战后70多年逐步搭建起来的多边贸易体制，可能在特朗普手中毁于一旦。当特朗普政府在2018年6月首次推出将对从中国进口的500亿美元商品实施惩罚性关税时，跨国企业便开始担忧它们精心构建的全球供应链将面临20多年来最大的政治乱流。

特朗普的激进单边主义

特朗普上台后，他的“美国优先”政策是一种激进的单边主义政策，他把手中所有的筹码与手段用到极致，从谈判对象或竞争对手那里获取最多而付出最少，追求美国短期的最大战略与经济利益。在他眼中，所有主流外交精英所标榜的国际领导责任、政治信用、价值理念原则等，都是束缚美国行动自由的包袱，皆可抛弃；既定的国际承诺、多边体制与外交政策框架，皆可放弃或修改；对推进民主化、经济自由化与全球化等过去历届政府所高举的长期目标，则毫不留恋；他的政府所继承的原有国际经济交往规则皆可重新设定，既有的经济协定均需重新检视与重启谈判。①

这明显与奥巴马所标榜的多边主义背道而驰，也比小布什时代的单边主义外交政策更为激进。小布什的单边主义主要体现在两个范畴：第一，对美国眼中的敌对政权，也就是他外交辞令所指控的所谓“流氓国家与邪恶政权”，采取铲除政权或片面军事侵略行动，而罔顾《联合国宪章》与安理会集体安全体制；第二，抵制各种对既有全球治理机制改革的提议，拒绝考虑就新兴全球议题领域设置新的多边体制，也拒绝接受新增

① 在特朗普执政两年后，他的外交政策思路更为清晰，可以参见 John Hannah, “Trump's Foreign Policy is a Work in Progress,” *Foreign Policy*, published on-line, February 14, 2019。

全球协议的约束与义务。例如，否认全球变暖的科学证据而拒绝加入《京都议定书》与《巴黎协定》的谈判，拒绝签署《禁止地雷条约》，等等。

但小布什政府在贸易领域仍坚定支持 WTO 框架，还要求国会授权启动新一轮的多边贸易谈判。他也高度重视与传统盟邦的集体安全体制，也仍旧遵守里根政府与苏联签署的《不扩散核武器条约》与《中导条约》。小布什在卸任前为应对全球金融危机对世界经济的严重冲击，希望新兴市场国家能配合推出财政刺激方案，购买西方发达国家的国债，以及配合国际货币基金组织扩充紧急借贷额度，首次在华盛顿召开 G20 首脑会议，把 G20 这个平台从财政部长层级，一举提升为全球最重要的全球议题大国协商机制，从而取代了 G7（七国集团）的传统功能。整体而言，小布什政府推行的仅仅是选择性单边主义，而不是原则性单边主义。

但特朗普把单边主义原则不分青红皂白地延伸到所有国际关系领域，从贸易、投资、环境、反恐、移民、人权、货币到传统安全议题，包括反核扩散与限武。他上台后不久即宣布退出《巴黎协定》，退出联合国教科文组织，接着又退出联合国《移民问题全球契约》的制订进程，之后又退出联合国人权理事会，并威胁要全面减少对联合国各专业机构的预算承诺。他的政府对世界银行的任务与功能持非常消极的态度，对国际货币基金组织迫在眉睫的增资计划非常冷淡。为了讨好美国犹太游说团体，他不顾联合国的历次决议以及欧洲盟国的强烈反对，把美国驻以色列使馆正式迁往耶路撒冷。

特朗普的激进单边主义也让西欧70年来第一次感到心寒。这位白宫主人可一夕间推翻既定的国际承诺、多边体制，以及长期奉行的外交政策。他对传统盟邦不假辞色，一切都以美国利益至上为基本原则，把所有筹码用到极致，要从盟邦口袋里拿得更多却给得更少。他公开批评北约组织的欧洲成员占尽美国便宜，要求它们承担更多的北约预算。他单方面退出伊朗核协议，辜负德国与法国多年的心血，他还胁迫西欧跟进，不然将对与伊朗往来的欧洲企业进行制裁。他毫无预警地终止《中导条约》，让西欧未来可能暴露在俄罗斯中程导弹射程范围内。最让西欧感到不寒而栗的是，特朗普公然鼓吹要欧盟解体。他曾公然支持英国脱欧，他的谋士班农在比利时成立组织，积极串联欧洲各国的极右势力，全力推动欧盟的裂解。

目睹特朗普的激进单边主义，民主党与共和党两党的外交政策精英非常不安。他们无法想象美国民主可以制造出这样一个怪胎，他能将美国战后70多年来经营的国际多边体制与同盟体系弃如敝屣，毫不在意地将美国长期积累的国际信誉毁于旦夕。长期倡导自由国际秩序的普林斯顿大学教授约翰·伊肯伯里，就在《外交事务》评论文章里摇头叹息："历史上强权所建立的秩序有兴有衰，但通常都是毁于谋杀（也就是敌人之手），而非自杀。"[1] 甚至像布鲁金斯学会资深研究员罗伯特·

---

① John Ikenberry, "The Plot Against American Foreign Policy: Can the Liberal Order Survive?" *Foreign Affairs*, May-June 2017.

卡根，这位在共和党阵营颇受敬重的新保守主义大将，也毫不留情地抨击特朗普的做法让美国越来越像一个“超级流氓大国”，因为他打破了所有的道德、意识形态与战略考量的底线。但他对这些批评毫不在意，他还公开崇拜美国历史上展现残暴不仁本性的人物。① 他的外交团队在任何时候与任何谈判场合，一律把自己享有的不对称权力双边关系优势赤裸裸地运用到极致，试图威逼对手做出最大让步，不论亲疏，不讲情谊，也不瞻前顾后。这让所有与美国打交道的传统盟邦、贸易伙伴与竞争对手都不得不把特朗普所代表的美国，视为一个毫无诚信、不择手段、随时变卦、颠倒是非的“流氓国家”。而这个标签，是小布什总统贴在朝鲜、古巴、伊朗与利比亚身上的。②

2017 年 6 月，我参加了台北论坛组织的访问团，走访美国东岸重要智库，沿途强烈感受到美国东岸外交精英对特朗普的敌视与担忧。一位曾担任东亚事务助理国务卿的资深人士很沉痛地表示，他一辈子第一次在外来访客面前批评自己的总统。他们忧心忡忡，深知将很难弥补特朗普这四年对美国国际领导

---

① Gideon Rachman, “Donald Trump is Updating America’s Historic Ruthlessness,” *Financial Times*, May 6, 2019. https://www.ft.com/content/c0f92d52-6db3-11e9-a9a5-351eeaef6d84.

② Robert Kagan, “Donald Trump’s America: The Rogue Superpower,” *Financial Review*, published on-line, June 2018. https://www.afr.com/opinion/donald-trumps-america-the-rogue-superpower-20180615-h11f1y.

威望的损害。传统上，美国一向以自己拥有的软实力为傲，美国历届政府一直设法积极维护美国在国际社会的正面形象，因此过去许多民意调查数据都显示，在其盟邦与贸易伙伴的多数民众心目中，美国基本上被视为支持区域和平与繁荣的正面力量。

这批东岸外交精英的担忧果然一一成为事实。特朗普上台后，美国的国际声望一落千丈，甚至在传统上对美国有高度好感的国家也不例外。2019 年 2 月 15 日，美国副总统彭斯应邀在慕尼黑安全会议上致辞，这是欧洲一年一度冠盖云集的全球性安全政策高端论坛。当他的演讲提到“我带来美国特朗普总统对会议的问候”时，他刻意停顿几秒等待掌声响起，没有料到会场陷入死寂般的静默，气氛极为尴尬。①

各国民意调查的数据也反映了同样的国际氛围变化。美国“皮尤基金会”（Pew Foundation）支持的华盛顿“皮尤研究中心”，近年来每年都在全球 20 多个重要国家进行有关美国国家形象的民意调查。根据 2019 年 2 月发布的调查报告，即使像日本这样一个高度依赖美国安全保护的国家，把美国视为日本的“主要威胁”的民众比例也骤然升高。他们发现自从特朗普上台，世界各国把美国的力量与影响力视为它们主要威胁的比例出现了快速攀升的趋势。在他们长期追踪的 20 多个国家中，把

---

① https：// www. businessinsider. com/pence-greetings-from-trump-silence-munich-security-conference-2019-2.

美国视为自己国家主要威胁的民众比例在2013年为25%，2017年上升到38%，到2018年则高达45%。最令人关注的民意变化发生在德国，在2013年只有19%的民众视美国为主要威胁，到了2018年则高达49%。①

全面升级对中国的战略围堵

让全世界都战栗不安的是，特朗普政府不断升高对俄罗斯与中国的战略围堵，特别是特朗普政府的国家安全战略正式把中国定位为头号战略竞争对手，也指控中国试图推翻现有的国际秩序。

2018年美国政府正式将中国视为国际体系中的头号竞争对手。特朗普政府在相继发布的《国家安全战略报告》《国防战略报告》中重新定位了中美关系。特朗普政府明确把中国和俄罗斯定位为战略竞争对手，对美威胁程度仅次于伊朗和朝鲜；将中、俄称作"改变现状的国家"，在价值观和利益上与美国对立。他身边的鹰派在美国国会与新闻媒体上刻意炒作中国对美国的"安全威胁"、"科技剽窃"与"社会渗透"。美国联邦调查局派干员四处奔波，警告企业、大学与研究机构"要严防中国通过科技合作窃取美国高科技的秘密"，并蓄意在美国华

① http：//www.pewresearch.org/fact-tank/2019/02/14/more-people-around-the-world-see-u-s-power-and-influence-as-a-major-threat-to-their-country/.

人社群中制造麦卡锡主义时代的那种肃杀气氛。

从表面上看，特朗普推翻了自卡特总统以来美国民主党和共和党两党都奉行的建设性交往政策。但其实不然，长期追踪美国外交政策圈内部政策辩论的观察家都早已察觉到，在奥巴马第二任期的后期，民主党与共和党两党的外交政策精英已经在酝酿对华政策的转向。奥巴马政府虽然有鉴于中美在许多全球性和区域性议题上都有合作，而把中国定位为战略合作伙伴，但私底下已经把中国视为潜在的竞争对手。

希拉里在竞选总统的过程中，重新思考对华战略已成为民主党外交精英的共识。过去，民主党的外交政策智囊一直主张与中国开展建设性交往，他们假设中国会被吸纳进美国主导的世界秩序，当中国融入后，美国就可以影响中国的发展道路，让中国在政治、经济、社会结构上逐渐向西方发展模式靠拢。然而这个发展趋势并未如他们所愿。

2016 年 4 月，我与美国知名中国问题专家夏伟（Orville Schell）及黎安友（Andrew Nathan）在纽约碰面交换意见，这两位学者都是我认识超过 30 年的学术界朋友。当时夏伟与我另外一位学术界好友谢淑丽（Susan Shirk）教授正在希拉里的默许下，在亚洲协会美中关系研究中心的名义下，召集了一个跨党派中国问题专家小组，全面回顾了中美关系并凝聚新阶段对华政策的共识。在言谈中，我已经强烈感受到，这个专家小组将向下一届美国政府建议对建设性交往政策进行调整的倾向。

这份报告原来准备在希拉里当选后立刻发布，但特朗普的当选打乱了他们的计划。后来他们调整了若干内容并修饰了文字，然后以比较超然的姿态在 2017 年 2 月发布。这份标题为《美国对华政策：给新政府的建议》的报告明确指出，中美关系正处于"惊险的十字路口"，过去的很多假设已与客观事实的发展脱节。报告建议下一届政府更果决而有力地回击中国对美国价值观与经济利益的负面影响，凡是不符合或挑战美国主导的秩序、价值观的行为都必须有所回击。①

2017 年底，特朗普政府正式发布《国家安全战略报告》，接着美国国防部在 2018 年 1 月发布《国防战略报告》。不久之后，美国前助理国务卿坎贝尔和拉特纳，在《外交政策》杂志发表了《重新评估中国：北京是怎样让美国期望落空的?》的评论，为这两份刚出炉的安全战略纲领做了注脚。他们在文章中指出，过去美国主张建设性交往政策的决策者，一直都抱有一种不切实际的假设，以为通过交往政策，美国就可以影响中国的发展道路，通过全球化可以将中国吸纳进西方主导的国际秩序。然而，这个天真的假设已经破灭。坎贝尔曾在希拉里麾下任主管东亚和太平洋地区事务的助理国务卿，是推动奥巴马政府第一任期重返亚洲战略的灵魂人物。②

---

① Asia Society Task Force on US-China Policy, *U. S. Policy Toward China*: *Recommendations for a New Administration*, 2017. https://asiasociety.org/center-us-china-relations/us-policy-toward-china-recommendations-new-administration.

② Kurt M. Campbell and Ely Ratner, "The China Reckoning How Beijing Defied American Expectations?" *Foreign Affairs*, March/April 2018 Issue.

所以合理的推断是，即便希拉里当选总统，她也会调整美国对中国的建设性交往政策，并会认定中国有挑战美国领导地位的战略意图，并据此采取针对性措施。当然，希拉里的布局与做法必定与特朗普会有明显区别。特朗普粗暴对待传统盟邦，排斥多边主义，把全球主义者一一逐出白宫，而他身边的鹰派也摆出不惜发动一场“新冷战”的强硬姿态。

如果希拉里主政，她的国家安全团队在部署对中国的战略制衡政策时，应该会继续利用美国仍可以主控的多边主义体制来限制中国的影响力，会设法继续主导经济全球化游戏规则，来为美国的跨国企业与金融机构创造更有利的竞争平台，并同时减缓中国企业带来的竞争压力，会寻求与自己的传统盟邦建立更紧密的战略与经贸协同机制，来制衡中国的“一带一路”倡议，会继续在人权、宗教、劳工、环境议题上挑战中国模式与压制中国的国际话语权。希拉里的团队也可能同样会对“中国制造2025”采取反制措施，但不会在贸易逆差问题上纠缠不休或试图用贸易战打乱跨国企业的全球供应链，不可能轻易将中美关系推上全面对抗的轨道，如果中美关系全面转向敌对，会给美国与世界带来深不可测的风险。也就是说，希拉里针对中国的布局可能会更缜密，更有谋略，更有节奏，更注重包装，会更懂得运用美国传统上享有优势的意识形态资源。

上述的推断，可以从夏伟与谢淑丽召集的跨党派中国问题专家小组的第二份报告得到一定程度印证。这个以亚洲协会名义运作的小组在特朗普当选后并未解散，而是持续观察与分析特朗普主政下的中美关系变局，并在他上任满两年后发布第二本政策建议书。这份标题为《道路修正：迈向有效、可持续的中国政策》的报告明确指出，特朗普政府对华战略调整中哪些论述、政策与具体做法是他们认可的，哪些是他们认为无效或不可持续的，也就是他们认为特朗普之后的下一任总统不会继续推动的。①

一山不容二虎？

曾经在克林顿政府时期在白宫任职，并一度主持《外交政策》杂志编务工作的著名外交评论家罗特科普夫曾经生动地指出，自冷战结束以来，美国有一种发自内心深处的冲动，不断要找寻新的敌人。而服务于总统的国家安全团队更把自己的任务界定为，找出各种可能威胁国家安全的来源。② 美国国内各种群体也有努力不懈地找出下一个敌人的强烈动机：政客喜欢找出敌对目标，因为打击敌人可以激发群众情绪而转移对国内问题的关注；国防工业喜欢敌人，因为敌人可以让他们赚更多的钱；政论家与媒体喜欢敌人，因为敌人可以让他们卖更多的

---

① Asia Society Task Force on US-China Policy, *Course Correction: Toward an Effective and Sustainable China Policy*, February 14, 2019. https://asiasociety.org/center-us-china-relations/course-correction-toward-effective-and-sustainable-china-policy.

② David Rothkopf, *Running the World: The Inside Story of the National Security Council and the Architects of American Power* (Public Affairs, 2006).

畅销书，吸引更多的观众锁定他们的新闻频道。①

在小布什总统执政初期，他的国家安全团队中的鹰派人物，例如副总统切尼与国防部长拉姆斯菲尔德等，已经开始将中国锁定为潜在的威胁，酝酿针对中国采取对抗性战略。但由于“9·11”事件爆发，伊斯兰激进组织势力顿时变成美国最大的安全威胁，所以接下来的10年，美国的军力与政治精力完全被阿富汗战争与伊拉克战争这两场战争消耗。奥巴马上任后，他的国家安全团队准备让美国从这两个泥沼中逐渐抽身，并开始提出战略再平衡与重返亚太计划，准备将全球战略布局的优先应对目标锁定快速崛起的中国。不过，这个战略部署的转向并不容易，需要国防、外交、经贸等各环节政策与资源的重新配置。一直到奥巴马第二任期结束，重返亚太战略推进得并不顺利，军事部署也未完全到位。他任内最重要的布局就是借助跨太平洋伙伴关系协定，来重新掌握修订国际经济游戏规则的主导权，强化美国跨国企业的竞争优势，并逐步构筑一个排除中国的紧密经济同盟。从小布什上台，到特朗普的国家安全团队开始推进全力遏制中国崛起的战略围堵政策，中间已经相隔了17年，让中国很幸运地获得一个极为难得的和平发展历史机遇期，让中国有机会在比较宽松的外部环境下提高自己的综合国力，并初步建立自主科研生态体系。

---

① David Rothkopf, “The Enemy Within,” *Foreign Policy*, April 23, 2012. https://foreignpolicy.com/2012/04/23/the-enemy-within-2/.

奥巴马的外交团队在构思因应中国崛起的挑战时，仍然是在美国战后主导的多边国际经济体制的框架内思考对策。他们认识到，过去 30 多年的快速全球化给美国带来可观的经济红利，也为美国的跨国企业提供了在全球市场扩张的巨大商机。尤其是中国跃升为全球最大的制造业平台，让美国许多跨国企业可以专营商品价值链中最高附加值的环节，而把利润微薄的环节转给境外供应商代工。

物美价廉的中国制造商品源源不断地铺满美国零售商的货架，亚洲的主要贸易伙伴把它们赚到的美元外汇大笔大笔地购入美国政府债券，让美国经济可以长期在低通胀与低利率的轨道上运行，也让美国的中低收入家庭与中产阶级群体可以维持日常消费的实际购买力，尽管许多家庭面临薪资停滞不前与房价上涨的压力。

更何况民主党的建制精英与华尔街及西岸高科技产业有千丝万缕的关系，维护战后美国主导的多边国际经济体制，仍符合美国跨国企业与金融集团的根本利益，所以奥巴马时代是不可能把拆解全球分工体系与裂解中美经济依存关系的这种两败俱伤的做法作为战略围堵的招数。

奥巴马的惆怅毕业之旅

2016 年 9 月 4 日，出席 G20 杭州峰会的 30 多位国家领导人与国际组织负责人齐聚西湖畔，一起观赏张艺谋导演的《最忆是杭州》文艺演出。尽管这场融合交响乐、芭蕾舞、中国元素与高科技于一体的水上演出让全球观众惊艳不已，但坐在贵宾席上的奥巴马总统恐怕没有心情领略这场梦幻秀。

G20 杭州峰会是奥巴马任内最后一次亚洲行。回想他上任之初最重要的外交出击，就是推动全球战略再平衡与重返亚太。他一心想要重振美国的全球领导地位，并集中精力来对付中国崛起的挑战。尤其在他第二任上，中国展现的道路自信、理论自信、制度自信与文化自信，宏大的“一带一路”倡议，以及在 G20 框架下的积极作为，完全超出了他的国家安全团队的预想，给他们很大的心理冲击。他万万没有想到，在自己任期即将终了之际，G20 杭州峰会反成为中国跃升为世界经济与全球治理议题引领者角色的里程碑，在这场设定全球议题的重要峰会上美国反而成为配角。

自 2008 年全球金融危机爆发以来，中国的增长速度虽然有所放缓，但对全球经济增长的贡献将近三分之一，贡献程度超过 G7 的总和。在 G20 杭州峰会上，各国领袖对带动全球经济复苏的“中国方案”寄予厚望，并对杭州在网络经济领域的突飞猛进的印象极为深刻。

奥巴马任内在中国周边部署战略围堵，的确给中国添了不少麻烦。但这种陈旧的地缘政治思维并未得到亚洲国家的积极响应，因为其与亚洲国家的殷切发展需求格格不入，对区域经济整合没有任何建设性作用，华盛顿的经济筹码又如此拮据，与中国“一带一路”倡议的巨大潜在能量相比，明显相形见绌。

奥巴马的外交团队在幕后挑起中国与菲律宾的南海领土争端，并一手导演所谓南海国际仲裁案，但白忙活一场。2016年，新当选的菲律宾总统杜特尔特将美国劝阻置之脑后，主动与中国修补关系并重启双边谈判，搁置南海领土争端。

奥巴马的外交团队对美国可用筹码屡屡未能做出务实的评估。2015年，尽管华盛顿竭力阻止传统盟国加入中国主导的亚投行，却让自己落得个灰头土脸。英法德意等美国的欧洲盟国首先发难，它们不顾华盛顿反对，坚定不移地申请成为亚投行的创始成员国，不久之后韩国与澳大利亚也在截止日之前提出申请。在G20杭州峰会前夕，连美国最亲密的邻居也按捺不住，加拿大特鲁多总理参加峰会，带给习近平的见面礼就是宣布申请加入亚投行。所有美国盟邦中只剩下日本仍徘徊在亚投行门外。美国前财政部长萨默斯目睹此情景，不禁感叹，这是美国失去国际经济体最后责任承担人地位的开始。

四重矛盾的叠加

根据国际货币基金组织发布的购买力平价GDP排名，2014年中国的实体经济规模首次超越美国，2016年中国的对外贸易规模也超过美国，中国成为世界第一大贸易国。中国这两个指标的历史性跨越，给美国政治精英带来极大的震撼，他们首次感受到自己的霸权地位在可预见的将来可能面临中国的挑战。而美国核心国家利益的重中之重就是维护其全球霸主地位，维护由美国主导的国际秩序并从中获益，绝不允许任何可能凌驾于自己之上的挑战者出现。这是激发美国对华战略全面转向的最根本原因。

从奥巴马时代到特朗普时代，美国对华战略进入一个战略对抗迅速升级的通道。除了上述的根本原因外，也源于特朗普时代与之前历届政府相比有两点关键性不同：第一，这个时期美国政治精英开始对自己的经济竞争优势与政治体制优越性之信心明显动摇，心理折射作用的结果，让他们对中国崛起带来的全方位竞争压力与挑战的感受特别强烈；第二，特朗普团队的民粹政治逻辑与经济民族主义倾向，从根本上推翻了过去美国主流外交政策精英深信不疑的长期目标，包括维护美国主导的多边经济体制与推进经济全球化。

特朗普国家安全团队中的鹰派充分利用了美国政治精英对中国崛起的焦虑心理，全面激化中美关系中的各种潜在矛盾，也在媒体上大肆妖魔化中国，包括对美国的“科技窃取”与“政治渗透”，甚至启动情报与司法机构，对美籍华人以及与中国有合作往来的机构和专业人士进行盘查，刻意制造一种麦卡锡时代的肃杀之气。

特朗普身边的鹰派智囊不惜对中国发动一场“新冷战”，他们不断试图说服特朗普动用手边所有的战略筹码，并采取各种“流氓国家”手段，摘下所有的面具，也不在乎打破文明国家道德与法律底线，压制中国的高科技产业，以及迫使依赖美国市场的跨国企业将其全球供应链移出中国大陆。同时，在贸易与投资领域之外，特朗普政府也给中美正常的文化、教育与专业领域交流设置各种政治障碍。

在很短时间内，四重长期累积的矛盾全部被启动与激化。四重矛盾叠加在一起构成强大的疑惧与敌视中国的政治能量，席卷了国会内部民主党与共和党两党议员，把中美关系带入了战略对抗升级的轨道。双方要在短期内妥协、和解与合作的可能性很小，未来要重新回到建设性交往的轨道更是难上加难，因为必须克服下面四层政治障碍。

第一层是美国社会内部矛盾的外部化。美国国内全球化受益者与受损者之间的分配矛盾已经累积到沸腾点，需要找到外来威胁作为宣泄口。擅长民粹操弄的特朗普趁势而起，并把受损者的挫折与不满导向两大替罪羊：中国与非法移民。

第二层是全球产业价值链龙头地位之争。如果中国甘于长期屈居全球产业价值链的中低端，并在核心技术领域长期依附占领价值链最顶端的美国，那么中国作为全球最大的制造业平台，不但不会构成经济威胁，而且能不断给美国带来长期低通胀与低利率的经济红利。但现在中国在所有核心及新兴科技领域全力寻求追赶与超越，这对仍想独占产业分工鳌头的美国自然构成威胁。

第三层是国际体系霸权地位之争。虽然中国并没有直接挑战美国霸权的战略企图，在地缘政治上也构不成直接威胁，但美国的基本心态是“一山不容二虎”，他们深信美国最核心的国家利益就是维护其全球霸权地位，美国不容许自己失去对全球安全、科技、贸易、金融、货币体系的支配地位。美国政治精英根据西方自己的历史经验，深信强者必霸，所以当中国综合国力正快速逼近美国时，70 年来美国第一次面对实力可能凌驾于自己之上的挑战者，自然难以容忍。

第四层是社会体制优胜劣败之争。过去主张建设性交往的美国外交精英，都假设美国可以在全球化中引导中国向西方模式靠拢，并可以将中国吸纳进西方主导的国际秩序。现在这个天真假设破灭了。中国展现的道路自信、理论自信、制度自信与文化自信，对笃信自由民主与自由市场优越性与普世性的西方精英来说如芒在背。现在中国正通过“一带一路”倡议构建以欧亚大陆为主体的全球化新模式，并与沿线国家分享自己的发展经验，更让美国难以忍受，而美国自身的政治体制正面临民粹政治的严重撕裂，所以对中国带来的体制竞争威胁坐立不安。

所以，中国各界精英必须有心理准备，只要中国追求民族复兴的目标不变，只要综合国力持续攀升的趋势不变，美国政治精英就会出自本能地产生压制与围堵中国的冲动，美国的国家机器就会铆足劲儿阻挠中国正常参与美国所主导的全球与区域的安全、贸易、科技和金融体系。而且，美国不仅有强烈遏制中国之冲动，还有很大概率会时不时采取不理性的做法。这是因为美国公众对国际事务普遍无知，美国主流媒体又长期妖魔化中国，一般意见领袖也很容易被蒙蔽与误导，而民意取向更容易被哗众取宠的政客操纵。

这场战略对峙与较量会持续相当长的时间，将是一场经济韧性、政治耐力与整体心理承受能力的中长期较量，不会因为美国政府换届或政党轮替而在短期内消退。美国政治精英需要折腾 5 年或 10 年，才可能在付出相当的学费之后，开始调适基本心态与重新判断形势，才有可能心平气和地接受中国是一个与美国平起平坐的新兴超级大国，也才可能重新认识到中美之间其实没有无法化解的核心利益矛盾，与中国和平共处、和平竞争、互惠交流、相互尊重，在许多全球与区域问题上寻求合作与妥协是唯一的务实选项。

这场战略较量不至于演变成一场漫长的对抗。尽管短期来看，民主党与共和党两党表面上已经很快形成一致的反华立场，但长期而言，美国两党统治精英的底气是不足的，因为他们长期被特殊利益集团绑架，忽视中产阶级与劳工阶级的真正需求，早已失去多数美国民众的信任。随着与中国战略冲突的战线拉长，他们将会发现自己越来越难向美国民众解释，为何需要对一个对美国不构成生存威胁并远在太平洋彼岸的国家，进行一场看不到尽头与代价相当高昂的冲突。[①]

中美能否跨越“修昔底德陷阱”

2019 年 2 月，国际货币基金组织前副总裁朱民参加达沃斯

---

① 可以参考《金融时报》专栏作家 Janan Ganash（贾南·加内升）类似的观点，“Americans May not Be Ready for a New Cold War,” *Financial Times*, June 12, 2019。

世界经济论坛，参会后在微信平台发表他的感受，他说在达沃斯 20 年从来没有见论坛如此焦虑和不安。这次论坛气氛之低迷超过金融危机高峰时期的 2009 年年会，也超过刚经历特朗普当选震撼的 2017 年年会。他在启程回国前收到桥水基金创始人达利欧（Ray Dalio）的一张贺年卡，卡上劲逸的手书写道："超过所有的一切，今年我唯一的期许，是地球上的和平，愿变动的力量和你在一起。"很显然，这位在华尔街颇受敬重的全球最大对冲基金创始人，展望 2019 年最担心的不是排外民粹主义、保护主义、中美贸易战、世界经济衰退或金融危机再次爆发这些眼前威胁，而是担忧中美关系掉入"修昔底德陷阱"。中美之间如果爆发全面战略对抗，那将是世界经济的巨大灾难。

达利欧的担忧并非杞人忧天，因为此前不久美国副总统彭斯在纽约赫德森研究所发表了一场充满火药味的演讲。哈佛大学教授格雷厄姆·艾利森认为，这篇演说形同吹响了美国政府向中国发起一场"新冷战"的号角。①

艾利森是一位在国际关系与美国外交政策领域享誉 50 年的顶尖学者。他的第一本名著是对肯尼迪政府处理古巴危机的外交决策模式之深刻研究，这本书成为决策模式理论的经典之作，曾经畅销 50 万册。他在 2017 年出版新书《注定一战：中美能避免修昔底德

① Graham Allison, "The US is Hunkering down for a New Cold War with China," *Financial Times*, October 23, 2018. https://www.ft.com/content/666b0230-cd7b-11e8-8d0b-a6539b949662.

陷阱吗?》[①]，此书已成为中美两国外交决策精英必读之作。

艾利森以公元前5世纪的希腊史学家修昔底德，对摧毁整个希腊世界的伯罗奔尼撒战争的翔实记录与精辟分析为基础，提出了“修昔底德陷阱”理论。他将战争的起因归结为雅典的崛起，以及斯巴达挥之不去的恐惧，这使战争不可避免。他把这个理论运用到过去500年国际体系的权力平衡面临改变的16个历史案例，发现其中有12个案例最终无法避开“修昔底德陷阱”，也就是说，崛起中的强权与原有的霸权之间，一场对双方都造成毁灭性伤害的大战难以避免。

所以，他这几年四处奔波，不断向美国与中国的决策精英提出忠告，双方都必须吸取历史教训，摸索出如何避免“修昔底德陷阱”的和平共处之道。或许在核武器时代，中美双方都会管控军事摩擦，避免冲突升级引爆人类集体毁灭的悲剧，但即便是中美之间的全面冷战，也足以让全球化大幅倒退，并把世界经济推向大萧条的深渊。他在历史个案分析中得出的非常重要的结论是，两个霸权之间爆发全面冲突，在多数情况下都不是它们主动挑起或蓄意发动的。

所以艾利森在2018年12月访问中国大陆之前，特意走访台湾，并广泛接触蓝绿各阵营的代表人士。我也出面做东邀请江宜桦、苏起等多位重量级人士与他餐叙，并主持他在台湾大

---

① Graham Allison, *Destined for War: Can America and China Escape Thucydides's Trap?* (Houghton Mifflin Harcourt, 2017). 中文版由上海人民出版社于2019年1月出版。

学社会科学院的公开演讲。他在台北提醒听众，导致中美之间爆发全面冲突有两个比较大的可能：一个是朝鲜发展核武器导致美国发动奇袭，一个是“台独”导致中国决心动用武力。他不讳言，现在中美关系处于互信基础十分脆弱的阶段，而白宫决策核心又有像博尔顿（John Bolton）这样有冒进倾向的鹰派，台湾一不小心就会成为美国政府对中国容忍底线进行战略试探的牺牲品，这让他十分担忧。

艾利森私底下也请教我的看法，我很坦率地表示，中美应该可以跨越“修昔底德陷阱”。他所列举的以爆发悲剧性军事冲突收场的12个历史案例中，有11个都发生在地理上邻近的两强之间，只有日本与美国之间爆发的太平洋战争是例外。而美国对日宣战乃是日本偷袭珍珠港而引爆的，这个悲剧性的决定源于日本政治体系的失灵，而不是国际形势逼迫下的必然结果，这也是日本著名国际关系学者堀田江理（Eri Hotta）根据细致而深入的历史研究得出的结论。

堀田江理在《日本大败局：偷袭珍珠港决策始末》[①] 这本名著中，对二战中日本偷袭珍珠港事件前8个月的历史细节，包括整个计划的决策过程，以及日本政府在1941年面临的两难处境，进行了详细分析。书中提到，日本自1937年全面入侵中国后，耗尽人力和有限的资源，经济也每况愈下。日本的统治

---

① 堀田江理. 日本大败局：偷袭珍珠港决策始末［M］. 马文博，译. 北京：新华出版社，2014.

阶层在是否继续实行扩张主义的问题上产生了严重分歧，甚至军队高层中也不乏质疑者。军方的强硬派内部亦有人认为，如果与美国开战，日本将必输无疑。他的这本历史名著就是要回答，为什么在这种情况下，军人、文官、外交官以及天皇，要将自己的国家和人民置于不必要的危难之中。

通过深度剖析许多迄今未公开的第一手日文资料，堀田江理描述了那些将国家引向灾难的存疑者、谋划者和所谓的爱国者的动机及作为，展示了当一个强大国家的政治体系失灵时，可能带来的全球性危险。他的历史分析展现出理性是如何被吞没的，当时每个人都是明白人，可谁也不敢说不，都指望别人出头，自己附和，最终酿成集体灾难的过程。例如，以山本五十六大将为代表的日本海军重要将领，均反对日本加入轴心国与发动对美国的战争，但是陆相东条英机所营造的爱国主义与反美情绪笼罩了整个日本社会，让在决策圈内那些理智上抗拒对美开战者都不敢公然反对，日本就被这股席卷整个社会精英阶层的非理性情绪一步步推向战争的深渊。

准备面对一场百年冲突

就客观而言，中国没有争夺全球霸主的野心，中美之间没有领土争议或历史仇恨，没有不可化解的核心利益冲突。中美之间隔着太平洋，中国对美国并不构成直接的生存威胁。美国感受到的中国“威胁”，很大程度上是心理不适应与意识形态框架塑造的。何况中美之间不但有保证相互毁灭的核威慑，也有保证经济相互重创的金融威慑。中美之间即使爆发仅动用传统武器的局部军事冲突，也将由此触发毁灭性的全球金融灾难，这双重的威慑将有效阻止中美走向全面军事摊牌。

尽管中国与美国之间爆发全面军事冲突的可能性极低，但是中美关系长期陷入“修昔底德难题”（Thucydides's Conundrum）的可能性却不能排除。所谓“修昔底德难题”就是双方之间爆发一场类似美苏之间的冷战，让世界经济体系分割为两个板块，让所有国家都难以适从。这场21世纪的冷战与过去不同，将不再以军备竞赛与代理人战争为主轴，而是在贸易、产业链、科技、金融、通信、网络、数字资产等领域争夺龙头地位，并在发展模式话语权、国际经济规则、产业与技术标准、全球与区域多边体制运作，以及国际公共产品提供等领域争夺领导权。它与过去冷战的相似之处就是“零和”思维，把自己的“所得”建立在对方的“所失”之上，或是不在乎两败俱伤，只要能杀敌一万，宁可自损八千。

2019年5月初，中美贸易谈判陷入僵局。特朗普政府启动极限施压政策，扩大加征惩罚性关税，并以国家安全为借口全面封杀华为。这些非常举措让许多观察家担心特朗普政府已经全面启动对中国的战略围堵，为达到遏制中国崛起的战略目标，美国不惜牺牲短期经济利益，也不在乎美国高科技产业的全球供应链出现严重断裂。他们特别担心特朗普身边的四位鹰派大将，正把中美关系推上“新冷战”的不归路。这四位鹰派大将包括国务卿蓬佩奥、国家安全顾问博尔顿、贸易谈判代表莱特希泽，以及白宫贸易政策顾问纳瓦罗。这四人在此前两年里利用各种场合挑起“惧中”与“仇中”情绪，并引导特朗普不断抬高贸易谈判要价，就是刻意要让谈判受挫。他们所营造的“反中”与“防中”氛围，在很短时间内席卷美国政界与舆论界，压制了各种基于务实或理性的不同意见，更让共和党和民主党两党许多政坛要角与媒体评论人身不由己地附和他们的主张。

特朗普身边的鹰派大将之所以可以在很短时间内制造激昂的“反中”氛围，是因为他们成功地激发了三种深层的恐惧情绪，因此这场经济战夹带了极高的不理性成分。

第一种深层恐惧是害怕美国百年帝国基业的快速崩塌。美国制造业空洞化，政府与民间过度消费、不断以债养债，再加上其在世界各地树敌与积怨太多，全球军事部署无法收敛，国力早已透支。这些结构性脆弱问题长期被掩盖，主要是因为霸权赋予它的各种特权，尤其是美元作为国际储备货币，以及华尔街占据全球金融体系龙头带来的特权。而支撑这些特权的权力基础一旦松动，所有危机都会爆发。

第二种深层恐惧是源于自己的阴暗霸凌历史与害怕冤冤相报。自从美国步上国际体系权力顶峰以来，不论是对其邻国、盟邦，还是其他涉及利害关系的国家，在双边关系中，美国经常利用其不对称权力关系来霸凌其交往对手。所以当美国政策精英首次面临一个未来综合国力可能凌驾于自己之上的竞争对手时，自然会担心中国也会沾染这种邪门歪道，以其人之道还治其人之身。

第三种恐惧是基于种族偏见。新加坡前驻联合国大使马凯硕就直截了当地指出，美国政治人物对中国的许多不公平指控，以及美国主流媒体妖魔化中国的倾向，都与他们对黄皮肤人种根深蒂固的不信任与偏见有关，我们不能排除西方人对“黄祸”的深层恐惧又被启动，从而成为影响当前中美关系走向的不理性因素。① 他也为饱受各方指责的美国国务院政策规划主任奇诺·斯金纳（Kiron Skinner）缓颊。拥有哈佛大学政治学博士学位的斯金纳，是出任主掌国务院内部智库这个要职的第一位非裔女性。2019 年 4 月 29 日，她在美国智库“新美国”（New America）举办的论坛中表示，美国与中国是“全然不同的文明和不同意识形态的对抗”，而美国此前从未面临过这种对抗，因为“这将是美国首次面临一个非白种人的强权竞争对手”，而过去苏联与美国的对抗仍是白种人内部的竞争。她的这段言论引发极大的争议，② 但马凯硕却认为，她只是说出了许多隐藏在道德面具背后的美国政策精英不敢公开言明的一项事实，也就是中国作为一个非白人国家，的确是影响中美地缘

① Kishore Mahbubani, “A ‘Yellow Peril’ Revival Fuelling Western Fears of China’s Rise,” East Asia Forum, 5 June 2019. https://www.eastasiaforum.org/2019/06/05/a-yellow-peril-revival-fuelling-western-fears-of-chinas-rise/.

② Paul Musgrave, “The Slip That Revealed the Real Trump Doctrine: Talk of Clashing Civilizations Reveals the Racist, and Dangerous, Lens of the New U. S. Statecraft,” *Foreign Policy*, May 2, 2019.

政治对抗的一个因素。这个因素也有助于我们理解，为何西方在面对中国崛起时会出现强烈的情绪反应。

就是因为不理性因素的强烈发酵，《金融时报》首席经济评论员马丁·沃尔夫，很担心特朗普的政策可能将中美关系带入一场“百年冲突”。他参加了2019年度彼尔德伯格会议[①]后感受特别强烈。他从与出席这场闭门会议的美国政界重量级人物的互动中得出的结论是：“美国的经济、外交和安全政策统统开始把与中国全面敌对竞争作为核心原则。”[②] 一种新的思潮正弥漫美国政策圈，将中美关系限定在零和冲突的框架里，甚至把中美竞争定位为文明和种族战争，成为不可调和的冲突。他明确指出：“美国对中国发起的攻击是一场在错误的战场上发起、以错误的方式进行的错误的战争。”他认为目前这个趋势十分危险，中美关系原本虽然棘手但仍处于可控范畴内，但如今的风险在于，它有可能莫名其妙地演变为一场全面冲突。他更严肃地提醒读者：“在这场冲突过程中，以规则为基础的多边秩序、经济全球化，以及国际关系的和谐都将成为牺牲品，任何对此怀有侥幸心理的人都被蒙蔽了。”

---

① 彼尔德伯格会议，被某些国际媒体称为“全球影子政府”。这个闭门政策对话会议始于1954年，每年都有百余名受邀与会者，包括各国企业与政界精英。会议最初旨在促进欧美对话，后来成为以西方为主的各国政策精英在重大国际事务上寻求共识与施加影响的年度集会。

② Martin Wolf, “The Looming 100-Year US-China Conflict,” *Financial Times*, June 5, 2019. https://www.ft.com/content/52b71928-85fd-11e9-a028-86cea8523dc2.

马丁·沃尔夫刻意用《中美即将进入百年冲突》这样一个惊悚的标题，的确用心良苦，他想唤醒美国朝野精英的理性思维，让他们意识到不可盲目地附和特朗普国家安全团队，而继续“在错误的战场上发起、以错误的方式进行的错误的战争”，不然全球化、全球议题合作及战后多边体制都将成为陪葬品。他也在提醒美国决策当局，他们真的准备与中国进行一场两败俱伤、全球受损、深不见底的长期冲突吗？

客观来说，美国社会内部对于与中国进行一场漫长的全面冲突，根本缺乏共识与思想准备。美国社会各个群体愿意承受多大的代价，准备坚持多长的消耗性冷战，来阻止中国正常参与全球经济与持续推进自己的科技、产业和国防升级，这个问题从来没有被认真思考、评估与辩论过。正好相反的是，特朗普的国家安全团队并没有一套深思熟虑的战略来进行长期对抗，他们只是成功地鼓动了“反中”情绪。

特朗普不断试图用欺骗的手段来安抚美国民众，让美国选民相信他发起对中国的贸易战与科技围堵，必定会让中国臣服或损失惨重，但美国的经济却可以毫发无损。例如，他不断宣称增加从中国进口商品的关税是向中国出口商加税，但事实上，这些关税是由美国进口商负担的，并且会转嫁给美国消费者。在中美贸易谈判破裂后不久，包括沃尔玛、好市多（开市客）等600多家大型企业，在2019年6月13日向白宫发表联名公开信，呼吁特朗普不要对中国商品进一步加征关税，并希望美国重返谈判桌与中国达成贸易协议。他们在公开信中提出警告，如果针对其余3 000亿美元的中国商品开征惩罚性关税，“将对美国企业、农民、家庭和经济产生重大、负面和长期的影响”。他们要求特朗普政府立刻全面取消对从中国进口商品的惩罚性关税，因为“广泛实施关税并不是改变中国不公平贸易的有效工具，关税是美国公司支付的税收，而不是中国”①。

特朗普信誓旦旦地宣称：“5G 竞赛是美国一定要赢的竞赛，我们不容许未来任何国家在此强大产业赢过美国。”但事实上，美国根本没有研发 5G 通信设备的企业。特朗普团队天真地认为，他们可以用外交施压轻易让美国的传统盟友和贸易伙伴选择与美国站在一起，来对中国进行贸易、科技与地缘政治的围堵。但事实是美国动用了外交、情报与国防体系的各种渠道，都无法让英国、德国、意大利、沙特、菲律宾这些传统盟邦彻底抵制华为的设备与手机，更不用说要求它们参与对中国的经济围堵。

2019 年 6 月 11 日，特朗普在接受美国国家广播公司（CNBC）晨间电视节目专访时，甚至任意编造离奇的数字，说自从他就职以来，他已让中国损失了 15 万亿—20 万亿美元，这真是信口开河。马上就有评论家跳出来打脸，说当前中国的经济规模才 13 万亿美元，而且这三年中国经济还在继续增长，特朗

① https: //www. businessinsider. com/walmart-costco-hundreds-of-companies-send-trump-tariff-letter-2019-6.

普要吹牛也应该打草稿。①

所以，特朗普国家安全团队一厢情愿地打算设下一道“铁幕”，把中国隔离于全球经济体系之外。但美国的各界精英很快就会发现，在多数情况下，这道“铁幕”最后会笼罩在美国自己身上，只会让美国的消费者、农民、专业人士，以及跨国企业、地方政府、研究机构、大学、华尔街等，无法与中国进行正常的交往与合作，却无法阻挡绝大多数其他国家享受与中国进行正常贸易、投资、能源、科技与文化交流合作带来的互利双赢。

事实证明，发动贸易战并没有让特朗普在与民主党的政治竞赛中占到任何便宜。2019 年夏天，美国股市对中美贸易战可能持续升高表达了高度的忧虑，股市的大幅修正促使特朗普在 2020 年初签署美中第一阶段贸易协议。这份协议仍旧维持了对价值 3 600亿美元的中国产品实施惩罚性关税。表面上，这份协议在一定程度上满足了一些人的反华情绪，迎合了一部分失去传统制造业岗位的蓝领工人群体，但也导致许多群体遭受了实质性损失，尤其是仰赖中国价廉物美消费品的中等收入与中低收入家庭，实际上他们不得不为额外的关税买单。仰赖中国生产的设备或零部件的美国厂商，也是叫苦连天。特朗普鹰派智囊想利用贸易战来打击中国在全球供应链中地位之计谋也未得逞，从 2018 年到 2021 年，中国在全球出口市场的份额不减反增，对

① https://edition.cnn.com/2019/06/10/politics/trump-cnbc-interview-tariff-china-wine-fact-check/index.html.

美国的贸易顺差也不减反增。最早从新冠病毒危机中恢复正常产能的中国制造业，在全球供应链中彰显了超强的韧性，而且迅速成为抗疫物资的全球最大供应来源。在 2020 年的大选中，特朗普的对华贸易政策反而成为民主党候选人攻击的对象。

在 2020 年总统大选中险胜的拜登，在是否应该主动结束对华贸易战的问题上瞻前顾后、犹豫不决，陷入进退两难的困境。一方面，他的经济智囊都认识到特朗普发起的贸易战是失败的，对中国产品课征额外关税等于是对美国消费者的惩罚。尤其从 2021 年上半年开始，新冠肺炎疫情反反复复，导致全球供应链紧张，各类原材料、商品以及运输价格节节升高，取消特朗普的对华关税绝对有助于舒缓通货膨胀压力。[①] 另一方面，拜登的政治基础相对脆弱，民主党恰好占参议院席位的一半，少一席就将失去主控权，因此，民主党非常担忧在 2022 年的中期选举有可能被共和党夺回多数席位，人气不减的特朗普也很可能在 2024 年卷土重来。拜登的团队很怕被右翼媒体与共和党批评其对华软弱，他上台后迟迟不敢主动撤销特朗普时期加征的关税，中美贸易战在短期内仍将陷入僵局。

美国的有识之士迟早会领会到马丁·沃尔夫的警告：“任

---

① 拜登的财政部长耶伦就在 2021 年 7 月对《纽约时报》公开表示，“2020 年初签署的美中第一阶段贸易协议未能解决世界两个最大经济体之间最紧迫的争端”，她还警告说，“仍在征收的关税已经伤害了美国消费者”。很明显，她在为主动撤销关税进行舆论铺垫。参见：https：//cn. nytimes. com/usa/20210719/yellen-us-china-trade/zh-hant/。

何企图阻拦中国经济和技术崛起的尝试几乎肯定会遭遇失败。更糟糕的是，它会引起中国人民深深的敌意。”像桥水基金公司的创始人达利欧就看得比较清楚，他提醒美国决策者，如果想要运用手边的筹码使中国让步妥协，“宜早不宜迟，因为时间站在中国这边”。这种冷静的判断，在眼前民粹主义弥漫华盛顿政坛的氛围下，当然不会得到政客的青睐。不过随着中美战略对抗的战线拉长，这种暂时被压制的务实意见将逐一涌现。[①] 所以，只要中国沉得住气，见招拆招，适度反击，但不主动升级这场冲突，不主动与美国经济剥离，这场冲突肯定不会延续百年，因为美国的对华鹰派能够裹挟美国社会精英与蒙骗美国选民5—10年就很不容易了。

需要担心“金德尔伯格陷阱”吗？

马丁·沃尔夫的担忧与约瑟夫·奈教授的警告正好前后呼应。奈是艾利森教授在哈佛大学的同事，以首创“复合相互依存”与“软实力”等重要概念而扬名于国际关系学界，并学而优则仕，曾出任国防部助理部长以及国家情报委员会主席。在特朗普总统上台不久，奈就撰文提醒美国读者，我们在讨论21世纪国际秩序面临的挑战时，真正需要担心的可能不是中美关

---

① https：//www. linkedin. com/pulse/ideological-war-comparable-powers-small-world-ray-dalio-1f.

系是否会掉入“修昔底德陷阱”，我们更应该要问世界经济是否会掉入“金德尔伯格陷阱”。①

奈教授目睹特朗普所采取的激进单边主义，包括任意退出多边协定，践踏多边贸易体制，以及轻率抛弃国际领导责任。他认为当特朗普政府急于抛弃国际公共产品主要提供者角色时，我们需要担心中国是否有能力与意愿填补这个空白，否则世界经济将出现公共产品供给短缺的危机。

奈借用美国经济学会前会长金德尔伯格的国际公共产品理论，提出他对特朗普激进单边主义的担忧。金德尔伯格教授的经典之作就是他对20世纪30年代经济大萧条起源之分析。在麻省理工学院长期执教的金德尔伯格，也是美联储委员会前主席伯南克的老师，伯南克受他的启发而选择经济大萧条时期货币政策的缺失作为自己的博士论文选题。金德尔伯格在分析经济大萧条蔓延的基础上，针对国际公共产品的有效供给提出了一个理论，即后来国际关系领域在20世纪80年代流行的“霸权稳定论”（Hegemonic Stability Theory）。

这个理论主张在缺乏世界政府的条件下，国际经济体系的稳定运行需要一个强有力的领导者提供必要的国际公共产品。国际公共产品包括两个范畴。一是经济交换与合作的基础条件，即和平的国际秩序、跨境产权保护、开放的贸易体系、海上自

---

① Joseph Nye, “The Kindleberger Trap,” *Project Syndicate*, Jan. 09, 2017. https://www.belfercenter.org/publication/kindleberger-trap.

由航行、通用的交易货币、稳定的汇率、交易规则标准化等。只有具备了这些条件，跨国贸易和投资才能实现；否则，这一体系将极难保持稳定，贸易战和货币战也就难以避免，进而走入一种恶性循环。二是世界经济的危机管理机制，即一个强有力的国家在出现危机时——当经济出现巨大周期波动或金融危机时，要扮演两个角色：第一，当经济严重紧缩时，这个国家是最后的购买者，它不但不会闭关自守，还会进一步开放市场，并且用财政刺激等多种手段维持旺盛的需求和购买力；第二，在资本市场陷入恐慌时，这个国家是最后的信用担保者，可以实时为世界金融体系注入流动性，防止其陷入流动性陷阱。只有唯一的超级大国或紧密团结的少数核心大国才能扮演这样的角色，其他经济体都只能“搭便车”。①

美国经济学会前会长金德尔伯格认为，第一次世界大战之前，英国曾经扮演过国际公共产品提供者的角色，支撑起了开放的贸易体系，确保了货币的稳定。但一战后英国元气大伤，无力也无心再担任这个角色；而美国则全面倒向孤立主义，虽然客观上有能力接替英国，主观上却完全没有意愿。于是，便出现了青黄不接、领导真空，造成世界经济大萧条和政治危机。欧洲很多国家出现了政治两极化，法西斯政权在德国、奥地利、

① Charles P. Kindleberger, "International Public Goods without International Government," *The American Economic Review*, Vol. 76, No. 1 (Mar., 1986), pp. 1 – 13.

意大利、西班牙纷纷崛起，最终爆发了第二次世界大战。[①]

部分国际关系学者认为，金德尔伯格的“霸权稳定论”可以解释战后美国在国际秩序重建上发挥的关键作用。二战后的西方世界出现了权力真空，美国迎来了重新塑造世界的契机，由此主导了战后国际秩序以及相应的多边体系的创建，特别是联合国及其安全理事会体制。在国际贸易领域，鉴于两次世界大战以及经济大萧条的惨痛教训，战后在美国与英国引导下，同盟国之间形成共识，需要构建以开放、合作、互惠为原则的国际经济秩序，为贸易逐步自由化建立规范；在货币领域，确立了在美国主导下美元与黄金挂钩的固定汇率，并建立国际货币基金组织与世界银行等机构，协助发展中国家因应国际收支失衡问题以及满足发展融资需求。在联合国体系下，美国主导建立的战后秩序涉及很多领域，包括气象、劳工、卫生、难民、能源、核能、民航、通信、海洋、外太空等。

约瑟夫·奈在推出“金德尔伯格陷阱”话题时还没有料到，特朗普即将对中国发动一场全面的经济围堵，并不惜牺牲全球化、多边体制与大国在全球议题上的合作成果。当时他只是担心特朗普领导的美国会像当年的英国，将逐渐退出主导角色，而中国好像还没有准备去承接。正如马丁·沃尔夫所指出

---

① Charles P. Kindleberger, *The World in Depression, 1929 - 1939*, Chapter 14, “An Explanation of the 1929 Depression,” (Berkeley: University of California Press, 1973), pp. 291 - 308.

的，特朗普不但抛弃国际领导责任，而且还主动发起与中国的全面冲突。这必然会导致全球化的倒退，严重撕裂多边贸易体制，并造成世界经济的巨大动荡。在“修昔底德难题”情境下，万一全球性金融危机再现，中美是否可以像2008年那样携手合作、协同政策来有效扮演危机管理者的角色，这将是一大悬念。

超越西方中心思维产物

奈是一位非常爱国的学者，他说明了美国过去扮演的是什么角色，如何作为一个领导者，对整个国际经济体系或者全人类提供不可或缺的功能，包括作为主要国际公共产品的供给者，都做了选择性诠释。奈的观点所体现的是典型的美国主流外交精英的视角，他们对美国中心秩序的衰落预设了各种悲观的结论。他们倾向于夸大美国领导地位的关键作用，并低估了其他利益攸关者支撑全球多边体制的能力与意愿，也不肯正视当前世界秩序正从“西方中心世界”过渡到“后西方世界”的历史大趋势，更不愿意讨论在全球秩序重组过程中，以中国为首的重要新兴市场国家是否能发挥积极性与建设性作用。回避了这两个重要课题，他的分析就只能是对现况与未来的一种片面诠释。

我一向认为，所谓“金德尔伯格陷阱”仍是西方中心思维的产物。中国既要重视“金德尔伯格陷阱”中的客观分析成分和警示作用，也要看清西方主流国际关系学者背后的意识形态立场和维护自己国家利益的根本立场。尤其当美国处在逆势和困境的时候，其本位主义和自我中心主义将变得越来越明显。

金德尔伯格所倡导的“霸权稳定论”其实是在为美国唯一超强地位做背书，其叙事也是为西方中心秩序的合法性与普世性提供理论基础。但其中充满了矛盾和悖论，回避了西方中心秩序的合法性、合理性与可持续性等根本问题，掩盖了西方中心思维背后对有色种族的歧视与对非西方文明的排斥。

西方国家主导的自由贸易规则，往往蕴含了发达国家与落后国家间的不平等交换与支配宰制关系。再比如，二战前的帝国主义与殖民体系在西方中心秩序中的关键作用及其各种遗留问题，这些他们都避而不谈。金德尔伯格所定义的国际公共产品范围，也只是从维护西方国家长期享有和平与繁荣的角度出发，并没有合理考虑发展中国家的发展权利，也无法预见非西方国家的快速崛起，以及世界人口爆炸性增长、生态失衡与气候变迁、快速全球化及科技变革带来的社会风险等所衍生的新兴全球议题所引发的全球治理挑战。

西方的国际关系学者普遍对非西方国家的崛起抱持一种悲观的论断，认为非西方世界缺乏相应的文化传统与法治根基，如果西方国家不主导，这个世界一定会分崩离析。而近年来，西方世界出现的许多悲观预测都是在这个逻辑上推演的。[1] 他们着重强调，如果美国不再继续提供国际公共产品，那也没有其他国家会提供，接下来就会出现1929年前后全面爆发的世界经济危机。他们普遍刻意低估包括中国在内的非西方国家，忽略其在全球重组和全球治理改革里起到的积极和建设性作用。

其实，美国主导的战后国际秩序在西方社会内部也遭遇合法性挑战，就是因为在新自由主义意识形态的驱动下，国内与国际双重层面长期存在公共产品供给不足的问题。西方社会原来保障中产阶级与劳工权益的国内体制被弱化或肢解，在国际层面对跨国企业与跨国金融机构的监管完全缺位，这套极度有利于富豪阶层与跨国资本的国内与国际游戏规则，导致全球化的红利与风险的分配极度不均。

美国主导的战后国际秩序的合法性，在国际社会也面临来自发展中国家的挑战。在发展中国家眼中，西方主导的国际经济秩序既不公平也不可持续，现在更是危机四伏，亟须改革。在2015年举办的“纪念亚非会议60周年”的亚非领导人峰会上，印度尼西亚总统佐科就表达了所有非西方国家的共同心声和期望，“60年后，虽然国际环境发生巨变，但基于公正、平等、和谐、繁荣的世界新文明的共同梦想仍未实现。亚非国家

---

① 最典型的就是欧亚集团（Eurasia Group）这家知名咨询顾问公司的总裁布雷默（Ian Bremmer）在2013年出版的书中所描绘的零极世界（G-Zero World），参见 *Every Nation for Itself: What Happens When No One Leads the World*（Portfolio，2013）。

需要继续团结起来推动建立公平、公正的世界经济和全球治理新秩序”，“一些国家不愿意正视世界已经改变的现实，那些认为世界经济问题只能由世界银行、国际货币基金组织、亚洲开发银行解决的观点已经过时”。“当只占全世界人口20%的富裕国家使用了70%的全球资源，当北半球国家的人们享受超级富豪般的生活，而南半球尚有12亿人在每天生活费用不足两美元的贫困中挣扎，当一些富裕国家认为它们可以使用武力改变世界，而联合国却完全无能为力……人们已无法再对全球不公视而不见。”[①]所以，即使西方国家没有爆发反全球化浪潮，非西方国家也会要求修正美国主导的全球化模式，以及对现有的国际经济秩序进行改革。

“金德尔伯格陷阱”的风险可控

如果把“金德尔伯格陷阱”的问题放在从西方中心秩序过渡到后西方世界秩序的架构下来思考，我们就不需要太悲观。

首先，全球化的大趋势不会全面逆转，因为全球化创造了大量的利益攸关者，利益攸关者的数量远大于受损者，而且在这个日益紧密相依的全球体系里，没有国家可以选择独善其身或自扫门前雪，关于这点我将在下一章做更多的展开。

---

① 佐科总统开幕致辞全文，请参见：http：//www. bandungspirit. org/IMG/pdf/jokowi-jakarta_opening_statement-220415-bsn. pdf。

其实，现有的全球多边体制与规范并非全靠美国支撑，许多国际公共产品都是由集体提供，美国只是承担其中一部分的成本，而且美国的份额也在持续下降，所以全球经济陷入“金德尔伯格陷阱”的风险应该是可控的。事实上，特朗普推进的激进单边主义在全球范围内受到了很多国家的强烈反对，所有其他国家的立场基本上非常一致，它们不会跟进特朗普的激进单边主义，也不会轻易在美国与中国的战略对抗中“选边”。2018 年 10 月，在亚欧峰会上，50 多个亚欧国家的首脑在共同声明里强烈表达他们对联合国体制，对 WTO 多边贸易体制，对维护整个以互惠、开放、自由为精神的贸易体制，还有对包括全球变暖问题的《巴黎协定》，以及伊朗核协定的坚定支持，也就是跟美国激进的单边主义划清界限。虽然它们阻止不了特朗普的片面行动，但是全球大多数国家都有这样一种共同的认识，就不可能退回从前那种撕裂、对抗或完全封闭的势力范围，甚至再去发动一场冷战。

其次，非西方世界全面崛起的大趋势仍然有着充沛的前进动力，非西方国家之间将会构筑越来越紧密的经济、能源、科技、信息与金融交换和互助网络。这将为全球化带来新的动力，不是西方的反全球化政治势力或美国对中国的战略围堵政策所能阻挡的。尤其是获得众多国家响应的“一带一路”倡议，就是推进新型全球化的中国方案，也是中国向世界提出的回应逆全球化挑战的有效策略。

再者，奈所代表的美国主流外交政策精英，低估了以中国为首的新兴市场国家支撑全球多边体系的能力与意愿。以中国为首的新兴经济体已经成为拉动全球经济增长的主力。从《巴黎协定》的谈判与签订过程可以看得很明显，中国、印度、巴西与南非等新兴经济体对人类面临的重大全球议题，已经有能力也有意愿与西方国家平起平坐地协商，并承担起应负的义务与责任。

在联合国维和任务领域，中国已经成为最大的人力派遣国，以及仅次于美国的最大出资国。因为西方主流媒体刻意的忽略报道，大多数美国主流国际关系学者不知道。事实上，中国已经开始为国际社会提供相当可观的“补充性或者替代性”国际公共产品，而且已经建立了全方位、多层次、立体的涉及全球各地区的政策协调和合作机制。这也是十几年来中国非常重要的建树。在当前国际社会还不够完整、不够完善的现有多边体制下，中国对体制构建做了非常重要的补充，而且引领新兴市场国家为全球化注入新的动力。

毋庸讳言，欧洲国家面对中国开始扮演这个角色时心理非常矛盾，因为它们长久抱持的西方中心思维一时间很难调整。西方国家担忧美国霸权的退位，仍希望美国继续扮演领导角色，因为对这个老大哥依赖惯了，更多是一种心理上的依赖。可是对广大的发展中国家而言，对全人类而言，美国霸权的消退和退位是机遇而不是危机。

美国霸权的两面性

在奥巴马时代，美国霸权的两面性隐而不显，因为传统上美国外交精英非常重视价值论述与道德外衣包装，会刻意掩饰针对其他国家行径的阴暗面。而特朗普的国家安全团队则毫不遮掩美国的超级大国“流氓行径”，让我们更容易认清美国霸权的真面目与其国际角色的两面性。

对美国霸权本质的理解应该从下列四个角度来检视，这样可以看得比较清晰而全面。

第一，美国主导的战后国际秩序与公共产品的提供对象，并非真正全面开放、包容与一视同仁；相反地，这个秩序有明显的排他性，以及基于文明及种族优越感的阶层秩序与歧视待遇。在货币、金融、贸易与科技领域，与美国有战略利益冲突的国家是长期被排斥的。联合国体系建立之初，第二次世界大战尚未结束，美国与苏联仍维持同盟国关系，所以苏联得以成为联合国的创始成员国与联合国安全理事会的常任理事国，苏联代表也曾受邀参与布雷顿森林会议。但以美元为锚货币的布雷顿森林货币与贸易体系要想让所有主要国家放心参与，其必要条件是美国愿意通过借贷或援助，让缺乏外汇储备的国家能得到足够的美元头寸。在苏联正考虑是否加入布雷顿森林协定之际，欧洲战事已经结束，美国与苏联对战后欧洲政治秩序安排的分歧开始浮现。杜鲁门总统就断然中止了通过《租借法案》为苏联提供战后重建所需的长期融资承诺，于是苏联选择放弃作为国际货币基金组织、世界银行和关税及贸易总协定（世贸组织的前身）的创始会员。[①] 中华人民共和国成立后，因中国代表权之争，中国也长期被排除在国际货币基金组织、世界银行与世贸组织之外。

长期以来，在采取加权投票机制的国际组织内，美国坚决维持其最大份额决策权，长期独占关键领导职位，坚持保有对重大事项拥有否决权的特权，并不断利用这些它可以主控的多边体制来抵制和惩罚那些与美国有战略竞争关系的国家。在采取多数表决制的国际组织内（例如联合国大会与许多联合国专门机构），美国一旦失去对多数会员国的号召力量，它就任由其职能弱化或局部瘫痪，甚至不惜退出。

美国主导的国际体系有明确的阶层秩序。与美国维持最紧密关系的盟国是所谓盎格鲁-撒克逊集团，也就是美国加上英国、加拿大、澳大利亚与新西兰，它们构成西方世界的内核，这些国家享有最高等级的军事与情报合作关系。其次是由美国的欧陆盟国构成的第二层核心圈。然后才是日本、韩国、土耳其、沙特等这些非西方同盟国等构成的第三层盟友。最后才是更外围的依附者或顺从者。

由于文明亲疏关系的远近，不同国家在美国主导的国际体

---

① Michael David Bordo and Barry Eichengreen, *A Retrospective on the Bretton Woods System: Lessons for International Monetary Reform* (National Bureau of Economic Research Project Report, 1993).

系内之地位、待遇与发言权一向是有明显差别的。如果我们将国际货币基金组织处理 1997 年亚洲金融危机时，如何对待需要紧急纾困的韩国与印度尼西亚的经验，来比对其处理 2009 年欧债危机时，如何对待希腊、葡萄牙、西班牙、爱尔兰等传统西方国家，就会发现，国际货币基金组织对亚洲国家开出的纾困条件远比对欧洲国家苛刻，对经济元气造成的伤害更大。①

第二，美国的国际领导角色是它的意识形态与国内权力结构的延伸。战后美国所愿意提供的国际公共产品，并不是从全球社会的实际需要出发，而是根据它的主流社会精英的意识形态框架，以及国内强势利益集团的需求。从 20 世纪 80 年代开始，美国主流意识形态崇尚大市场小政府，美国政府也倾向于将国际公共产品的范畴极小化，排斥各种可能限制跨国企业与跨国资本行动自由的全球规约或监管机制，甚至主动要求现有的国际机构（例如世界银行）减缩其业务与功能，以让位于资本市场或私人企业。同时，美国扮演的国际领导角色最终也要符合国内强势利益集团的需求，特别是军工集团、华尔街、能源集团、医疗集团、高科技集团等的需求。例如，美国牵头的 TPP 谈判，美国贸易谈判代表官员带上谈判桌的条文与巨细无遗的法律附件，基本上都是美国的跨国企业、科技公司、制药公司、跨国银行等雇用的纽约大律师事务所草拟的。这些大律

① “Asia Sees Double Standards in IMF Greek Rescue,” *Financial Times*, April 30, 2010.

师事务所刻意将提案的复杂规则与专有名词弄得晦涩难懂，连一般的商务仲裁法官都搞不懂。这样，将来在执行规则条文时，如果出现争议与纠纷，还是得找这些受雇于跨国企业的大律师来帮忙解释，贸易纠纷打官司也是他们承揽，因此这些大律师两头通吃。

由于美国的意识形态与国内政治的框限，国际公共产品供给不足的问题早已存在，现有的全球治理机制也明显跟不上全球化和科技进步带来的社会风险与生态危机管理的需要，无法有效满足广大发展中国家可持续发展与包容性增长的需求。对于全球化所带来的各类新兴全球议题，美国只对全球反恐、知识产权保护等这些攸关切身利益的领域有兴趣，而在企业垄断、金融系统性风险、租税逃漏、科技变革的社会风险、疾病控制、粮食安全、移民权利保障、难民收容、气候变化、海洋生态环境恶化、水资源稀缺等领域，美国对全球协作平台不足或监管机制严重缺位的问题根本置之不理。

第三，美国只许州官放火不许百姓点灯。美国推动制定的国际规则主要用来约束其他国家，但放纵自己可以选择性适用或蓄意违反。也就是说，美国不时利用与其他国家高度不对称的权力关系，任意滥用霸权地位而公然破坏规则和秩序，并处处要求享受豁免或特殊待遇，甚至可以用国家安全为借口，以美国国内法管辖权来凌驾国际规范，也就是恶名昭彰的“长臂司法管辖”。国际关系领域内的自由派学者都会强调，“自由国际秩序”的精髓是“以规则为基础”。一个负责任的领导者本应在各合作领域带领成立多边机制、制定规范与程序，以此来设定各国的权利与义务，从而协调行动、解决争端、促进合作共赢。作为国际领导者，不仅应带头创立规则，也需承担维护规则合法性与权威性的主要责任，更绝不可滥用其霸权地位追逐自己的短期利益。但现实情况是，美国常将自身的短期国家利益或国内政治需要凌驾于国际规则之上，并不时抛出美国例外主义与美国单边主义，肆意曲解国际规则，因此自由国际秩序的合法性与权威性一直难以巩固。

例如，布雷顿森林体系下以美元兑换黄金为锚定的固定汇率制度，按规则，任何国际货币基金组织成员因长期国际收支失衡而要调整固定汇率，都必须与其他成员协商。但是 1971 年，尼克松总统突然宣布停止履行美元与黄金兑换承诺的颠覆性决定，事前完全没有与其他成员协商，就一脚把布雷顿森林体系的核心设计踢翻了。

最近几年，在推进全球租税正义的目标上，美国自私自利的做法也让各国伤透脑筋，因为美国是发达国家中唯一拒绝签署《共同申报准则》（CRS）的国家，成为这个全球打击逃漏税的国际新规约下的最大漏洞。

这是一个非常荒诞的故事，因为最早启动全球追缴漏税的就是美国。2010 年，美国通过了《外国账户税收遵从法》(FATCA)，俗称“肥咖”条款。根据这个法案，美国要求外国金融机构（FFI）向美国国税局（IRS）提供美国纳税人的账户信息，以逼迫美国公民和绿卡人士申报海外账户与海外所得，对于不配合的 FFI，就其来源于美国的所得征收 30% 的扣缴作为处罚。

美国利用 FATCA 给传统的避税天堂以沉重的打击，包括瑞士、百慕大与开曼群岛，在面临失去进入美国金融体系的威胁下，都一一被迫配合美国政府的要求，主动向 IRS 提供美国纳税人的账户资料，并严格审查有美国背景客户的开户信息。然后美国又陆续与一百多个国家和地区，在 FATCA 框架下签署双边信息互换协定，表面上这是一种互惠协定，配合落实 FATCA 规定的国家，也可以要求美国提供本国纳税人在美国的金融账户资料。

在美国强势推动 FATCA 的刺激下，欧洲各国政府也开始积极追查本国纳税人隐匿在海外避税天堂的账户，让传统的避税天堂遭遇第二波打击。接着 G20 在 2014 年正式推出 CRS，这套更完整而标准化的全球金融机构境外背景客户账户信息交换的国际规范，目的在于落实租税正义，让富人藏匿在国外的财富与投资收益无所遁形。从 2016 年开始，陆续有 108 个国家与地区签署这项国际规约。中国也从 2018 年开始全面执行 CRS 规定，有义务将外籍人士在本地金融机构账户的基本信息、总金额、流动情况提供给国外税务机构，中国政府也可以借此掌握中国公民在国外金融机构账户的基本信息。

自 CRS 2016 年陆续上路以来，全球的富豪阶层与他们的会计师，都忙着重新配置他们的资产并转移他们的金融账户。这些千方百计想要隐匿财富的富豪，都不约而同地发现一个新的避税天堂，那就是美国。这是因为美国拒绝签署 CRS，美国给出的荒谬理由是，美国已经与绝大多数 CRS 签署国之间有双边信息互换协定。而实际情况是，美国要求其他国家巨细无遗地提供美国纳税人的海外账户资料，但其他国家政府想要从美国金融机构拿到资料却会面临百般刁难。美国刻意让自己成为 CRS 体系下的最大漏洞，因为这样一来，美国可以替代传统的避税天堂国家，吸引大量离岸财富涌向美国，既可让美国财富管理相关服务业大发不义之财，又可巩固美元地位。

从 2015 年到 2017 年，美国的金融机构与会计师，都忙着将客户的钱从传统离岸避税天堂（比如巴哈马、瑞士、百慕大等），转移到美国岸上天堂（比如特拉华州、内华达州、怀俄明州和南达科他州等）。2017 年，美国离岸金融规模为全球第一，占 22.3%，而 2015 年时，美国占比还仅为 14%。

对于美国经常破坏规则的行径，所有参与美国主导的多边组织的会员国基本上都是尽量忍让。西方国家之所以多半选择迁就与姑息，是因为它们在美国主导的国际秩序下，毕竟享有参与核心与分享决策权的特殊待遇。非西方国家更不愿意挺身而出，因为可能有遭遇报复与孤立的风险。过去，西方国家担心如果美国完全抛弃多边主义，国际秩序可能回到一战前的剑拔弩张状态，在没有更好的替代选项时，它们宁可拥护美国的领导地位，并尽可能忍让。在欧盟成立之后，西欧国家还勉强可以通过集体谈判地位在贸易、货币与金融领域约束美国，但也因此触发特朗普与班农产生想要拆解欧盟的念头。

第四，美国霸权两面性最诡谲的悖论就是：它既是国际秩序的来源，也是国际体系不稳定的来源；它既是安全秩序的提供者，也是导致许多国家不安全的根源。西方主流关系学者都说美国是国际公共产品的提供者，而他们对美国也是国际公共之恶（public bads）的主要来源却避而不谈。其实，只要我们抛开西方中心思维，支撑这个悖论的证据比比皆是。美国的地理环境赋予它得天独厚的地缘政治安全屏障：它与其他传统陆权地隔了两个大洋，南北两个邻邦与它实力悬殊，除了紧密依附于它别无选择。它很早就把西欧列强的势力驱赶出西半球，门罗主义让中美洲与南美洲成为自己的后院。所有与美国有潜在战略利益冲突的大国，都没有这样高枕无忧的地缘政治条件，而美国充分利用这种地理优势的不对称性，借助军事盟友与远端打击力量，在自己对手国的后院或邻近区域煽风点火，让对手（甚至是自己的盟友）不得安宁。只有到苏联建立可靠的战略核武力量后，美国本土才第一次直接暴露在生存威胁的阴影下。但美国还是千方百计试图恢复它可以摧毁对手，而自己却不受直接战火威胁的不对称优势，所以全面发展反导弹系统与推进太空武器研发。

美国在二战后长期享有唯我独尊的地位，因此它的外交与国防精英把国家安全利益的边界无限延伸。他们界定的范围从军事安全到能源供给，从海洋到太空，从气候战到细菌战威胁，从美国企业国际竞争力到高科技优势，从意识形态到软实力，从全球监听到网络安全。这批外交与国防精英同国家相关部门，以及相关产业与智库早已形成一个牢固而庞大的利益结构，不断找寻潜在的敌人就是他们的利益所在。所以他们在雷达屏幕上察觉到任何对美国国家利益有潜在威胁的目标时，就会放出风声、制造舆论，然后强力主张必须设法打击、围堵或铲除。

所以，美国给世界制造的首要公共之恶，就是它对国家安全利益的极限追求，以及随时可以以国家安全为借口践踏文明底线，其结果就是给其他地区与国家制造各种更大更深的不安全。美国在世界各地肆意操纵所谓的军事平衡，挑拨领土或宗教争端，加深许多国家的安全困局，并激发区域性军备竞赛。美国为了自己的战略利益，在不少地区刻意制造政治动乱，甚至直接进行军事干预，来削弱或铲除反美政权，并加深传统盟邦对它的依赖。尤其从 20 世纪 90 年代开始，由于苏联解体，美国成为唯一超级大国，新保守主义阵营在披着民主外衣的帝国主义思路下，推动的政权铲除与积极军事干预政策，并结合了犹太游说团体推进的完全偏袒以色列的中东政策，更彻底搅乱了中东、西亚与北非地区，致使生灵涂炭，并让周边国家与欧洲饱尝恐怖主义四下乱窜与大量难民涌入的苦果。

2007 年，美国以“Stuxnet”（“震网”病毒，一种蠕虫病毒）计算机病毒攻击伊朗核设施得逞后，就不断加大对网络病毒武器的研发。2013 年美国中情局前雇员斯诺登披露美国秘密监控全球网络通信后，备受国际关注。华盛顿除了被披露要高科技企业、互联网巨头在计算机系统“开后门”，以便情报人员监控通信外，美国国家安全局（NSA）也会暗中搜集各式计算机系统的漏洞弱点，研制种种网络攻击武器。未料 2018 年有黑客组织成功突破防线，取得一批由 NSA 研制的计算机系统入侵工具，并于网上公开。其中包括 NSA 针对视窗系统漏洞所研发的入侵工具“永恒之蓝”（Eternal Blue），结果不法分子有机会将它改写成勒索病毒“Wanna Cry”，肆虐全球。微软主席史密斯形容相关失窃的严重程度，“如同美军‘战斧’巡航导弹被盗”。

美国另一种让各国饱尝恶果的公共之恶就是：放任跨国金融机构在全球各地资本市场兴风作浪，并不断增加各国金融体系的系统性风险，以及放任美国巨型跨国企业在全球利用市场垄断地位追求暴利。在华尔街利益集团驱动下，美国从 20 世纪 90 年代就开始强迫各国打开资本市场，解除金融管制，还把金融管制全面松绑与金融产品创新当作一种进步的改革思想推广到全球，很快就导致热钱流窜在全球各地制造资产泡沫与金融危机，并让华尔街将有毒金融资产推销给各国银行与保险机构。不但美国爆发本土性金融危机，欧洲也被殃及，而至今欧洲尚未从欧债危机中脱困。在危机爆发前，欧洲的监管机构与金融机构都被美国华尔街那条思路洗脑了，购置大量美国机构发行的被美国三大信用评级机构评为优质的衍生性金融资产。发生金融危机之后，欧洲金融机构才发现这些金融产品都面临违约风险，可能一文不值，最后被迫打三折、两折进行清算。

此外，美国在贸易谈判时强推偏颇的知识产权保护条款，维护美国跨国企业的暴利与市场垄断地位，阻碍创新与知识分享，不断要求延长美国药厂的专利年限，让它们能继续以天价贩卖这些制造成本极低且投资早已收回的专利药品，也就是说美国把大药厂的利润看得比人命还重。

美国占据许多多边机构的主导地位，长期阻挠这些机构承担新的职责来应对新兴全球议题，也长期阻碍全球治理机制的改革与新治理机制的创设。其次，让许多领域的公共产品供给长期处于短缺状态。例如，美国长期抗拒对信用评级机构的商业模式设置国际监管机制，抗拒对数字科技集团收集与使用个人隐私资料制定国际规范，反对联合国机构对科技变迁的社会冲击进行全球追踪与评估，抗拒设置海洋污染的全球监控机制，等等。

此外，美国长期提供劣等的公共产品。例如，对于互联网域名的分配与管辖机制，或是长期压制多边组织对新兴全球议题的研究与讨论，又如美国历任共和党总统拒绝承认全球变暖问题的存在。这些作为也是制造公共之恶。

过去 30 多年里，美国唯一新创设的多边协调机制就是 G20 峰会，这是因为 2008 年金融危机的严峻程度已经超出 G7 的能力范围，小布什总统不得不邀请新兴经济体领导人齐聚华盛顿，来协助美国与欧洲各国共同渡过世纪性金融危机。美国需要中国、印度、韩国、沙特等国家出资国际货币基金组织新增的短期融资机制，并购买更多的美国国债，也需要新兴经济体同步采取财政扩张政策以扩大进口。

过去 30 多年里，面对其他国家带头推动的治理机制改革或国际规范创设，大多数情况下美国都消极对待或抵制，从《禁止地雷公约》《移民问题全球契约》，到禁止发展人工智能武器。很多国际金融领域权威学者早已指出，以主权货币作为国际储备货币的缺失日益明显。但美国为捍卫美元霸权，极力阻止特别提款权（SDR）逐步取得超主权货币功能，极力防范任何其他货币挑战美元地位，阻止石油交易改以欧元或其他货币结算。美国还长期拖延国际货币基金组织认股权比例与投票权调整的方案。尽管发展中国家非常需要基础设施长期融资，但美国不愿意让世界银行与地区开发银行扩充这个领域的融资机制，又试图阻挠中国成立亚洲基础设施投资银行的倡议，这也是制造公共之恶。这样的例证不胜枚举。

美国“退位”是危机也是机遇

奈担忧特朗普抛弃国际领导责任，甚至主动削弱与拆解现有多边体制，会将世界经济推向“金德尔伯格陷阱”。的确，特朗普推行的保护主义与激进单边主义，是损人而不利己的，现有多边体制面临严重冲击，世界贸易组织首当其冲，开放的多边贸易体系可能分崩离析，全球化进程也可能受到严重干扰。但危机也可能变为转机，美国的“退位”也可能带来全球治理机制改革的历史契机。

特朗普的“超级流氓大国”行径，迫使现有多边体制内的所有利益攸关者必须挺身而出，维护多边主义，维护基于开放、互惠、非歧视原则的国际规约。新兴经济体也被迫认真思考，如何在这个世界秩序震荡与重组的过程中扮演更积极与建设性的角色。

中国作为世界第一大贸易国、世界最大制造业基地，更是责无旁贷，必须挺身而出，为全球多边主义体制提供关键支撑。中国应积极主动协同主要新兴市场国家与欧盟国家，对现有国际组织与多边体制决策机制进行改革，恢复或提升其功能。

过去，在美国霸权统治下，除了它最亲密的盟友可以分享战后国际秩序，西方国家享有特权外，绝大多数国家都是顺从者。它们受惠于这个秩序所提供的和平与经济发展机会，但也只能接受美国霸权体系下国际公共产品供给不足或质量不佳的问题，承受美国常将公共产品供给的成本任意转嫁的问题，也必须忍受强加于己的公共之恶。它们无从选择，因为美国只准自己独家提供国际公共产品，也只提供其意识形态体系认可的公共产品。它阻挠公共产品提供的替代机制出现（尽管可能更符合人类社会的整体利益），也极力防范新兴大国取代它独占鳌头的地位。

过去30多年里，由于美国的意识形态与国内政治的框限，国际公共产品的提供长期处于供给不足、质量欠佳的状态。全球治理机制早已严重落后于全球化进程，而且科技发展带来的利益协调分配、社会风险管控等议题，亟须在全球层面进行有效回应。比如，巨型跨国企业对市场的扭曲与垄断，以及对基本社会责任的回避；虚拟投机交易的系统性风险和受金融资本凌驾的实体经济；人口爆炸带来的粮食、水资源、疾病、生态等挑战与基本需求保障；网络时代信息安全、隐私、监控与道德风险等问题。

当前，人类正处于历史发展的十字路口。面对信息技术发展给社会带来的变革性影响，如果放任资本主导，垄断性数字资本主义将可能严重威胁人类社会的可持续发展，并阻断信息技术将人类带往分享经济与零边际成本社会的可能性。而这些全球议题都绝非单一国家层级的治理机制能够有效应对的，全球治理机制改革势在必行。所以美国主导的国际秩序的合法性、包容性以及可持续性都存在严重缺陷，只是过去没有任何新的动力有可能去转换、改革或补充它。

现在非西方世界全面崛起，美国已经开始战略收缩，这正是修补、改革既有的全球治理机制的契机。非西方国家必然会以更大的力度要求开展全球治理改革，提出追求更公平、包容与可持续的国际经济秩序的愿景与改革议程，继续搭建新的多边合作平台，并着手修正经济全球化的游戏规则，让全球化的果实能创造更大的普惠效果。

第四章

全球化的裂解与再融合

自从2016年英国脱欧公投之结果震惊世界以来，激进民族主义、保护主义与反全球化政治风潮席卷了西方发达国家。特朗普上台后，更是动手拆解支撑全球化的基础架构。他把多个区域自由贸易协定推倒重来，发动了一波又一波的贸易战，让世贸组织陷入瘫痪状态。特朗普的鹰派智囊又直接锁定中国为头号战略竞争对手：一方面启动“印太战略”，试图拉拢印度来构筑新的对华地缘政治围堵，阻挠中国“一带一路”倡议的推进。另一方面通过粗暴地对中国实行贸易与科技封锁，试图逼迫跨国企业把全球供应链移出中国；美国还通过各种渠道胁迫自己的传统盟国联手封杀中国的高科技企业，试图打乱中国的产业升级步伐与经济增长势头。这一连串的政治举措，让很多观察家开始担心，过去35年的高速全球化时代将一去不返，全球产业供应链将因此裂解，世界经济可能正步上逆全球化的通道。

如果我们观察一些经常使用的衡量全球化进程的指标，就会发现全球化的脚步的确从2008年开始就进入减速阶段，甚至出现局部倒退。例如，根据荷兰经济政策研究局发布的世界贸易监测数据，从2018年第四季度开始已经连续出现两季度的全球贸易额萎缩现象。尤其是从2018年12月到2019年2月，贸易规模的下行幅度达到1.8%，这是自2009年5月全球贸易因金融危机出现锐减以来最糟糕的纪录。①

根据国际货币基金组织的估算，在20世纪90年代，全球经济每增长1%能为贸易带来2.5%的增长，但自从2008年金融危机以来，除了2017年后三季度与2018年前三季度，曾短暂出现过贸易额增长速度超过全球经济增长速度的情况，其他年度与季度贸易额增长速度都低于经济增长。从长期趋势来看，贸易额增长速度趋缓也十分明显，1990年全球货物和服务贸易规模占全球GDP的比重为39%，然后一路攀升到2007年的60%，但从2008年到2018年则缓跌至58%。

另外，根据联合国贸易和发展会议发布的外商直接投资统计数据，从2016年到2018年，全球FDI规模不断创下自2008年全球金融危机以来的低纪录，2018年又比2017年萎缩了将

---

① Fergal O'Brien, "World Trade Volumes Plunge at Fastest Pace in a Decade," *Bloomberg*, April 25, 2019. https://www.bloomberg.com/news/articles/2019-04-25/world-trade-volumes-are-plunging-at-the-fastest-pace-in-a-decade.

近1/5，规模只剩下1.2万亿美元。[①]在2007年，FDI曾经一度占全球GDP的3.5%，2018年却不到1.5%。此外，一个衡量跨国供应链发展程度的常用指标，是各国进口中间产品（零部件）占全球GDP的比重，这个比重在2007年之前不断攀升，自2008年以后，从占全球GDP的19%下降到17%。[②]

2008年全球金融危机造成的跨国金融机构资产负债缩表，以及之后许多国家陆续推出的加强金融监管措施，对金融全球化的压抑作用也十分明显。跨境的银行信贷规模与全球GDP的比例，从2016年的60%大幅下跌到36%。另外一个衡量全球金融相依程度的指标，是外国投资负债（foreign investment liabilities）总规模与全球GDP的比例。一个国家引入外国投资而产生的负债总规模，包括外国机构或个人拥有的四类资产：股票、债券、外商直接投资，以及其他形式的借贷或投资。根据麦肯锡全球研究院的统计，这个比例在1995年还只有51%，到2007年快速膨胀到185%，2008年以后就不再跨越这个历史高峰。[③]

---

① UNCTAD, "Global Foreign Investment Flows Dip to Lowest Levels in a Decade," January 21, 2019. https://unctad.org/en/pages/newsdetails.aspx? OriginalVersionID = 1980.

② "Briefing Slowbalisation," *Economist*, January 26, 2019, pp. 17 – 20.

③ McKinsey Global Institute, *The New Dynamics of Financial Globalization*, 2017.

如何正确评估逆全球化危机

我们怎么样来判断全球化是否已经出现逆转，全球社会已经步上逆全球化的轨道？首先，我们不要被悚动的媒体标题误导，也不要被一些统计数据的表象迷惑，我们要很理性地回答下面四方面的问题：第一，全球化究竟是在演化之中还是在退化之中？哪一种趋势才是主导性的？第二，当前涌现的裂解全球化力量和仍在推进全球经济与社会融合的力量，究竟何者为大？哪一种力量更具有主导性？第三，无论是在全球范围还是在各国，抗拒与反对全球化的群体相较于拥护与支持全球化的群体，在社会力量的平衡上哪一个更具优势？是有更多的群体加入拥护全球化的阵营，还是反全球化的社会支持基础在日益壮大？第四，支撑全球化的社会机制与制度安排基础是十分脆弱还是十分强韧的？这些基础是否脆弱到经不起关键行动者（例如一个“超级流氓大国”，或是恐怖主义组织）的破坏与干扰？还是它们有足够的强韧性及可依靠的厚实利益分享结构，可以对潜在的破坏行动起到强大的束缚作用？它们是否也有足够的弹性与灵活性来克服或绕过新增的障碍与险阻？一旦我们认真评估这四方面相互关联的问题，就可以摆脱可能的误判，就可以拨开云雾看清楚庐山真面目。

全球化仍在演化而非退化

以双边货物和服务贸易为统计基础的世界贸易规模增长速度，的确从 2008 年以后明显趋缓，导致不少观察家做了轻率的判断，这主要是由贸易保护主义蔓延所导致的全球化退潮现象。这个判断在很大程度上是一种错觉，贸易保护主义措施的作用并非主要因素，主要因素是跨境贸易结构最近十几年出现了四重深层变化。

第一重变化，是作为第一大贸易国的中国在世界经济中的角色正在转变。一方面中国大陆经济增长模式的重心已经由出口转为内需，另一方面中国在不断推进高端制造业发展以追求进口替代。这就意味着：第一，有更高比例的中国制造产品转为就地满足国内市场需求，货物和服务出口占中国 GDP 的比例已经从 2006 年的高峰（36%），下降到 2017 年的 19.8%；第二，中国也在不断深化其产业供应链以提高出口产品的附加值，从而减少依赖进口的高附加值零部件、资本设备或软件。从 20 世纪 90 年代到 21 世纪初，中国一直是进口高附加值的零部件，在国内进行来料加工组装生产，然后再出口，一直承担着“世界组装工厂”的功能。在这个过程中，中国获得了零部件等半成品、设备等生产资料的制造技术，并逐步推进本地化生产。接着，这些本地化生产的高附加值设备与零部件在取得竞争优势后，又发展成为新的出口产业。

所以，中国出口结构的演进非常类似日本在《广场协议》

之后的产业结构转型。从 2000 年到 2016 年，半成品与生产资料这两大类在中国的出口中所占比例均提高了 10% 以上，分别达到 41.1% 与 31.2%。同一时期，消费产品所占比例在 2016 年为 27.0%，比 2000 年下降了至少 21 个百分点。从中可以看出，中国正从组装逐步过渡到高附加值产品的生产与出口。

根据日本《经济新闻》的分析报道，到了 2018 年，在出口产品中本国创造的附加值比率上中国已经超过日本，这意味着在巨型经济体量的支撑下，中国国内的产业链垂直整合程度比日本还高。[①] 上述的结构性变化，反映在传统的双边贸易统计上，就必然会出现贸易额增长趋缓，因为原来需要进口的高附加值生产设备与零部件现在已经改为由国内供应，原来在中国进行组装的终端消费品，现在转移到越南、印度尼西亚、印度、孟加拉国、墨西哥甚至非洲工厂，而中国厂商则成为这些海外组装生产所需的设备与零部件的供应来源。

此外，中国经济从 2012 年以后，进行了去产能与供给侧结构性改革，经济增长速度明显趋缓。由此导致全球各种原材料与大宗商品价格回归理性，2008 年以前那种石油、铁矿石、铜、铝全面飙涨的景况不再。这个价格退烧的过程，导致了以交易价格为统计基础的世界贸易规模似乎出现萎缩，尽管实物的交易单位数量还可能有所增加。

---

① 中国报告：中国转向高附加价值产品生产［EB/OL］. 日本经济新闻，(2019-03-14). https：//zh. cn. nikkei. com/china/ccompany/34693-2019-03-14-05-00-30. html.

中国在过去10多年出现两个趋势：国内需求增强以及持续推进进口替代工业化，这也多多少少在其他中等收入发展中国家出现。正如麦肯锡全球研究院在2019年的研究报告中指出的，从2007年以后，在发展中国家制造的产品有越来越高的比例直接供应当地市场，也有越来越高比例的零部件改为在当地采购，这解释了为何最近10年来世界贸易规模的增长速度低于世界经济增长速度。①

第二重变化，是世界贸易流向的主轴也正出现结构性的变化，而且这个变化打破了战后70年的基本格局，甚至可以说扭转了过去将近200年全球化的运行规律。法国著名国际经济研究中心CEPII②的两位资深经济学家夫奎和于戈，建立了一个从1827年到2014年的双边贸易流向的完整数据库。他们的数据显示，从二战结束以来，世界贸易活动基本上是围绕着富裕国家的需求而展开的，他们定义的富裕国家基本上就是西方发达国家加上以色列与日本。③ 世界贸易活动的主体是富裕国家彼

---

① Mckinsey Global Institute, *Globalization in Transition: The Future of Trade and Value Chains*, January 2019.

② CEPII 为法国国际展望与信息研究中心（Centre d'Etudes Prospectives et d'Informations Internationales）的缩写。

③ 参见 Michel Fouquin and Jules Hugot, "Two Centuries of Bilateral Trade and Gravity Data: 1827－2014," CEPII Working Paper, May, 2016。他们对"富裕国家"范围的定义：澳大利亚、奥地利、比利时、加拿大、塞浦路斯、丹麦、芬兰、法国、德国、希腊、冰岛、爱尔兰、以色列、意大利、日本、卢森堡、荷兰、挪威、葡萄牙、西班牙、瑞典、瑞士、英国、美国。非富裕国家就是所有的其他国家。

此之间的出口，以及非富裕国家向富裕国家的出口（主要是原材料、能源与初级加工品）。从战后到20世纪结束时，富裕国家彼此之间的出口占世界贸易的比重平均达40%以上，在20世纪90年代初期甚至曾达50%以上；同一时期，非富裕国家向富裕国家的出口，在多数年份占世界贸易的比重也都在25%以上。所以，以富裕国家需求为导向的出口活动几乎占世界贸易的2/3。至于非富裕国家彼此之间的出口所占的比重长期以来都很低，从20世纪50年代到20世纪末都在10%—14%之间，而它们彼此之间的出口在一战之前的第一波全球化时期更是微不足道。所以，不难理解为何过去多边贸易规则基本上是西方发达国家制定的，它们也是战后贸易自由化的最大受益者。

但进入21世纪以来，贸易流向的格局起了根本性的变化。这个变化的主要原因就是中国在2001年加入世贸组织，并连续超越日本、德国与美国，快速攀升为第一大贸易国；同时，中国与其他新兴经济体，以及所有发展中国家的贸易规模都出现快速的增长。因此，非富裕国家彼此之间的出口比重就从2001年的14%一路增长到2014年的29%；与此同时，富裕国家彼此之间的出口比重则从2001年的45%一路下滑到2014年的29%。两者已经旗鼓相当。如果加上富裕国家向非富裕国家的出口比重（在2014年为19%），合计就达到了48%，也就是说以非富裕国家的需求为导向的出口，到2014年几乎撑起了世界贸易的半边天，而这个大趋势仍在进行，也势不可当。

换言之，长久以来，以西方发达国家为重心的世界贸易体系，在21世纪已经出现根本性的变化。未来，代表广大发展中国家的主要新兴经济体，必然会在多边贸易规则的制定上发挥越来越大的影响力。而“一带一路”倡议正进一步深化南南合作，会让上述的深层结构变化走得更快更远。更重要的是，当前西方发达国家涌现的保护主义与排外主义，主要是对以富裕国家为目的地的出口贸易构成障碍与干扰，而以非富裕国家为导向的出口不但不受其影响，反而可能受惠于美国对中国发起的贸易战，因为它们会接收部分从中国移出的生产线，而且中国政府与企业还会以更大的力度，来协助这些经济体开发潜在增长能量与消费需求。总之，以非西方国家市场需求为导向的出口，将逐渐超越以富裕国家为导向的出口活动，而成为世界贸易的新主轴。

第三重变化，是有部分制造业活动在最近几年开始回流到西方发达国家。推动制造业回流的主要因素是自动化生产技术的突飞猛进，而保护主义的作用反而居其次。例如，在中国大陆设厂的台资企业想要规避中美贸易战的风险，如果劳动成本是主要考虑因素，那自然会选择将面向美国市场的生产线转移到越南、印度尼西亚、印度或墨西哥。如果某类高价位产品的制造可以大量利用智能机器人替代人力，跨国企业就可能选择就近在美国或西欧建立生产基地，因为在新技术条件下选择离岸生产的诱因降低，还不如选择缩短全球供应链以更贴近消费者，同时也可以规避贸易战的风险。

无论是因跨境交易成本变动、能源价格差异、劳动成本变动，还是因AI（人工智能）科技与智能机器人的技术突破所引导的全球制造业活动重新布局，都不应该与逆全球化画上等号，尽管这些布局调整，有可能导致双边贸易量萎缩。事实上，技术驱动的全球产业供应链布局调整本来就是全球化演进过程中的必然现象，过去30多年的全球产业链就是因应集装箱运输、长途通信、电脑存储器与运算的成本急剧下降而生的。

不过，制造业回流美国的趋势并不乐观。尽管美国的土地与能源便宜，地方政府提供优惠政策的配合意愿也很高，但适合回流美国的制造生产活动十分有限，主要是因为美国制造业空洞化已久，美国本土已经缺乏完整的产业供应链。例如，苹果公司努力想把一部分的智能手机装配作业移回美国，但发现困难重重，缺一个精密的小螺丝配件就会拖累整条生产线。[①]多数美国跨国企业最擅长的还是产品研发、品牌经营与全球运营管理，而这些生产活动仍占据价值链的主要部分。

第四重变化，是世界贸易活动中实体（the tangible）产品的交易价值比重必然会逐步下降，非实体（the intangible）产品的交易价值比重必然会持续增长，这是数字经济与产业智能化时代的必然趋势。这个大趋势已经部分反映在传统的贸易统计资料里，也就是麦肯锡全球研究院的报告中所指出的，过去10年，虽然货物贸易的增长速度减缓，但服务贸易仍维持强劲的

① "A Tiny Screw Shows Why iPhones Won't Be 'Assembled' in U. S. A." *New York Times*, January 29, 2019.

增长动力。根据麦肯锡全球研究院的统计，过去10年服务贸易扩张的速度要比货物贸易高出60%，而且这个数值应该是被严重低估的，因为有很多种类型的服务贸易是通过网络交易，或非正式渠道交易，或个人境外消费的，很难有效追踪与统计。[①]此外，目前有很多网络科技公司提供免费社交媒体或电子邮件账户服务，而这些服务其实都是有真实价值的，这些服务之所以免费，是因为这些公司可以通过收集用户的信息而牟利。

尤其是传统的贸易统计基本上无法区分出实体产品与非实体产品的价值比重，因为后者经常是与前者一起捆绑出售的。例如，上海振华重工出口一套全自动化集装箱码头装卸系统，这笔交易不仅仅是实体装备出口，还包含规划设计、专业运送与安装服务、智能软件授权、操作人员培训、软件更新与升级，以及长期维修服务合同。维修合同里可能包括派驻现场技术指导人员，以及为客户提供全天候的设备使用状态的远程数字侦测、在线及时反馈与大数据分析报告等。所有这些非实体产品的销售总值往往会超过这套硬件设备本身的价值，而这些与实体产品捆绑的非实体产品销售，可以合并为一笔出口交易合同，或分拆为数笔交易合同，各项目的报价也可以弹性调整，完全可以根据买卖双方的会计、税务、法律合规、财务与融资等各

① Mckinsey Global Institute, "Five Hidden Ways That Globalization is Changing," Mckinsey & Company, January 2019. https://www.mckinsey.com/featured-insights/innovation-and-growth/five-hidden-ways-that-globalization-is-changing.

种考虑而做弹性安排。这些非实体产品的销售可以通过母公司、买方当地的子公司或任何获得授权的第三方公司来执行，所以可能全部纳入官方的货物贸易统计，可能部分纳入官方的服务贸易统计，也可能部分移转为第三国的服务贸易，甚至有可能一部分被归入FDI的统计。①

所以，当前的贸易统计明显低估了服务贸易的真实规模。麦肯锡的研究团队做过估算，如果把自由网络服务的真实价值，以及跨境非实体交易的价值都考虑进来的话，当前跨境服务贸易的真实规模应该已经超过货物贸易。以2017年为例，官方贸易统计的货物贸易出口总值在扣除附带的非实体交易价值后，应该只剩下13万亿美元，而补上各项遗漏后的跨境服务贸易的规模应该为13.4万亿美元。所以，2017年全球货物和服务贸易总额就不止官方统计所显示的21.8万亿美元，实际价值应该超过26.4万亿美元。②

展望未来，非实体贸易将持续增长，这意味着全球化仍在演化而非退化，逆全球化潮流被过度渲染。特别是保护主义浪潮与贸易战对全球化的打击不应被高估，想利用惩罚性关税来打击特定国家的产品出口的效果有限，因为不仅厂商可以用各

---

① 例如，一家智能装备公司将自己拥有的知识产权作为资产注入海外合资公司而转换为股权，这样就视为FDI，将来这家子公司的营收就不是母公司的出口营收。

② Mckinsey Global Institute, *Globalization in Transition: The Future of Trade and Value Chains* (January 2019, Mckinsey & Company), p. 7.

种方式通过第三地简易加工再出口，而原产地证明的国际通行门槛是要求 25% 的当地附加价值，[①] 这并不难用浅层次加工外加会计手法克服，尤其在执法力度不严的国家。更何况，与实体交易捆绑的非实体交易很难确定其原产地来源，这些价值比重越来越高的非实体产品可以轻易通过网络完成跨境交易，并以各种灵活的交易形态向管辖机构呈现，要规避贸易战的烽火波及并不困难。

裂解的风险空前严峻

当前全球化面临的裂解风险的确空前严峻。自从 2008 年金融危机引发全球经济衰退以来，西方发达国家纷纷推出各种限制贸易、移民与投资的排外措施，并引发贸易伙伴的反制，形成恶性循环；欧洲一体化的进程也因英国脱欧、意大利非主流政治联盟上台，以及各国反欧盟政治势力风起云涌而面临空前挑战，现有的欧盟框架是否能避免进一步的裂解也是悬念。最大的裂解风险来自美国鹰派的零和博弈与冷战思维，这与支撑全球化所需要的互通、互联、互惠、互补、互信、互助与互依思维格格不入。

这批与时代潮流脱节的鹰派，不仅试图把俄罗斯、伊朗这

① 这是 APEC（亚太经合组织）经济体成员所采行的标准，至于区域自由贸易协定，还会设定区域内附加值比率。

些战略对手，逐出美国所主导的全球化体系，还为了达到遏制中国的战略目标，不惜破坏支撑全球化的安全环境、基本规则与多边体制。他们不仅动用各种阴谋手段破坏中国周边的安全环境，离间中国与其战略伙伴和经济合作伙伴的关系，也不惜损害美国的长期国际信誉，而以最粗暴的政治与法律手段封杀中国的高科技企业。他们不惜使现有的多边贸易体制功能陷入瘫痪，不惜拆解过去 30 多年跨国企业所搭建起来的紧密、精致而复杂的全球产业供应链，也不惜剥离中国与美国两个社会在金融、科技、卫生、环保、文化、教育等各领域的密切交流与合作，更不在乎美国的移动通信系统可能因此落后于最先进的 5G 科技潮流。

曾经成功预测 2008 年全球金融危机而名声大涨的纽约大学鲁比尼（Nouriel Roubini）教授 2019 年在专栏中发出警告，中美之间如果全面爆发冷战，会将世界带入漫长的逆全球化过程。① 他认为中美冷战给世界经济造成的后果比过去美苏冷战还要严重，因为苏联当时的经济模式失败且在逐步衰落，但中国将成为世界上最大经济体，并将还不断发展壮大。此外，美苏之间经济联结极少，而中国则已完全融入全球贸易和投资体系。

鲁比尼担心全面冷战会把逆全球化带入新的阶段，全球经济将划分为两个不兼容的经济集团。商品、服务、资本、劳动

---

① Nouriel Roubini, "The Global Consequences of a Sino-American Cold War," *Project Syndicate*, May 20, 2019.

力、技术和数据的贸易都将受到严格限制，数字领域也将变成“分裂网络”，西方和中国节点可能无法相互连接。他也预言，中国和美国都会希望所有其他国家“选边站”，不过大多数国家都会试图与两者保持良好的经济联系。毕竟，许多美国盟友现在与中国的贸易和投资关系超过与美国的。然而，想要脚踏两条船将变得越来越困难，当中国和美国分别主导了人工智能和5G等关键技术时，它们可能不得不“选边”。

一个巴掌拍不响

鲁比尼的警告并非杞人忧天，不过可能言过其实，因为他高估了美国的战略持久力，也低估了中国决策者的理性克制能力。他假定美国单边施压各国“选边”的策略，一定会招致中国以同样手段反击；他也假定美国全面封杀中国高科技企业依托美国企业或机构主导的系统平台、基础性软件或技术规格，那么中国必然会选择开发一套平行而互不兼容的独立系统。这两个基本前提并不完全靠谱。

首先，在因应美国的贸易战打击时，中国最佳的策略是广结善缘，而不是与美国正面进行政治拔河。中国会选择以更大的力度强化和深化与其他国家的经济伙伴关系，也会把中国市场的门开得更大，让全世界的生产者、企业家与投资人分享中国经济成长带来的巨大商机。中国人的智慧是有容乃大，不会借着自己块头大而逼迫其他国家或外国企业，削弱或切断与美国的经济往来。中国也会继续欢迎美国企业扩大在中国的投资，并提供更友善的经营环境。例如，上海市政府高规格欢迎特斯拉将全球最大电动车生产基地落地浦东新区南汇新城镇。当美国政府试图在西欧封杀华为时，中国政府并没有对诺基亚与爱立信这两家华为5G设备的主要竞争者在中国市场的销售设定任何限制。

2018年，中国政府在上海举办了首届中国国际进口博览会，这是全球第一个以进口为主题的国家级博览会，有来自130多个国家和地区的3 000多家企业参展。中国政府还主动调降了包括汽车在内的进口关税，让进口商品的平均税率由2017年的9.8%降至7.5%。唯一不能享受关税下降好处的是美国的出口商，为了反制美国对从中国进口商品课征惩罚性关税，中国也陆续对美国产品加增5%—25%的关税，让从美国进口商品的平均关税达到20%左右。

另外，为了争取广大的全球消费者，中国在发展拥有自主知识产权的科技产品时，自然会尽可能维持与西方主流科技规格的兼容性，无论是智能设备操作接口，还是制程工艺、IC（集成电路）设计、系统软件等。即使中美贸易战不断升级，以及欧盟开始给中国企业并购高科技公司设下更严的审查程序，中国在享有领先优势的基础科学研究领域，同国际科学界的广泛合作仍在正常推进。从贵州的中国天眼、深海勘探的“蛟龙号”载人潜水器、成功登陆月球背面的“嫦娥四号”探测器，到2021年6月正式启用的“天宫号”空间站，中国欢迎国外科学家的各项合作研究提议，但过去长期拒绝中国参与太空合作的美国除外。

一个巴掌拍不响。美国单边施压各国政府与跨国企业“选边”的策略很难奏效，因为中国可以提供的商机或产品并非美国可以替代的。美国传统盟邦像英国、德国、西班牙、意大利等，不理会美国施压而继续采用华为5G通信设备，因为一旦欧盟国家全面禁用华为，欧洲部署5G的成本将会增加620亿美元，并且5G牌照的进度至少会因此落后18个月。美国政府无法单靠言词恐吓与毫无实据的通信安全疑虑指控就可以让盟邦自愿割肉滴血。[①] 对于美国的半导体产业而言，中国是全球最大的半导体市场，尤其在中国进入5G与物联网时代后，海量的智能设备将会激发更大的记忆与逻辑芯片需求。像高通、博通、美光、超微、英特尔这些半导体公司，如果失去中国的市场，它们真的会被逼到生死存亡关头，所以它们也会想尽办法阻拦美国政府两败俱伤的做法。

融合的力量仍大于裂解的力量

如果我们的目光超越西方媒体所关注的新闻焦点，从更广阔的视角看世界经济与全球社会的发展态势，我们就会看清楚，

---

① Gwénaëlle Barzic, “Europe's 5G to Cost $62 Billion More if Chinese Vendors Banned: Telcos,” Reuters, June 7, 2019.

持续推进全球化演进的融合力量仍明显大于裂解力量，但因为前者是默默进行，而后者是敲锣打鼓闹事，所以裂解力量的表面声势往往超过融合力量。此外，西方媒体通常有意无意忽视南南合作的良好势头，它们如果报道，那么这个领域的事件多半是负面的，这是典型的酸葡萄心理。一旦超越了西方媒体的偏狭眼光，我们就会发现，人口众多与发展势头仍看好的全球南方，也就是以中国为首的广大发展中国家，正给全球化带来新的动力，各种深化双边或区域经济整合、多边开发融资、政策协调、基础设施共享、文化与教育交流，以及科技合作的新机制正在加速创建、增长与强化。

传统上衡量全球化进程的指标，主要涉及货物、资金、人员与信息的跨境流动。在实体商品与资金流动方面，过去30多年推进全球化的主要行动者是跨国企业与跨国金融机构。但在网络时代与数字经济时代，我们更需关注虚拟世界的非实体商品跨境交易、去中心化的生产者与消费者联结，以及绕过传统金融机构与支付系统的跨境网络金融活动。

在传统衡量指标上，过去10年，全球化的确出现减缓或停滞的现象。但如果仔细检视不同地区的个别趋势，则走势有明显的分歧，西方不亮东方亮。例如，过去10年，全球外商直接投资的总规模在下降，但流向发展中国家的FDI仍在增长。全球FDI规模下降的主要原因是流向欧洲的FDI大幅萎缩，尤其在英国公投脱欧，以及美国国会通过特朗普政府为吸引美国跨国企业资金回流的限时性减税法案之后。根据联合国贸易和发展会议的《世界投资报告2019》，流向发展中国家的外资整体规模仍在增长，而最明显的受益地区是非洲。过去10年，外资流入非洲的增长速度一直维持在两位数左右，在较差的2018年仍维持了12%的增长。此外，流入亚洲发展中国家（含中国）的FDI也在持续增长，唯有流入拉丁美洲与中东欧及原苏联地区的FDI明显减少。①

更值得注意的趋势是，过去10年，许多新兴经济体纷纷加入FDI来源国行列。中国的对外直接投资在2007年的规模不到500亿美元，到2015年就快接近1 500亿美元，而且首度超过FDI的流入规模。在流向非洲的FDI之中，除了美国、英国、法国与荷兰这些传统来源地之外，中国、南非、新加坡与印度正成为越来越重要的来源地。

如果我们看跨境非实体商品、人员、知识与信息的流动，那我们就更可以确定，全球化的动力仍十分充沛，各种增进融合的跨国移民、商业、信息与教育网络，正将全球社会以更紧密的方式交织在一起。以国际移民为例，2000年全球跨境移民的总数约为1.55亿，占世界人口的2.8%；到了2017年，全世界的国际移民人数大约为2.58亿，相当于全球人口的3.4%。② 国际移民中属于外来务工人员的比例大约为2/3，在

---

① UNCTAD, *World Investment Report 2019*. https：//unctad.org/en/pages/PublicationWebflyer.aspx？publicationid=2460.

② https：//migrationdataportal.org/data?i=stock_abs_&t=2017.

很多国家他们已经成为低阶劳动力的主要来源。

国际移民持续增长的趋势，并没有因最近几年欧洲与美国涌现反移民政治势力而有根本性的改变。不过，最近10年，跨境移民与移民劳工的流向更为多元化，过去移民流向主要是从南方国家流向北方国家，而现在有更多的跨境移民从发展中国家流向发展中国家。例如，从中国到非洲与拉丁美洲，从印度与孟加拉国到东南亚与中东。例如，中国在非洲的常住人口（停留期间超过一年）估计至少有100万。跨境移民就像境内移民一样，会带来技能、知识、资金和技术的转移，也会带来贸易、商业合作、文化交流与跨国婚姻的增加。世界银行数据显示，1990年，国际移民向中低收入国家汇入大约290亿美元的侨汇，这个数值在2000年增加到740亿美元，并在2016年达到了4 290亿美元。目前全球侨汇的规模是官方发展援助总数的三倍多。①

另外，国际留学生与交换生的增长速度也相当可观，从2011年不到400万增加到2017年的近500万。而中国既是留学生的最大来源国，也是越来越受欢迎的留学目的地。2017年，中国出国留学人数超过60万，而中国接收的国际留学生在2018年已经逼近48万，其中85%以上是自费生。预计中国很快会超越英国成为全球第二大留学目的地。

移民、商务、留学与观光需求带动了人员跨境流动的持续

① 联合国移民署发布的《世界移民报告2018》。

增长，这可以从国际民航载客量得到印证。全球航空公司的收入客公里（RPK）仍然持续增长，在2009年总里程约为4.4万亿公里，到2017年增长到7.7万亿公里，其中64%是国际旅客。[①] 亚太地区的国际航线乘客每年增长率都在7%以上，在亚洲廉价航空公司纷纷涌现的趋势下，亚洲城市之间新航线开辟速度非常惊人。此外，中东地区新兴航空集团与转运中心，更为来往于亚洲城市与欧洲中小城市、非洲及拉丁美洲的旅客提供了非常便捷的转运服务。中国的出境旅游人数更是增长神速。根据联合国世界旅游组织的统计，中国自2012年就超越美国成为全球观光消费的最大来源国，2017年中国境外观光消费规模为2 577亿美元，占全世界观光消费总额的20%。[②]

跨境电子商务生机蓬勃

跨境电子商务是重要的全球经济新融合机制之一。这个新兴的商品交易渠道，让散落在世界各地的个体户、微型企业、农民合作组织，可以通过网络交易平台直接通向终端消费者，而不需要依赖跨国企业的采购与销售渠道，可为全球中小企业

① RPK为Revenue Passenger-Kilometres缩写，相关统计资料可参见https：//www.iata.org/publications/economics/Reports/pax-monthly-analysis/passenger-analysis-nov-2018.pdf。

② https：//www.statista.com/chart/15588/international-tourism-expenditure-in-2017/.

及年轻人进入世界不同市场降低贸易壁垒，提供更为公平的渠道。中国是全球电子商务发展得最快的国家，也是电子支付系统最先进、使用最频繁、覆盖率最高的国家。现在中国正全力将这个网络时代的先进经济模式推向全球，也大力协助发展中国家建立电子商务平台。由阿里巴巴集团创始人马云倡议的世界电子商务贸易平台（Electronic World Trade Platform，简称 eWTP），在 2016 年 9 月于杭州举行的 G20 峰会上被纳入公报。马云还成立了一个国际非营利机构，与各国政府合作推进电子商务贸易平台。2017 年，阿里巴巴集团与马来西亚发展数字经济的官方机构——马来西亚数字经济发展局（Malaysia Digital Economy Corporation，MDEC）及其他合作伙伴携手，共同成立东南亚第一个 eWTP 的地区枢纽平台。2018 年，阿里巴巴集团又与非洲卢旺达政府签约，协助成立非洲第一个 eWTP 的地区枢纽平台。

近年来每隔几天，杭州阿里巴巴总部就会迎来世界各国的考察团，他们到此密集了解学习阿里巴巴电商生态、电商普惠发展思路、农村淘宝、科技金融、跨境电商、新旅游等内容。他们也通常会在杭州实地走访专营生鲜食材的盒马门店，以及去“中国淘宝村”临安白牛村调研，为中国数字化经验如何嫁接到他们国家寻找答案。

在全球范围，跨境电子商务正蓄势待发，其爆发潜力可以从一个具体指标看出来，像是国际包裹的数量从 2007 年到 2017 年 10 年之间增长率超过 150%。而且这些包裹的商品价值很多都是少报甚至漏报，在官方贸易统计中根本无法准确显示。

数字科技革命的无限可能

网络与数字科技更是加速全球经济与社会融合的最重要机制。如今数字与通信科技让远距离通信、视频与巨量信息传递接近免费。2000 年，全球互联网使用者的覆盖率仅为 7%，到了 2018 年已经达到 48%，全球有将近 36 亿人可以享受网络世界带来的各种便利与机会，从沟通、传播、协调、社会动员、出售劳务、金融交易、教育学习，到网络犯罪。

网络通信与数字科技让极其复杂的全球产业供应链可以跨越国境藩篱而无缝衔接，几乎可以达到分秒不差甚至毫厘无误的境界。各种形态的跨境劳务外包服务的交易规模不断在增长，数字移民（telemigrants）的人数也不断在增加，让西方发达国家的白领劳工感受到前所未有的竞争压力。网络联结让无数的个体户与微型企业可以直接参与全球市场，让个体生产者、设计者、消费者、借贷者可以弹性地进行协作与资源整合。在区块链技术与加密货币交易平台的蓬勃发展下，也有越来越多的跨境金融交易与资本移动，可以绕过传统的金融机制、跨境支付系统与国家监管的换汇机制。

网络科技也让全球科学社群融合成一个实时交流、分享与紧密分工合作的知识社群，巨型科技项目的跨国分工合作已经成为全球基础科学研究的典型模式，从遗传基因解码到暗物质探测均是如此。虽然部分西方国家政府仍沿用冷战时期遗留下来的《瓦森纳协定》[①]，限制高科技设备与配套软件出口到中国，特朗普政府也在中美科技交流合作上设下许多新的障碍，甚至在一些美国大学校园制造类似20世纪50年代麦卡锡时代的肃杀气氛，但这并不能阻挡中国科学家快速融入全球科学社群的大趋势，因为中国学术工作者对人类知识增长的贡献越来越大。根据美国国家科学基金会的统计，中国大学与研究机构的研究人员发表的科学期刊论文总量，在2016年已经超过美国，不过美国在超高引用率期刊论文数量上仍居世界首位。[②]

沙漠中的全球化奇迹

2018年1月，我到阿联酋大学参加学术交流活动，目睹了全球化所造就的沙漠奇迹。阿联酋正是各种全球化融合力量汇流的节点，也是一个闪亮的展示橱窗。

在参访首都阿布扎比期间，我住在瑰丽酒店（Rosewood Hotel）。这是香港新世界酒店集团郑家第三代千金郑志雯全新打造的全球精品酒店，在不到10年的时间就晋升为世界精品酒

① 《瓦森纳协定》又称《瓦森纳安排机制》，全称为《关于常规武器和两用物品及技术出口控制的瓦森纳协定》（the Wassenaar Arrangement on Export Controls for Conventional Arms and Dual-Use Good and Technologies）。

② "China Declared World's Largest Producer of Scientific Articles," *Nature*, January 18, 2018. https://www.nature.com/articles/d41586-018-00927-4.

店顶层，可以让全球高端客户体验中国文化元素的精致与婉约。把我从机场接到酒店的司机是印度人，酒店柜台的接待人员是尼泊尔人。酒店房间阳台正对面是一个体量超大的现代建筑，门牌上写着“Cleveland Clinic Abu Dhabi ”（阿布扎比克利夫兰诊所）。克利夫兰诊所是美国顶级医学中心之一，这个位于阿布扎比的拥有500张病床的现代化医学中心于2006年开业，是克利夫兰诊所唯一的海外分院，服务对象是中东地区的高收入群体。医院由美方管理，但医护人员就像联合国组织的工作人员一样来自世界各地。

在距离酒店不远的新填出来的半岛上，卢浮宫阿布扎比分馆于2017年11月举行了揭幕仪式。自开幕以来，来自全球的访客络绎不绝，他们不仅想目睹该分馆展出的珍贵艺术品（尤其是亚洲收藏品），也来欣赏这栋里外都像是一个巨大飞碟的奇特后现代建筑，这是当代法国最著名建筑设计师努维尔（Jean Nouvel）的旷世杰作。

阿联酋人均收入超过4万美元，在亚洲名列前茅。如果计算该国公民的人均收入，应该超过10万美元。在1 000万常住人口中只有200万是阿联酋公民，其余800万都是来此打工的外籍人士。本地公民不是在公共部门工作，就是参与经商，即使是务农的阿联酋人，也都是农场主。阿联酋虽然靠石油发迹，但是它的统治者非常有远见，善用石油财富来快速改造自己的经济体制，为石油枯竭未雨绸缪。如今阿联酋已经成为中东地区高端服务业枢纽，集区域航运、物流、加工、维修、贸易、金融、消费、文化、医疗、高等教育中心功能于一身，石油收益占 GDP 的比重已经下降到三成。其要诀就是筑巢引凤：打造一流的基础设施，设置自由贸易区，全方位引进高端人才，然后再吸引更多相关领域的人才，形成集聚效应。

这个国家的政治权力集中于 7 个酋长国世袭统治者组成的最高委员会。这是一个集体领导决策机制，所有重要决定必须得到 7 位酋长中 5 位以上支持，这 5 票要包括最关键的两位酋长：阿布扎比与迪拜酋长。这两个酋长国既是兄弟，也像是相互竞争的两家集团，相互镜鉴与攀比，所以这两个酋长国同步发展了国际枢纽机场，也各自扶植了一家赫赫有名的国际航空公司。

在 20 多年前，阿联酋就规划要成为中东航运枢纽，并争取成为国际人道救援转运中心。它先主动给联合国相关机构提供免费仓储与空运补贴，争取将人道物资调度中心落地迪拜。从世界各地征集的物资在此汇集，再转运到亚、非、拉丁美洲。等到调度中心逐步成形，联合国机构开始扩充常驻人员。接下来所有与联合国密切合作的国际人道组织都来此设置调度中心，就近协调与相互支持。现在全球唯一的国际人道主义城市已经呼之欲出。

阿联酋国有企业长期赞助卢浮宫美术馆活动，多年的耕耘终于带来丰收。2017 年 11 月，迎来了卢浮宫阿布扎比分馆开馆，作为首都文化村的第一个贵客，接下来还有纽约古根海姆博物馆。

阿联酋也是中东地区第一个开放 5G 牌照的国家。迪拜酋长国与华为签署了一项高达 500 亿美元的合约，不仅 5G 通信将全面采用华为设备，而且还委托华为将迪拜打造成一座 5G 智能型城市。迪拜酋长为了庆祝与华为的合作，特别在 2019 年元旦那天在迪拜的 828 米 162 层地标性建筑外墙上，也就是全球最高建筑哈利发塔上，赠送华为 3 分钟的夜景灯光秀作为最高调的免费宣传。

创造更多的利益攸关者

全球化虽然导致西方发达国家一部分群体的利益受损，但很大程度上是因为这些国家的政治体制失灵，以及政治精英被新自由主义意识形态与跨国资本利益集团彻底绑架。整体而言，全球化仍不断在世界各地创造更多的受益群体，全球化的潜在利益攸关者将持续增长，而且是大量增长，最好的例证就是非洲大陆。

非洲是一个巨大的地理板块，面积约 3 000 万平方公里，大于中国、美国、印度、日本与西欧的总和。非洲人口在 2017 年约有 12 亿，但增长速度惊人，预计到 2050 年将达到 25 亿，这里将是世界经济的新增长点。

从 20 世纪 90 年代开始，受惠于超级全球化带来的发展机遇，超过 2/3 的非洲国家都出现连续 10 年以上的中高速增长；2008 年以后，非洲国家的增长曾一度受金融危机后全球经济复苏缓慢的拖累，但从2016年开始，又逐渐恢复强劲增长。非洲是当前世界FDI流入增长速度最快的地区，过去最贫穷的“黑非洲”（撒哈拉沙漠以南非洲）在2018年共引进了320亿美元外资，增长率高达13%。2018年3月正式签署的《非洲大陆自由贸易区协议》（African Continental Free Trade Agreement，AfCFTA），将为非洲带来新的增长动力。这份非洲联盟倡议的贸易协议，旨在促进非洲国家形成区域单一市场，在55个非盟会员国中已经得到54国（厄立特里亚除外）的签署。

拉动非洲经济增长的最大助力，来自中国提供的出口市场、开发援助、长期融资、技术合作、直接投资，以及大型基础设施项目。从2000年到2017年，中国与非洲双边贸易的年均增长速度达到20%，投资的增长速度同样惊人。中国政府与非洲联盟从2015年启动中非“十大合作计划”，由中方提供600亿美元的启动基金。“十大合作计划”涵盖工业化、农业现代化、金融服务、基础设施、消除贫穷、绿色发展等各领域。每年前往中国接受培训的非洲官员与专业人士高达一万人次。

2017年，麦肯锡顾问公司完成一项针对中资企业在非洲活动的大规模调查。这个调查覆盖了中资最集中的非洲八国，有1 000家企业参与调查。麦肯锡报告澄清了许多西方媒体对中资企业的偏颇报道。他们发现，中资企业雇用当地员工的比例高达89%，2/3的企业提供在职培训，这1 000家企业提供的就业岗位超过30万个，而目前非洲大约共有1万家中资企业。报告也指出，中国在非洲的经济参与程度已经远远超过印度、美国与德国的总和。2015 年中资企业在非洲的营收已经达 1 800 亿美元，到 2025 年，将达到 4 400 亿美元，并从目前它们占主导地位的制造业和资源领域，延伸到服务业和物流等领域。这些企业在制造业领域的生产总值占非洲制造业总生产量的 12% 左右。[①]

中国推动的许多大型基础设施都是覆盖整个区域的。最突出的就是由中国电信带领通信设备厂商启动的“中非共建非洲信息高速公路”项目。该项工程将铺设“八横八纵”宽带骨干光纤网络，覆盖整个非洲大陆。骨干网络长度达 15 万公里，穿越 48 个国家 82 座城市，投资金额 150 亿美元，2015 年启动，预计 2023 年完成。这个计划将带领几亿非洲人一步跨入宽带网络时代，并带动沿线国家规划宽带发展计划与网络经济。

中国物美价廉的科技产品，更让非洲广大的低收入群体享受前所未有的消费能力跨越。例如，在非洲大陆广受欢迎的中国智能手机与移动通信设备，让数亿非洲消费者立刻跨越了数字鸿沟，甚至计千万落后农村可以与世界同步分享最新的信息与知识。

目前在中国金融圈最火热的交易市场，是 2019 年 7 月 22 日启动的上海科创板股市，吸引众多投资人关注的焦点之一是在中国市场上名不见经传的一家手机制造商，叫深圳传音控股

---

① Mckinsey Global Institute, *Dance of the Lions and Dragons*: *How are Africa and China Engaging*, *and How Will the Partnership Evolve*? June, 2017.

股份有限公司。这家公司在中国市场不曾销售一部手机，但2018年在非洲手机市场占有率接近49%。在功能机类别领域，这家公司出货量全球排名第一，2018年全球市场份额接近20%；在智能手机领域，全球出货量也排名第九。传音控股主要有itel、TECNO与Infinix三个手机品牌，分别主打三大不同客户群。itel是传音针对非洲与南亚低收入群体的大众市场开发的产品，只搭载最基本的手机功能，主打平价、耐用等特色，平均价格只要10美元；TECNO是智能手机，锁定非洲中高端消费群；Infinix则是针对新兴市场年轻消费者的高端智能手机。传音智能手机的平均价格也只有75美元。如此亲民的定价，让传音横扫非洲市场，也在印度大有斩获。

中国企业也让数字电视走进非洲最偏远落后的农村。不久前，收看世界各地电视节目是非洲少数精英的特权，因为只有少数家庭付得起每月70美元起步的卫星电视费用，而且还只有少数几个频道可选。2002年，嗅觉敏锐的北京商人庞新星决定将自己办的四达时代公司从中国转向非洲，因为他在非洲看到了低成本电视运营商的商机。如今四达时代在非洲推出了世界上价格最便宜的电视套餐，一个月最低才4美元，而且有上百个频道，用户已经逼近1 000万。有了四达时代打下的基础，2015年，中国领导人在中非合作论坛约翰内斯堡峰会，很有底气地宣布启动“万村通”工程。

2018年夏天，肯尼亚中部一个叫利基的偏僻村庄变得格外热闹，因为由北京四达时代集团实施的“万村通”项目，在这个村里落地了，村里的球迷们第一次能够在家里完整地观看世界杯足球赛。[①]从2015年开始，“万村通”项目为撒哈拉以南25个非洲国家1万多个村落安装、接通卫星电视信号，为每个村落公共区域免费配备2套太阳能投影电视系统、1套太阳能数字电视系统，为20户有电视机的家庭免费安装卫星接收系统，为公共区域免费提供电视节目不少于20个频道，为20个家庭用户提供的节目不少于30个频道。此外，项目还从当地农村选拔2万多名村民进行培训，让他们成为该项目后期运营维护人员，以此促进当地就业。

“一带一路”倡议开辟新亚欧大陆桥

“一带一路”倡议的推进将在更大地理范围内创造更多的全球化受益群体。“一带一路”倡议等于是中国提出的全球化方案，也意味着中国将引领全球化路径与游戏规则的修正，把包容性增长目标放在更优先的位置。中国正与“一带一路”沿线国家携手合作，建设基础更厚实的全球化模式，超越传统以西方跨国企业为主角，以贸易、投资、产业分工及金融自由化为主轴的经济全球化模式，而是由政府开发基金牵头，以区域政策协调与合作平台为支撑，以跨国运输、通信与能源等基础

---

① 四达时代“万村通”项目：让非洲人民“通世界”［EB/OL］. https：//kknews. cc/sports/x2zgn4r. html，https：//kknews. cc/sports/x2zgn4r. html.

设施相联通为奠基，实现能源、环境、农业、卫生、通信、科技、司法互助、城市管理、文化与教育等各领域深度合作。

世界银行2019年发布的《“一带一路”经济学》报告指出，许多沿线国家过去都因为地理位置偏僻、基础设施不足以及政策法令不足，其贸易与吸引外资的巨大潜力无法释放，而“一带一路”倡议开辟的新亚欧大陆桥以及通往印度洋的经济走廊，将可为这些国家明显缩短运输时间与降低运输成本，还能带动贸易与投资。世界银行的专家估计，当这些新的运输走廊建设完成，沿线国家对外贸易的运输时间可以平均缩短12%，内陆国家的改善幅度将更为明显。沿线国家所生产的有保鲜期或需要争取时效的产品将成为最大受益者。“一带一路”倡议会有明显的扶贫效果，将可让运输走廊沿线国家至少700万人脱离绝对贫困，也可帮助3 200万人脱离中度贫困。[①]

相较于世界银行的评估，荷兰ING银行的智库评估报告对“一带一路”倡议的贸易促进效果更为乐观，它估计“一带一路”倡议的基础设施互联互通规划陆续完成后，将可为世界贸易带来12%的增长。[②] 2017年全球货物出口总额为17.7万亿美元，服务贸易总额为5.1万亿美元，合计为22.8万亿美元，

---

① World Bank, *Belt and Road Economics: Opportunities and Risks of the Transport Corridors*, 2019. https://openknowledge.worldbank.org/bitstream/handle/10986/31878/9781464813924.pdf.

② https://think.ing.com/uploads/reports/Tradebelt_final2.pdf.

12% 的增量就相当于 2.7 万亿美元，目前每年美国从中国进口总额也不过是 5 400 亿美元。

新亚欧大陆桥的代表性标志就是中欧班列的开通。自 2011 年 3 月从重庆到德国杜伊斯堡的渝新欧班列正式开行以来，在短短 8 年时间，中欧班列的运输网络已经覆盖中国 56 个城市，在欧洲方面则联结 15 个国家的 49 个城市，也有通往越南、巴基斯坦、伊朗的支线，运输路线将近 70 条。每年都有增开的路线，其中，最长的是从义乌到伦敦的线路，全程运行12 451公里，由法国从海底隧道穿越海峡。过去从这些中国城市经由陆路与海运把集装箱运到欧洲内陆城市，往往需要 33 天到 45 天，但中欧班列可以把运输时间缩短为 13 天到 21 天，将来中亚国家与俄罗斯沿线的铁轨改造以后，更可以缩短为 7 天到 15 天。目前中欧班列的运输成本已经降到只有空运的 1/5，许多班次比较密集的路线已经不需要政府补贴，就可以与传统陆海运的运费相竞争，而运输时长却缩短了近 2/3。

到 2018 年底，中欧班列已累计开行超过 12 000 列，而 2018 年中欧班列就开行 6 300 列，同比增长 72%，其中返程班列2 690列，同比增长 111%。2018 年，以成都为起点或终点的开行班列达到 1 587 列，重庆紧跟其后，开行 1 442 列，相当于每天都有 4 个班列往返欧洲。班次最密集的还是由重庆到德国杜伊斯堡，这条路线全程约 11 000 公里，主要货源是重庆生产的笔记本电脑等电子信息产品。原来从欧洲返程的集装箱缺乏足够货源，但经过中国企业积极开发进口货源，以及改善沿途冷链仓储运输设备以后，不仅大批的汽车零部件、机械设备、装修建材、电子产品和木材等可以从欧洲国家运回，各种原来依靠空运的保鲜食材也开始源源不断运往中国。

现在一些中国沿海城市的超市或新型量贩店都可以买到从欧洲与中亚进口的各类食品和日用品，包括肉类、红酒、巧克力、矿泉水、谷类、蜂蜜、咖啡、茶叶及乳制品等。我的好朋友周阳山教授在金门大学教书，他经常搭渡轮去厦门采购这些新奇的商品。他兴奋地告诉我，过去少见的波兰巧克力、匈牙利猪肉、荷兰鲜奶、斯洛文尼亚果汁、冰岛矿泉水、西班牙熏肉等，现在都很容易在这些新型的超市里买到了。这些走入中国家庭的产品之背后，就是“一带一路”沿线国家千百万的机械技师、林场工人、养蜂户、养猪户、畜牧场主、葡萄酒商、石材师傅、瓷砖师傅等。

整体强韧，部分脆弱

当前支撑全球化的基础架构究竟是十分强韧还是十分脆弱？还是有些环节强韧有些环节脆弱呢？让我先从一次亲身经历谈起。

2017 年 7 月，我应邀参加一个很盛大的海上东西文化论坛，要搭一艘波罗的海邮轮参加 12 天的海上活动。这艘邮轮于 7 月 13 日在瑞典首都斯德哥尔摩的邮轮码头 16 点准时开航，15 点要完成报到手续。也就是说，你误了这个开船时点就错过了整个会议。我是 7 月 12 日晚从台北出发的，乘的阿联酋航班预定中午 12 点 45 分抵达斯德哥尔摩国际机场，距离开船时间只有 3 个多小时。而且这次航程的出席者来自世界各地，从北京、上海、广州、香港、海口、纽约等地出发，绝大多数航班都是当天上午抵达。结果全船 400 多位旅客，都实时抵达码头，顺利上了船，16 点准时起航。

这样几乎天衣无缝的旅程衔接经验，并非特殊幸运所赐，而是全球千万名旅客的正常预期。全世界每年有二十几亿人次的跨境旅程，大多数旅客的行程基本都安排得非常紧，顶多预留几小时弹性时间。我们需要打破砂锅问到底，究竟需要什么样的先决条件、什么样的制度安排、什么样的运作机制才能让我准点完成这样的重要旅行。

仔细去想，背后的故事其实很复杂。我拿了一本旅行证件到瑞典通关时，海关边防人员用机器一扫描就可以辨别旅行证件的真伪，也取得了我的身份资料，就挥手让我入关了。这中间有多少政府和政府之间、边防和边防之间的协议，所有国家护照的条码要统一，护照制作规格要统一，每一个国家海关边防的每一部扫描仪都要规范化。我乘坐的这班飞机从台北出发经过迪拜，飞跃过多少国家的领空，飞过多少航空管制区与防空识别区的交接，从一个空管当局到下一个空管当局。我在台北买机票用的是新台币，阿联酋航空公司跟我完成一个契约行为，它收我的新台币，然后把我准时送到斯德哥尔摩。这里面涉及多重的换汇与跨境清算机制，阿联酋航空需要用各种货币支付不同的开销，从飞机贷款、燃油、不同国籍雇员的薪资，到支付给沿途政府的机场使用费、领空通行费、营业税等。当然，还有很多国家与国家之间的航权协议与飞行器管理规约。

今日世界任何时点都有上万架飞行器在全球不同时点、不同的空域穿梭，它们都要在国际民航组织（ICAO）制定的规范下运行，遵守国际民航组织认可的航线与飞行高度，以规格化的班机识别方式穿越各国空域的行为准则。从这个角度讲，今天的世界是高度有序的，因而能够保障成千上万人在任何时候都可从事非常重要的跨国空间穿越。

仔细想想，这其实得来不易。当前的全球社会是由无数国家和国家之间、政府和政府之间、企业和政府之间、企业和企业之间的协议，各种法律安排和规范交织、叠加在一起，才能让我们完成看似简单的跨国穿越。就是这些严密的叠加的多边体制，以及所对接的国内治理体制和法律安排，建立了高度依存和高度融合的全球经济体系。

今日的全球社会，不仅仅是经济高度一体化，所有涉及人类社会生存的重大议题，比如治安与反恐、武器管制、网络通信、邮件递送、金融交易、人员流动、技术标准、运动竞赛、教育交流、专业认证、海事纠纷、气象与防灾、健康与疾病控制、生态保育、能源运输等，都有相对应的全球治理规则。它们有些是政府间签署的，有些是民间专业组织自行推动的。这些治理规则及相应构建的治理机制承载很多制度，履行很多规范，为国家、企业、非营利机构、个人，以及所有跨国行动者之间进行的交往、交易和移动提供可依赖的秩序。跨国企业才可能在全球范围如臂使指般运营，全球产业供应链才能够像钟表那样精密地运作。

从这个角度看，这个支撑全球化的结构基础基本上相当厚实，但也有其脆弱的一面。例如，“9・11”事件爆发后，美国政府在摸不清是否还有后续攻击的情况下，立刻下令境内所有飞机停航，北美空域全面禁航，所有民用机场关闭，所有正飞向美国的国际航班折返，美国与墨西哥和美国与加拿大的边境关闭，所有港口的装卸作业暂停，所有正驶向美国港口的船舶一律在外海停泊，华尔街股市无限期休市，等于是让全球经济与金融体系运行大范围停摆。不过，这个应对非常状态的紧急措施很快就逐步取消，因为不实时恢复常态的话经济损失将会难以估计，甚至会造成各种严重的社会后果，即使如美国这般强大也无法长期承受，所以北美空域全面禁航仅维持了48小时就陆续开放。停摆最长的是美国股市，休市长达13天，在这13天中许多金融违约交割的法律责任可以获得豁免。

美国政府背负着巨大压力，需要在最短时间内恢复跨境货物、人员、信息与资金的常态流动。这个压力就体现了我之前所说的，全球化已经构筑了广大而厚实的利益交换与分享结构，这是支撑全球化的最重要社会基础。美国政府为应对“9・11”事件所采取的措施，除了美国社会本身需要付出成本外，所有美国的经济伙伴也需要帮忙承担，不过世界各国政府与企业都表达对美国的同情、支持与谅解。它们也都愿意承担短期经济损失，也愿意分担日后的全球反恐行动以及更严格飞行安全措施的成本。

美国对全球化的威胁

从“9·11”事件中也可以看出，一个高度全球化的世界经济体系运作仍需仰赖国家公权力的配合。所谓配合包括提供人身与财产权保障，提供司法救济以确保跨境合约履行，维持跨境基础设施与金融联通机制的正常运作，让国内法规接轨国际通行商务规则，而这些机制都需要政府间的协议与互惠合作。所谓配合也包括各国政府大幅放宽对贸易、结汇、人员、信息与资本流动的管制，积极推进多边合作机制，提供贸易、投资与人员往来便捷措施，以促进区域与全球经济整合，甚至把部分主权（例如边境管制、货币发行等）让渡给超主权机构或多边体制。此外，也需要通过政府间多边体制与政策协调机制，确保国际公共服务产品的有效供给，包括国际清算、稳定汇率、航行安全、通信安全等，特别是在全球金融体系出现系统性危机时，发挥最终贷款人与信用担保人功能。

当然，不同国家政府公权力的作用差异悬殊，最关键的国家行动者还是那些极少数对全球经济有系统性影响力的政府。世界经济与全球社会仍必须在这些极少数国家行动者设定的基本框架内运行。例如，贸易活动不能逾越武器出口管制的红线，科技合作不能违反国防科技管制，跨国金融机构不能掩护国际洗钱，等等。这些框架的演进既受到全球化带来的可观经济红利之牵引，也受到国家其他优先目标的约束，例如国防安全、人身安全、网络安全、金融安全、能源安全、粮食安全、政体合法性等生存底线需求。

在特定的政治条件下，具有关键影响力的国家行动者，可能选择牺牲一部分全球化带来的经济利益与资源分配效率，而强迫市场参与者与跨国企业让位于其他更优先的国家目标。过去30多年的总体趋势是，这些安全领域的目标被界定在越来越明确而逐渐指定缩减的范围内。而全球市场的参与者可以享有越来越大的活动空间与自由，而且拥护全球化的政治精英也认为，更紧密的经济整合与这些目标未必是互斥的。

从这个角度看，支撑全球化运作的基础结构也有其脆弱的一面，因为这些基础结构仍可能受到极少数关键国家行动者的干预、阻断甚至破坏，而导致全球经济活动出现震荡、无法正常运行，或被迫进行重新配置。“9·11”事件就像罕见的一场真实社会实验。在特殊情况下，美国的庞大国家机器的确有能力让全球经济体系关键环节的运作出现大范围的短暂瘫痪。放眼全球，没有其他国家拥有与美国等量齐观的这种制造系统性干扰、震荡、阻断与破坏的能力。

欧盟下辖全球第二大消费市场与第二大储备货币，中国下辖全球第三大消费市场、最大制造业平台与最多数量科技专利，它们也有部分这方面能力，但其影响幅度和范围仍无法与美国相比。俄罗斯基本上欠缺这种干扰与阻断能力，除非选择与敌人同归于尽（发动一场动用核武器的战争）。其他中型国家或国家联盟，即使有局部的干扰与阻断能力（例如伊朗可以封锁霍尔木兹海峡，石油输出国组织可以操控能源供给），影响力还是有限的。

更重要的是，绝大多数国家都不希望见到，当前全球社会紧密的经济依存关系所依赖的基础结构受到干扰、阻断或破坏。过去 30 多年全球化所带动的贸易网络、信息网络、金融网络、移民网络、交叉股权结构、知识分享机制、生产专业分工与全球供应链，已经让人类社会的相互依存程度达到经济连体婴的程度。逆全球化的成本对每个国家而言都太大了，这样一种逆转式的激进政治工程的社会代价大到难以想象，而且经济剥离所导致的震荡会经由复杂的机制传导与反馈，复杂到很难预估谁会受损与受损程度多大。

美国政府的力量也有极限

虽然美国对全球经济体系的运转拥有强大的系统性干扰、阻断与破坏能力，但美国也是当前全球化体系下最大的受益者。2017 年美国人口只占全世界的 4.6%，但消费了全球 17% 的能源，总体商品与服务消费规模达到 13 万亿美元，比整个欧洲还多出 38%。美国不但享受到价格低廉的商品、农产品与能源的供应，还可以靠发行国债与印发美元来长期透支消费，同时美国还可以借助它拥有的跨国商务与金融基础设施、技术规范与市场规则主导地位，攫取巨大的商机与特权。所以在正常情况下，驾驭国家机器的美国决策精英是不会轻易以国家安全为借口，滥用自己强大的军事威慑力量、全球高科技产业的龙头地位，以及对全球金融与网络通信枢纽的主控地位，而对现有的全球经济体系的运行机制进行粗暴破坏以及制造不可测的系统性风险，因为一旦各国政府与全球市场参与者对美国主控的跨国商务与金融基础设施以及市场规则失去信任，要修补这种制度信用损失非常不易。

在正常情况下，即使美国政治精英把维护美国霸权地位视为最优先的国家战略目标，也会尽量利用美国在全球多边体制与产业价值链的优势地位，来与中国进行长期的战略竞争，而不是像特朗普那样采取激进单边主义措施，以及漫无章法的贸易制裁与科技封锁。

可叹的是，美国政治体制已出现严重失灵，才会让特朗普这样的政客巧夺总统宝座，才可能让特朗普身边的鹰派大将放任国家机器各路鹰犬各自四出寻找猎物，也才可能出现美国国会精英难以抑制对遏制中国的情绪性冲动，也才可能让美国政治体制内原有的利益妥协与权力制衡机制失去应有的节制作用。所以，特朗普主导的美国国家机器的确对支撑全球化的基础结构是巨大威胁来源，特朗普的鲁莽作风也是对全球化利益分享结构与社会支持基础是否厚实的最大考验。现在看来，特朗普身边的鹰派智囊准备发起的全面对华经济围堵，以及打算把中美两大经济体彻底剥离的极端想法，会遭遇强大的阻力，很难贯彻到底，也不易持久。

华为事件也是一场罕见的真实社会实验，一方面，让我们见识到美国国家机器的蛮横与粗暴本性，可以在光天化日之下罗织罪名构陷无辜；另一方面，也显示出在国际体系日趋多极化与超级全球化时代，强大如美国政府也有其能力之极限。特朗普政府可以说用尽了“洪荒之力”来封杀华为，但无法把华为一枪毙命。过去，里根政府利用司法诬陷手段封杀日本日立公司的半导体部门，奥巴马时期美国司法部门利用《反海外腐败法》击垮美国通用公司强劲对手——法国阿尔斯通（Alstom）集团，都是手到擒来。当然最大的区别是，当年日本政府与法国政府是无法支持本国企业抗衡美国的，只能眼睁睁看着自己的标杆企业之合法权利被践踏，而今日华为有中国政府与中国市场作为靠山。尤其在中国政府于2021年6月颁布《中华人民共和国反外国制裁法》后，中国政府有了法律武器，可以对有关国家的实体与个人实施相应反制措施，以其人之道还治其人之身。

此外，华为的先进技术实力、多重预备方案的后手准备，以及在全球通信产业供应链中的长线战略布局，也的确超出特朗普团队的想象，所以才会上演这样一幕旷世丑剧——一个超级大国居然需要动员整个国家机器来对付一个5G通信设备厂商。在美国国防、情报、外交、司法、金融、商务、贸易、通信、专利等联邦政府各部门祭出撒手锏之后，的确让华为在欧洲的5G业务发展受到压制，但包括德国、西班牙在内的许多欧盟国家仍顶住美国的压力，允许电信设备商采用华为5G通信设备。

拜登上台之后对华为的打压并未有任何放松的迹象，不过许多美国企业仍未放弃放宽禁令的希望。华为的芯片供货商英特尔、高通、赛灵思均私下游说新政府的商务部，希望针对华为禁令网开一面，它们担心未来在中国市场的份额会受到挤压，因为中国是全球最大的芯片市场。在谷歌停止对华为手机提供安卓（Android）授权后，华为采取断臂求生策略，把平价智能手机业务分割出来，让荣耀成为独立的手机制造商，绕开安卓授权的障碍。而华为自己的高端手机则采用自行开发的鸿蒙操作系统，并在2021年6月决定捐出鸿蒙全部基础架构，全力带领协力厂商共同打造鸿蒙生态系统。

网络时代的无硝烟战争

全球化带来国家与国家之间的高度相互依存，所有国家都被紧密的跨国产业价值链、粮食与能源供给链、全球信息网络、科技合作机制、跨国融资平台与交叉股权结构捆绑在一起，共同创造及一起享受了全球化的巨大经济红利。但相互依存也意味着，国家间彼此伤害对方的机会与选项大为增加。像2019年7月间韩国与日本之间爆发的贸易冲突就是一个明显的例子。这个冲突的起因是2018年10月和11月，韩国法院先后判决日商新日铁住金和三菱重工必须赔偿二战时期的韩国强征劳工。

韩国法院随后裁定允许扣押新日铁住金在韩国的资产，韩方受难者家属接着要求法院裁定对三菱重工在欧洲的资产申请扣押。韩国的索赔行动招致日本政府严重不满，双方关系陷入冰点。日本政府于 2019 年 7 月 1 日突然宣布改变对韩国出口的优惠待遇，将对战略材料的出口采取更严格的管制（也就是必须逐次取得政府许可），并从 7 月 4 日开始，对三种化学产品实施出口管制。这三种化学产品是生产半导体、电视机和智能手机屏幕必备的关键化学原料。这个决定可能对韩国三星集团与 LG 集团造成严重的打击，甚至威胁韩国内存芯片和智能手机的全球供应。接下来，韩国民众发起了拒绝赴日旅游与拒买日货运动。

所有高度融入全球化过程中的国家，都暴露于其他国家可能把相互依存关系作为武器使用的这种风险之下，融入程度越高风险越大。[①] 全球化过程的持续推进就是建立在一层层相互保障、相互承诺与相互信任的基础之上，也就是假设与自己在贸易、投资、金融、人员往来、科技、教育、文化、能源等各领域最密切交换合作的国家，是不可能利用相互依存关系来做相互伤害的事的。像日韩之间爆发的相互经济报复，是源于殖民时期遗留的历史债务，其损害范围应该是可控的，还不至于导致双边经贸关系的全面裂解。

---

① Henry Farrell and Abraham L. Newman, "Introducing a New Paper on 'Weaponized Interdependence'," Lawfare, July 31, 2019.

但是，如果在全球的产业、信息与金融关系网络中扮演枢纽角色的大国，经常把相互依存关系当作进行地缘政治对抗或大国战略博弈的武器来用的话，那就可能导致全球化的倒退。经常有这种冲动，同时也具备这种可以对全球经济运行造成大范围干扰、阻断与破坏的主要是美国。尤其对许多中小型国家而言，它们与美国的相互依存关系是高度不对称的，美国拥有让这些国家经济瘫痪与金融崩解的各种武器，而这些国家的报复手段却很难让美国伤筋动骨。这也是对美国抱持高度疑惧的国家，不得不寻求发展核武器作为自保的终极手段的原因。

美国既是过去30多年超级全球化的塑造者，也是当前全球化面对的最大风险来源。随着美国国内保护主义与经济民族主义的势力抬头，随着美国作为后冷战时期唯一超强的权力基础不断流失，随着全球制造业活动重心不断向亚洲转移，美国的决策者把相互依存关系当作进行无硝烟战争的武器使用的冲动就会上升。但是，有识之士都明白，如果在缺乏正当性与国际社会高度认可的条件下，把相互依存关系当作武器使用的做法，必然会折损其他国家对美国主导的全球金融、货币、网络、通信基础设施的信赖，多数国家终将试着寻求约束美国任意性的制度安排，或设法绕过美国主导体系而开辟替代性安排。著名的智库——欧洲外交协会，就在2019年的报告中公开主张，欧洲应该建立绕过美国的国际支付系统，以及劝阻欧洲企业不要轻易屈服于美国的长臂司法管辖。①

在后冷战时期，美国政府对敌对国家进行无硝烟战争的撒手锏之中，威力最大的就是金融封锁与因特网封锁。不过，即便在美国与苏联对峙关系最紧张的时候也不曾全面启用。这些撒手锏都仅仅在小范围内使用，只是针对特定的苏联政治人物、银行或企业。虽然美国极少数极端鹰派可能曾经设想对中国动用这些撒手锏，但除非中美之间爆发全面军事冲突，否则这些武器不可能成为现实世界中的政策选项，因为如果美国对像中国这样在全球经济体系里有举足轻重影响力的巨量经济体动用这些武器，必然会在全球范围造成灾难性的后果。

过去，美国曾经使用这些武器来对付首要敌对国家，例如朝鲜、委内瑞拉、古巴或伊朗。这些手段包括贸易禁运、网络黑客攻击、冻结网络账号、没收寄存黄金、冻结金融资产、金融封锁、海上封锁、遮蔽卫星定位功能或切断因特网。这些手段的确可以让对手蒙受惨烈损失，但是必须有相当的正当性才可能获得其他大国的配合；同时，因为制裁的对象并不是举足轻重的大国（只有伊朗算是比较有分量的），还不至于对全球经济造成太大的冲击。

在俄罗斯兼并克里米亚半岛之后，西方国家与俄罗斯的紧张关系一度达到冷战结束后的最高点。当时美国国会与欧洲议

---

① Ellie Geranmayeh & Manuel Lafont Rapnouil, "Meeting the Challenge of Secondary Sanctions," A report for European Council on Foreign Relations, 25th June, 2019.

会部分议员都曾提议，对俄罗斯进行的经济制裁，应该升高到将俄罗斯金融机构排除在环球银行金融电信协会（SWIFT）之外。这势必会切断俄罗斯与所有国际金融机构的正常业务往来，给俄罗斯的对外贸易与国际收支带来严重后果。不过，在全球主要金融机构大力劝阻下，美国与欧盟最后还是打消了这个念头。当时欧洲央行理事会成员埃瓦尔德·诺沃特尼（Ewald Nowotny）就公开提出警告，不应以此作为制裁手段，这个全球金融机构共建、共享的基础设施不能作为地缘政治的工具，不然会严重损害 SWIFT 的信誉。[①]

SWIFT 是一个由全球金融机构共建并在布鲁塞尔注册的行业组织，全球有一万多家银行、证券公司和其他金融机构通过该组织提供的安全、标准化和可信的通道与同业交换报文完成金融交易，它等于是国际金融体系的神经中枢。因为 SWIFT 不是一个根据政府间条约而建立的国际机构，所以仍必须接受欧盟的管辖。而且 SWIFT 也同时必须服从美国政府的管辖，甚至受制于纽约州的监管，这是因为通过 SWIFT 系统的跨境美元支付功能，需要搭配纽约清算所银行同业支付系统（Clearing House Interbank Payments System，CHIPS）才能完成。也可以把 CHIPS 视为 SWIFT 的重要组成部分，其也是美元跨境支付的主

---

① "ECB's Nowotny Opposes Ejecting Russia from SWIFT System," Reuters, February 26, 2015. https://www.businessinsider.com/r-ecbs-nowotny-opposes-ejecting-russia-from-swift-system-report-2015-2.

要渠道。CHIPS 的功能是经办国际银行间的资金交易和电子资金划转及清算，由纽约清算所负责其运行，处理的是资金流的对冲与拨付，而 SWIFT 处理的则是信息流的传输。

美国对 SWIFT 拥有多重的实质掌控机制。首先，美国与其盟友国家的银行会员代表在 SWIFT 理事会中占据多数席位。其次，美国政府可以通过对负责运行 CHIPS 的纽约清算所及其会员的管辖权，让 SWIFT 不得不配合美国政府的政策，而且在“9 · 11”事件之后，美国政府也有权以反恐为名监控 SWIFT 的信息。最后，美国司法部还可以使用长臂管辖，根据国内法来起诉 SWIFT 理事会的成员，控告他们刻意协助特定金融机构或企业躲避美国对特定国家的经济制裁。

如果美国政府有一天欲将中国的大型金融机构排除在 SWIFT 之外，那后果是什么呢？这个假设性的问题是值得严肃评估的。毕竟，2017 年 9 月，美国财政部长姆努钦在公开谈话中表示，如果中国不配合执行联合国通过的对朝鲜经济制裁方案，美国将考虑对中国进行经济制裁，包括拒绝中国使用国际的美元体系。① 他的口头威胁隐约透露了美国的国家安全部门曾经评估过，对中国使用这个经济制裁终极武器的可行性。当然，美国决策者会发现，这个选项的后果将严重到自身也难以

① “Treasury's Mnuchin：China May Face New Sanctions on North Korea，” Reuters，September 27，2017. https：//www.reuters.com/article/us-northkorea-sanctions-treasury/treasurys-mnuchin-china-may-face-new-sanctions-on-north-korea-idUSKCN1BN1P1.

承受。首先，美国金融机构与中国大型银行之间有盘根错节的交易关系，这些涉及天文数字且层层叠加的金融交易合约，一旦出现大范围的违约，必然会引爆连环违约，将给全球金融体系带来灭顶之灾，所以华尔街利益集团一定誓死反对。我们可以设想在极端情况下，如果中美双方在金融领域不断升高制裁与报复措施，美国机构投资人手中持有在美国证券交易所上市的中国企业股票，也可以在一夜之间成为废纸。应该说，只要有任何迹象透露美国政府有可能动用这个相互毁灭的金融终极武器，全球资本市场就会出现崩盘式强烈反应。

从深层战略角度看，中国作为全球第二大经济体、最大贸易国、外汇储备规模最大的国家，也是美国国债境外第二大持有者，一直采取紧盯美元的汇率政策，并以美元为主的外汇储备作为货币发行准备，可以说中国是支撑美元霸权地位的最重要支柱之一。如果美国要排除中国使用美元支付与结算体系，与中国进行全面金融脱钩，等于是自毁长城，这将对美元作为世界主导储备货币的地位构成严重冲击。这样做只会逼使中国壮士断腕，宁可牺牲短期经济利益与承受金融震荡，也要用尽“洪荒之力”建立人民币货币圈。

中国可以运用手中所有的经济与金融筹码，要求中国的主要贸易伙伴以及自己的进出口商改用人民币报价与结算，并全力推进以人民币结算的债券、石油期货、黄金与大宗商品交易等金融交易平台，并大幅增加与美国以外国家央行的换汇规模，以便利双边贸易以本币结算。中国人民银行也必然同步改采以国债（就是以未来财政收入为担保）搭配一定比例黄金作为货币发行准备，并指导金融机构全面使用在2015年已经启用的人民币跨境支付系统（Cross-border Interbank Payment System，CIPS）。而CIPS的功能之一本来就是作为SWIFT的备用系统，完全可以处理其他币种的跨境支付。

当中国有足够的经济实力、政策工具、谈判筹码及备用机制来应对美国的金融封锁时，美国决策者在理性评估之后就更难动这个念头。不仅如此，中国具备另起炉灶的能力时，就可以牵制美国霸道的单边主义，让美国在缺乏国际正当性的情况下，不至于轻易利用SWIFT的特殊管辖能力来对第三国采取金融制裁，因为这样做必然会增加中国提供的替代性国际支付机制的吸引力。长期来看，像SWIFT这种在电报时代成长的机制，未来最大的竞争者将是利用区块链技术的加密货币国际支付系统，中国政府未来可以考虑支持一个以赋予人民币合理权重的去中心化网络支付体系，作为节制SWIFT独占地位的平行机制。①

至于美国对特定国家实施因特网封锁这个选项，在2016年以后已经很难启动。在各国政府代表通过国际电信联盟组织的信息社会世界峰会平台与美国政府经过10年以上的交涉后，美国政府终于勉强同意放弃对因特网名称与数字地址分配机构

---

① 张岸元．超越SWIFT要有新路径［EB/OL］．首席经济学家论坛，（2019-08-01）．https：//mp.weixin.qq.com/s/kRI5yBDbFO8vN7KhPj5YMg.

(Internet Corporation for Assigned Names and Numbers，ICANN) 的排他性单方管辖权，换取以巴西与中国为首的发展中国家放弃将 ICANN 纳入联合国体制的主张。在奥巴马总统卸任前，ICANN 与美国商务部签订了去除一切控制和监督的最终协议，从 2016 年 10 月 1 日开始，ICANN 正式转化为独立的国际非营利机构，以“多方利益相关者治理模式”代替美国的单方管辖。所以理论上，美国政府已经无权直接下令 ICANN 撤销某个国家的特定网站域名（也就是让这些域名所指向的网站从因特网的世界中消失)。

不过，尽管 ICANN 取得了独立地位，但仍留下一个尾巴。构成现今因特网技术的基础协议的，就是互联网通信协议第四版（Internet Protocol Version 4，IPv4)，这也是目前使用最广泛的 IP 地址长度为 32 位的规范。而 ICANN 最重要的职责就是，对域名体系、IP 地址以及全球 13 台因特网根域名服务器（DNS Root Servers)① 进行统一管理。最初这 13 个根域名服务器：1 个为主根域名服务器，放置在美国；其余 12 个为辅根域名服务器，其中 9 个放置在美国，欧洲 2 个，位于英国和瑞典，亚洲 1 个，位于日本。

由于 ICANN 在法律地位上仍属于在美国加利福尼亚州注册的法人，总部也仍设在加利福尼亚州，因此不能排除在特殊情况下，美国政府还是可以片面主张 ICANN 仍必须接受美国司法

① DNS 是域名服务系统（Domain Name System）的缩写。

管辖，并通过对根域名服务器的管理权来封锁特定的域名网站。所以，当美国商务部把华为列入出口管制“实体名单”时，网络上马上就出现新的呼吁，因为有些人担心美国的长臂司法管辖也可能延伸到网际网络领域。长远来看，像 ICANN 这样一个网络时代最关键的全球基础设施管理机构，还是应该纳入联合国体系，享有超主权机构的法律地位；或者至少应该先将 ICANN 的注册地与总部迁往中立国（例如瑞士），就像国际奥委会与红十字会一样。

过去，网络世界的流量主要产生于美国，所以，以美国为中心枢纽的根域名服务器布局有其合理性，但随着亚洲、拉丁美洲及其他地区的网络流量快速增加，以及这些地区使用者彼此之间的搜索与传递信息的需求大量增加，在美国境外开始增设许多根域名服务器镜像。例如，以前南美地区因特网访问的根域名服务器镜像设在美国迈阿密，后来南美本地流量增多，在巴西、阿根廷与智利设置了根域名服务器镜像，传递信息就不需要再绕道迈阿密。当中国开始拥有世界上最多的网际网络使用者时，中国境内也开始增设根域名服务器镜像，像在北京就陆续设置了四个根域名服务器镜像，分别是 I、J、F、L 根域名服务器。在北京的 I 服务器镜像，与美国及欧洲的 I 服务器共享一个 IP 地址，内容是完全同步更新的，中国、美国与欧洲的系统管理者都无法私自单独修改内容。所以，美国过去独享的网络治理单方管辖时代已经结束，美国想单方面对其他国家进行全面网络封锁的可能性已经大大降低。

目前网际网络的技术基础协议，已经演进到互联网通信协议第六版（IPv6）。IPv6 相对于 IPv4 的主要优势，不仅是大幅扩大了地址空间，而且大幅提高了网络的整体吞吐量，让网际网络可以配合物联网时代的海量需求。IPv6 的另一特点就是在技术上可以完全突破 IPv4 时代全球根域名服务器总数量的限制。从 2015 年到 2018 年，由中国牵头的“雪人计划”实验，就展现了在 IPv6 技术规范下全球新增 25 个根域名服务器的可行性，这是通往网际网络治理模式全面去中心化的重要一步。“雪人计划”也成功帮助中国掌握了 DNS 根域名服务器的运行和管理技术，为下一阶段在中国快速铺设以 IPv6 为基础协议的因特网提供了重要的安全保障。

无法任性的巨人

美国打造的全球化让自己越来越像《格列佛游记》中的巨人，在不知不觉中被众多的小矮人儿以各式各样的绳索与管线一层层缠身，虽仍有孔武有力的四肢，却难轻易对周边小矮人儿动手动脚。特朗普就像是一个亟欲指挥身体挣脱这些层层束缚的冲动大脑，但经过几番折腾，他终会发现这些缠身的束缚，并不单单是限制自己行动自由的绳索，也是帮身体与外部环境交换能量与养分的流通渠道，硬生生地拔掉这些渠道也会给自己带来伤害与痛楚。

过去，美国政府用霸凌手段打压日本的半导体产业，以及拆解法国电力设备巨头阿尔斯通，都顺利得手。美国也一向习惯于利用不对称的谈判地位，个别击破，轻易就能让自己的贸易伙伴跪地求饶。如今美国想要如法炮制来对付中国却倍感吃力，从特朗普的鹰派智囊到拜登的“国安团队”都在这个痛苦的学习过程之中挣扎。他们很不心甘情愿地认识到中国在世界贸易体系中的地位已经难以撼动，美国企业无法摆脱对中国供应链的依赖，美国政府的债务信用与美元币值信用还需要中国剩余储蓄以及中国企业优质资产的支撑，也就是需要中国将贸易顺差中累积的外汇不断通过资本账户回流美国公债市场，以及不断吸引高获利的中国独角兽企业持续在美国上市。想要挥舞贸易战大棒就让中国屈从美国的不合理要求是不现实的，想用经济脱钩的筹码来逼迫中国改变自己的体制更是异想天开。所以拜登上台后，虽然出于国内政治考量不愿主动结束这场损人而不利己的贸易战，但也不敢再轻言抬升贸易冲突。

美国政策精英对于中国可能在高科技领域多方面赶超，普遍存在一种深层的恐惧。过去70多年，在高科技领域美国从来没有面对过与自己旗鼓相当的竞争对手，他们无法想象美国不再享有科技领先优势的景况，因为他们担忧，一旦失去科技领先优势，美国的军事霸权与金融霸权就岌岌可危。所以从特朗普到拜登，都身不由己地不断升级对中国的科技封锁。当他们发现尽管自己动用了所有的外交筹码、情报威吓、禁止采购、出口管制与“长臂管辖”来打击华为，却无法达到一剑封喉的效果，他们的失望与挫败更强化了深层的恐惧。美国行政部门就会绞尽脑汁、变本加厉，不断把更多的中国高科技企业纳入出口管制实体清单。但是，美国高科技产业领袖对于中美科技产业脱钩的趋势，是忐忑不安的。他们深知，对中国的科技封锁，可能危及美国半导体产业的长期竞争优势，也会动摇美国高科技龙头在诸多高科技系统平台上的独占地位，这是一把双刃剑。

在美国威逼下配合出口管制的欧洲企业更是忧心忡忡。荷兰芯片设备制造商、光刻机巨头艾司摩尔（ASML）总裁温尼克在接受美国新闻媒体采访时表示，由于最高阶的极紫外光刻机无法出口到中国，他担心一旦中国被逼急了，不出 15 年就会什么都自己做。而从过去的经验来看，只要中国掌握这个技术，中国的生产成本较国际低，届时艾司摩尔可能就得退出世界光刻机市场。①

从这个角度看，中美间爆发全面冷战的概率并不高，因为经济代价将高到绝大多数美国选民与企业都不愿意承受，而逼使中国弃子投降的概率却接近于零。特朗普每一次加大对中国经济的打击力度，都会给美国国内利益团体带来巨大的损失。美国零售行业已经明确告诉特朗普，新增的关税绝大部分都会

① 参见“Chipmaker CEO Says Washington's Anti-China Tech Blockade is a Bad Idea,” *Politico*, April 23, 2021. https://www.politico.eu/article/europe-tech-sovereignty-china-peter-wennink-asml/。

转嫁给消费者；美国中西部种植大豆与玉米的农民已经叫苦连天，因为他们可能永久失去中国市场；一旦中国全力发展自己的高科技供应链体系，许多依赖中国市场的美国高科技企业必然要蒙受巨额损失。

中国的作用十分关键

正如苹果公司首席执行官库克向特朗普政府解释的，为何他的公司在考虑将唯一在美国制造的 Mac Pro 平板电脑生产线迁至中国。苹果很想把这条生产线留在得州，所以申请在中国生产的所有零部件关税豁免，就是为了能继续在美国生产，但特朗普政府断然拒绝。① 特朗普想要“全盘美国造”的奢望，库克认为这本来就不现实，他指出：“在我看来，我们绝大多数的产品都是在世界各地生产的。这就是全球供应链的本质，现在和将来都会如此。”②更何况，苹果公司六成的收入来自海外。

整体而言，全球化仍在演进，而不是退化。全球化仍具备充沛的前进动力，全球化的受损群体与受益群体之间的力量平

---

① “US to Deny Tariff Relief for Apple Mac Pro Parts from China,” *Nikkei Asian Review*, July 27, 2019. https：//asia. nikkei. com/Economy/Trade-war/US-to-deny-tariff-relief-for-Apple-Mac-Pro-parts-from-China.

② https：//www. macrumors. com/2019/07/30/apple-mac-pro-united-states/.

衡的长期趋势还是有利于后者。我们不要光看西方社会部分受损者的反扑，而忽视广大沉默的利益攸关者，更不能低估非西方世界或发展中国家广大潜在受益者对全球化的拥护。我们看到全球化在制度安排上的脆弱一面，但也不可低估支撑全球化运作的各种机制的弹性与韧性。

虽然，当下的世界的确存在类似 20 世纪 30 年代贸易大战悲剧重演的风险，但形成系统性危机的概率并不大。因为过去 30 多年全球化所带动的贸易网络、交叉股权结构、信息网络、金融网络、移民网络与跨国企业内部交易网络，已经把全球经济联结成一个空前紧密、高度整合的整体，也让人类社会的经济相互依存程度达到经济连体婴的程度。全面逆全球化的成本对每个国家而言都太大了，大到几乎不可能做这样一种完全逆转式的激进政治工程。

反全球化的政治运动基本上是少数，而且主要出现在西方发达国家，超出这个范围以外，其实没有那么大的政治能量。不管是在中国、印度还是巴西，以及很多中小型欧洲国家与发展中国家，其实社会精英都明白自己国家没有别的选择，必须要融入全球经济，而且要维护这些原来很不容易建立起来的多边经济合作机制与国际规范。所以在全球经济体系中，虽然局部浮现出一些裂解或逆全球化的力量，但是再联结或深化融合的力量也在同时涌现，其远大于裂解的力量，而中国在这里面扮演的角色非常重要。

全球经济舞台上的主角将由新兴经济体取代传统的 G7，以非西方国家市场需求为导向的贸易，将逐渐超越以富裕国家需求为导向的贸易，而成为带动世界经济增长的新动力。“一带一路”倡议是中国提出的新时代全球化方案，将进一步深化南南合作。中国正与“一带一路”沿线国家携手合作，共商、共建与共享基础更厚实的全球化模式。中国还会持续开放市场，让各国企业可以借助中国广大中产阶层的消费需求来增强扩张与升级动力，并搭建新的双边或多边合作机制，深化与所有国家（但可能不包括美国）和地区的经济伙伴关系，尤其是“一带一路”沿线国家。这也意味着，中国将引领全球化路径与游戏规则的修正，把包容性增长目标放在更优先的位置。长远来看，全球经济的深层结构正在发生根本性的变化，发达国家真正需要关心的不是中国是否要选择退出西方主导的体系，而是西方国家是否要积极加入中国主导的欧亚大陆经济板块，而这将是未来世界经济的中心。

第五章

中国道路与人类未来

中华民族复兴与中国道路再次登上人类历史舞台，带给许多亚非拉国家前所未有的自主发展机遇。三百年来第一次有一个崛起中的超级大国，不是以掠夺者、支配者或文明优越者的思维与态度来面对欠发达国家。第一次有一个超级大国具备同时在上百个国家兴建电厂、超高压输电网、光纤通信网络、铁路、地铁、高速公路、海港等基础设施的超级能量，以及协助其他国家克服发展瓶颈的强烈意愿。第一次有一个超级制造业大国能为全世界中低收入群体，全方位供应物美价廉的工业产品与电子商务平台，协助几十亿人跨入数字与网络时代。第一次作为其他国家的最大贸易伙伴与最大投资来源国，是以官方开发融资机构及国有企业为推动经济合作与发展援助的主体，不事事要求知识产权的保障与回报，也不以资本回报最大化为唯一的考量；而且作为其他国家最重要的经济伙伴，中国理解并尊重国情差异，不输出意识形态，不强迫削足适履，不强迫买武器，不制造安全威胁，不搞政变。这种历史机遇是前所未有的。

当前西方国家内部排外民粹主义涌现，全球经济正面临逆全球化政治潮流的冲击。尤其是美国推行的保护主义与激进单边主义，以及美国鹰派的零和博弈与冷战思维，对现有全球多边体制构成严重威胁，也对全球化进程构成严重干扰。在此世界秩序震荡与重组的关键时刻，中国作为世界第一大贸易国与世界最大制造业基地责无旁贷，挺身而出，正主动协同主要新兴市场国家与欧盟国家，为全球多边主义体制健康运行提供关键支撑。

以中国为首的广大发展中国家，正给全球化带来新的动力，各种深化区域经济整合、多边开发融资、双边与多方政策协调、跨国基础设施共享、扩大文化与教育交流，以及科技合作的新机制，正在加速创建、增长与强化。尤其是获得众多国家响应的“一带一路”倡议，正是推进新型全球化的中国方案，也是中国向世界提出回应逆全球化挑战的有效策略。以中国为首的新兴经济体已经成为拉动全球经济增长的主力，并积极推进全球化经济秩序转型与全球治理机制改革，促使经济全球化能与可持续发展及包容性增长目标更紧密地结合。

我们要从全球视角来理解近代中华民族走过的道路，中国复兴对人类历史发展的重要意涵，以及“人类命运共同体”这个大课题。唯有以全球史的架构来探讨“中华民族伟大复兴”与“人类命运共同体”这两大课题的有机联系，我们才能深刻认识到中华民族对人类社会的重大责任，也才能看清中国未来应该走的道路，以及可能面临的艰巨挑战。

从全球史的视野出发，我们可以更深入理解中国一百多年来，从被帝国主义欺凌侵略而濒临生死存亡关头，到恢复民族独立自主地位，重建统一政治秩序，然后一步步发展成全球经济体量最大的发展中国家，多么曲折，多么不容易。中国过去70多年在现代化道路上奋起直追，在很多方面的成就是史无前例的，超越了过去其他各民族与文明曾经创造的历史纪录；中国在既有的发展道路上能够持续前进，那么她必然会影响到人类社会的未来。过去40多年，中国已经深刻地影响到全球化进程与整个人类历史进程。未来中国还会发挥更关键的作用，这对全人类的社会可持续发展是一个非常好的势头。

回顾世界经济活动重心的千年移转

2018年10月，《经济学人》（*The Economist*）杂志刊登了一篇题为《一个新的霸权：中国世纪仍方兴未艾》的专题报道。[①] 这篇报道引用了一张非常醒目的历史地图，信息量很大。这张历史地图最早为麦肯锡全球研究院的报告所采用，它是根据著名的世界经济史专家麦迪逊（Angus Maddison）领导的研究团队提供的历史估算数据所绘制的，展示了过去2 000年来

---

① “A New Hegemon: The Chinese Century is Well under Way, Many Trends That Appear Global are in Fact Mostly Chinese,” *The Economist*, October 27, 2018.

世界经济活动重心的空间移动。[①]

该图从公元元年开始绘制，在前面1 600年的时间里，世界经济地理重心的位置移动的范围非常小，一开始它落在今日的中亚细亚，先微微地向南移动，然后缓慢地移向中国西域。在这个重心的西边，古有被称为“人类文明摇篮”之一的两河流域，以及环地中海的古埃及、古希腊、古罗马文明等，后有波斯帝国、阿拉伯帝国及奥斯曼帝国。在它的东边与东南边，有中国和印度这两个大型的古文明国家，在人类历史上长期占有非常重要的地位。这两大古文明历经几千年，在大多数时期于各方面都是比较先进的，从农耕、纺织、冶金、医药到天文。所以，把各地区经济活动规模加权平均以后，世界经济地理重心差不多就在这个位置，长期相当接近中国与印度这两大文明板块。从16世纪开始往西北移动，1820年以后，世界经济重心的移动加速，一直往西走，这就体现了西方的崛起，这段历史包含航海地理大发现、殖民扩张与工业革命。

接近19世纪末的时候，北美新大陆和美国的兴起，更是把这个重心快速往西牵引。一战之前，美国的经济体量已经超过英国，在二战结束的时候更是达到顶峰。因为美国的板块分量

---

① 全球经济重心的位置估算，是根据当时各经济体的地理版图与经济总量的加权，来计算全球经济地理的三维空间均衡点所在。估算方法的详细说明请参考：Danny Quah, “The Global Economy's Shifting Centre of Gravity,” *Global Policy*. First published on-line, 05 January 2011. https://onlinelibrary.wiley.com/doi/full/10.1111/j.1758-5899.2010.00066.x。

太重，所以这个重心在1950年的时候，已经移到了北大西洋中部。接下来又开始起变化了，战后西欧重建复兴了，东亚也开始发展起来，所以这个重心从1960年就开始慢慢往东移动。尽管有日本的兴起和东亚“四小龙”经济奇迹等，但因为美国也在发展，所以重心的移动速度并不快。但是1980年以后，全球经济重心则快速往东移动，此时世界经济进入一个新的历史发展阶段。到2010年以及预测到2025年，重心还将继续快速东移，当然之后可能会再往东南一点，因为印度也在快速发展。

是什么力量把这个重心一直往东牵引？答案显然就是中国崛起，它是最大的一个牵引力量。这张图预告了不久之后人类经济活动分布的重心，可能会回到19世纪初的起点，甚至回到更早的两千年前的起点，也就是回归更悠久的历史常态。所以《经济学人》在这篇报道里感叹，如果从统计数字的构成来看，过去三四十年间很多所谓的全球趋势，其实主要就是中国趋势，因为中国太大了，大到它自身的趋势就影响了全球大趋势下的各种指标变化，并且中国还在持续前进。

图5-1是美国智库“经济周期研究院”（Economic Cycle Research Institute），根据过去200年世界主要国家与地区的购买力平价（PPP）估算的GDP数据所绘制的统计图表。① 这张

---

① Lackshman Achuthan, “America First in Perspective,” Presentation at the 26th Annual Hyman P. Minsky Conference, April 2017. http://www.levyinstitute.org/conferences/minsky2017/achuthan_3_s1_2017.pdf.

图清楚显示，从1820年（也就是清嘉庆末年）到1950年，也就是二战结束后美国国力达到顶峰时，整个人类历史的故事基本上就是西方的兴起。这些西方国家长期处于绝对支配的地位，一直持续到1970年。

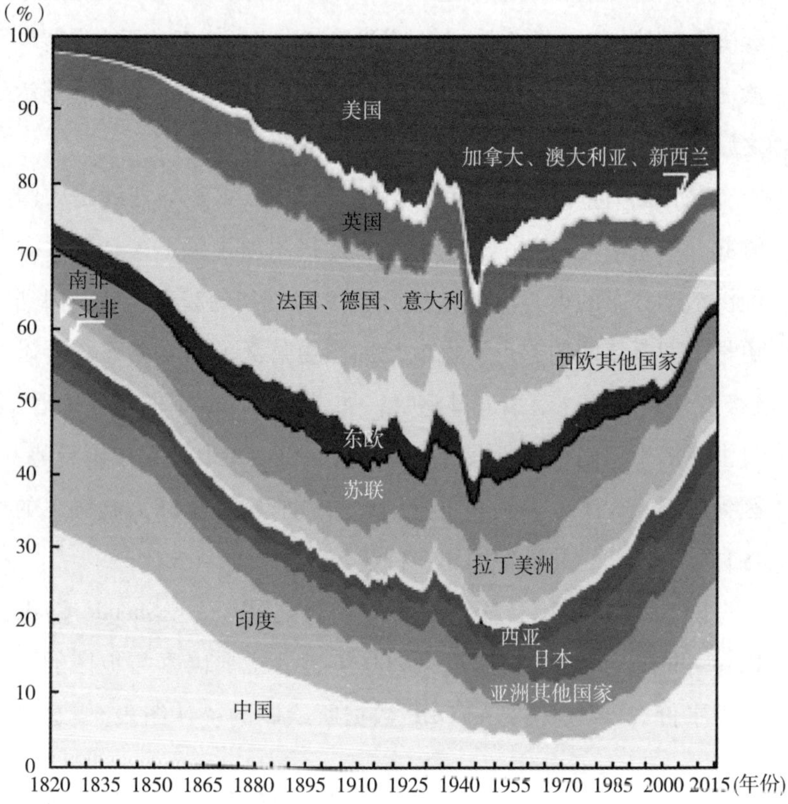

图5-1 全球经济份额两百年来的变化，1820—2016年

资料来源：Economic Cycle Research Institute。

图5-1中最上面部分是美国，其次是加拿大、澳大利亚、新西兰，然后是英国（这些都是盎格鲁-撒克逊民族），之后是法国、德国和意大利，接下来就是荷兰等中小型西欧国家，以上合起来就是传统定义上的“西方”。所以将近两百年来，西方一直是人类历史舞台上的主角，其他地区的民族都是配角，甚至是西方殖民的对象。

与此同时，中国和印度这两大曾经占全球经济份额非常高的古文明，相对比重一路下滑，相继被葡萄牙、荷兰、法国与英国殖民的印度，下滑更为严重。二战结束后，从20世纪50年代到60年代，比较突出的变化是苏联的快速工业化与日本的兴起；从20世纪70年代后期至今，40多年来，非西方世界全面崛起的大趋势形成，尤其是亚洲的崛起，其中中国扮演了至关重要的角色。

战后亚洲崛起的历史意义非凡，因为这批成功的后起工业化案例，是在西方国家已经拥有丰沛的资本积累，盘踞产业价值链的顶层，掌握多数核心技术与专利保护，控制能源与其他重要资源的供给渠道，全盘主导国际经济金融体系与交换游戏规则的历史条件下发生的。后起的新兴经济体主要依靠自身的积累、勤奋与学习，并积极把握有利于和平发展的历史机遇，从参与低阶的国际分工开始。它们从不依靠战争扩张、殖民掠夺，也不依靠对资金、技术与市场的垄断。而西方崛起的历史经验则非常不同，从16世纪一直到二战结束，西方的崛起很大程度建立在对非西方世界的残暴侵略、蹂躏、掠夺、榨取与不对等交换之上。

面对西方崛起过程中班班可考的弱肉强食、奴隶贩卖、种族屠杀、殖民掠夺，以及通过战争扩张领土与建立势力范围这些残暴行径，西方主流经济学者都选择避而不谈，也对战争动员对激发工业革命的关键作用视而不见。[①] 例如，流行于西方学术界的新制度学派学者道格拉斯·诺斯的历史叙事就是选择性的，扭曲历史来削足适履。他的作品让读者相信，英国、荷兰、法国与美国等西方列强的成功崛起，主要是因为它们选择了正确的制度演进路径。[②] 而后起之秀如哈佛大学的阿西莫格鲁则试图让读者相信，后起的殖民帝国（像英国）给殖民地留下的法治遗产，为这些前殖民地日后的经济发展奠定了基础。[③] 而新古典经济学者更是刻意忽视国家机构在西方工业化过程中的强势主导角色，而把成功的要诀简化为让自由市场机制发挥关键作用，保护私有产权，以及降低交易成本。

针对西方主流经济学家刻意轻描淡写西方国家发展过程普遍采取的产业政策之历史经验，剑桥大学的张夏准教授写的回顾西方国家发展策略的著作，取了一个有趣的书名——《踢开

---

① 有关战争对资本主义早期发展的关键作用，可参考贝克特的《棉花帝国》一书有关“战争资本主义”（war capitalism）的讨论。Sven Beckert, *Empire of Cotton: A Global History*（Vintage, 2015）。

② Douglas C. North and Robert Paul Thomas, *The Rise of the Western World: A New Economic History*（Cambridge, U. K.: Cambridge University Press, 1973）.

③ Daron Acemoglu, Simon Johnson and James A. Robinson, “The Colonial Origins of Comparative Development: An Empirical Investigation,” *American Economic Review*, Vol. 91, No. 5（December 2001）, pp. 1369－1401.

梯子》(*Kicking Away the Ladder*),来讽刺西方国家知识精英的虚伪。也就是说,当西方发达国家成功登上了工业化的楼阁之后,它们就把梯子踢开,重新杜撰与包装它们过去的发展经验,掩饰它们成功工业化的真正要诀,企图阻止发展中国家循着它们走过的工业化路径登上阁楼。①

人类学家估计,在哥伦布发现新大陆那年(1492 年),有大约 1.45 亿原住民居住在西半球,到了 1691 年,美洲原住民有 90% 以上灭绝,也就是有大约 1.3 亿人因屠杀、奴役、传染病或饥荒而死亡。② 美国的崛起就是一部从 13 个州开始向西扩张领土的历史。而美国的领土扩张基本上就是靠掠夺印第安人的土地,并对他们进行种族屠杀,也包括胁迫无暇他顾的欧洲殖民帝国(如西班牙、法国与沙俄),以象征性的价格出售原来仅仅在名义上拥有而其实是强占的土地。美国还从墨西哥人的手中掠夺了今日西南边境的广袤土地,又以政变方式罢黜夏威夷王室而将国土扩张到太平洋。

大英帝国在亚洲的殖民掠夺,以及对中国的巧取豪夺,同样见不得人。根据乌特萨·帕特奈克和普拉巴特·帕特奈克这两位印度经济学家的估算,在 170 多年的殖民期间(1765—

---

① Ha Joon Chang, *Kicking Away the Ladder: Development Strategy in Historical Perspective* (Anthem Press, 2002).

② Alexander Koch, Chris Brierley, Mark M. Maslin, and Simon L. Lewis, "Earth System Impacts of the European Arrival and Great Dying in the Americas after 1492," *Quaternary Science Reviews*, 2019, 207, pp. 13 – 36.

1938 年），英国从印度掠夺的财富之总数是天文数字，其价值保守估计相当于今日的 45 万亿美元。① 同时，在将近两百年的殖民期间，累计有 18 亿印度人因严重剥削与生活条件极度匮乏而死。所以世界经济重心一路往西移动的历史路径，是由广大非西方世界人民的血与泪铺成的。这段血腥与残暴的历史一直到二战后殖民体制崩解与民族解放运动风起云涌才结束。

中国速度

在过去的 40 年里，中国在很多方面都打破了历史纪录，前无古人，对此有很多尺度可以加以衡量，而且以后很难有其他文明可以复制。徐大全（Daniel Hsu）是“中国加速器”（China accelerator）这家全球知名的企业孵化器公司的副总裁，他利用国际货币基金组织的资料库，比较了中美发展速度，来阐释何谓中国速度：从 1987 年到 2017 年的 30 年里，中国的 GDP 增长了 36 倍。

历史上，另外一个曾经出现大规模、大板块、快速工业化的国家就是美国，尤其在南北战争之后，美国兴建横跨东西两岸的铁路网，工业化进程全面加速。如果以 2017 年为终点反

① 参见 Gideon Polya，“Legacy of Colonialism：Britain Robbed India of ＄45 Trillion and Thence 1.8 Billion Indians Died from Deprivation，” *Global Research*，December 19，2018；并参见两位印度学者完整的历史分析，Utsa Patnaik and Prabhat Patnaik，*A Theory of Imperialism*（New York：Columbia University Press，2016）。

推，相较之下，美国花了多少时间才让自己的 GDP 增长了 36 倍呢？美国总共花了 117 年。也就是说，中国的工业化追赶速度是美国的 3.9 倍。而中国在建设 21 世纪水平的基础设施的速度早已让美国瞠乎其后：到 2018 年，中国的高铁营业里程已经达到 2.9 万公里，超过世界高铁总里程的 2/3；现在中国已经有近 13 亿人用上 4G 通信，4G 信号的人口覆盖率远远超过美国。为什么英文世界的媒体经常说“China Speed”？什么叫中国速度？这就是中国速度，史无前例，尤其是在如此幅员辽阔的版图上创造经济奇迹的速度。这很自然地让西方国家和其他周边国家感到震撼，甚至带来压力。中国的崛起，在全球范围内的作用就是引导全球发展趋势。

中国快速发展的最大成就之一就是让 7 亿多人脱贫（按照国际极端贫困标准衡量），也同时让人类社会快速迈向全面消除绝对贫困人口的目标。联合国所揭示的最重要的新千禧年发展目标之一，就是从 1990 年开始，到 2015 年之前将地球上生存在绝对贫困线以下的人口减半，然后逐步迈向全面消除贫困人口的目标。现在看来，这个艰巨的任务能达成，最大的功臣就是中国。

下面这张图（见图 5－2）说明了过去一百多年想要赢得这场全球脱贫的战斗是多么不容易，因为进入 20 世纪以来，世界人口不断增长，贫困人口也不断在增加。二战之后出现了婴儿潮，全球经济增长速度加快，尽管许多地区出现不错的经济发展趋势，也努力在脱贫，但是全球范围的贫困人口总数还在增加，这对整个地球来讲是一个非常不利的发展趋势。

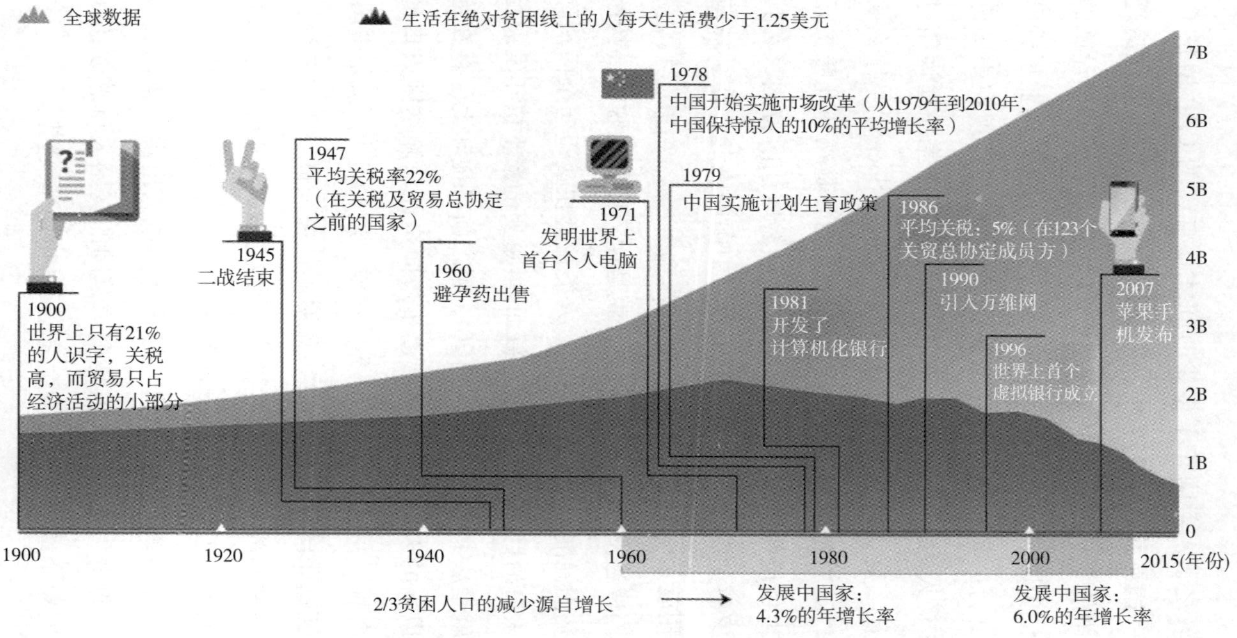

全球数据
生活在绝对贫困线上的人每天生活费少于1.25美元
1900
世界上只有21%的人识字，关税高，而贸易只占经济活动的小部分
1945
二战结束
1947
平均关税率22%
（在关税及贸易总协定之前的国家）
1960
避孕药出售
1971
发明世界上首台个人电脑
1978
中国开始实施市场改革（从1979年到2010年，中国保持惊人的10%的平均增长率）
1979
中国实施计划生育政策
1981
开发了计算机化银行
1986
平均关税：5%（在123个关贸总协定成员方）
1990
引入万维网
1996
世界上首个虚拟银行成立
2007
苹果手机发布
7B
6B
5B
4B
3B
2B
1B
0
1900
1920
1940
1960
1980
2000
2015(年份)
2/3贫困人口的减少源自增长
发展中国家：4.3%的年增长率
发展中国家：6.0%的年增长率

图5-2　世界贫困的“终结”

但是20世纪70年代以后，转折点慢慢出现了，尤其是在中国改革开放之后，不管是绝对贫穷人口的比例还是总数都在不断快速下降，这里面中国做了最大的贡献。1990年中国还有7.5亿多贫困人口，到2015年只剩下不到2 000万人。[①] 进入21世纪，中国还拉抬了很多相对落后的国家，在帮助它们消灭贫困的努力上做出了非常大的贡献。中国的两个一百年目标达成后，下一个目标便是要对全人类承担更大的责任。

当然，任何快速的经济发展都会带来一些负面作用，经济学术语叫作负面外部性。中国在方方面面都以这样的神速发生变化，给整个人类社会带来的冲击也是前所未有的。中国工业化的速度是美国的3.9倍，中国碳排放的增加速度可能也是美国的3.9倍。在很短时间里，中国碳排放量从非常小到迅速变大，尤其是在1980年后直线上扬。虽然中国人均的碳排放量还只是美国的1/4，但总量在2008年前后就已超过美国，中国成为全世界最大的温室气体排放国。因此，中国的这一趋势也将会影响全球气候变化。

以多元维度评估中国复兴的全球意涵

我们需要从多维度来评估中国复兴的全球意涵。整体而言，中国复兴带动世界秩序的重组，具体而言，中国崛起带动了六

① https：//www. visualcapitalist. com/chart-end-world-poverty-sight/.

方面的结构性变化：

1. 赋予经济全球化巨大的推进力量，让超级全球化的作用与冲击全面放大；

2. 削弱美国霸权的权力基础，触动战后国际秩序的全面转型；

3. 打破西方垄断普世价值的话语权，推进多元现代化模式取代一元化模式；

4. 拉抬非西方国家的全面兴盛，全面释放南南合作的巨大潜力；

5. 引导全球化的未来走向，引领发展中国家修改全球化规则，改革全球治理机制与结构；

6. 加速由西方中心世界秩序往后西方世界秩序的转移。

首先，中国的快速崛起与经济全球化之间是一种辩证关系。中国既受惠于过去30多年的经济全球化，同时中国又成为推进全球化的巨大力量，而且作用巨大到前所未见。因为中国全面融入世界经济，所以过去30多年的全球化，也被称为“超级全球化”，也就是说它的动员、席卷、渗透的力量，远超过历史上任何时期的全球化，把全世界所有社会都吸纳进来。全世界的地域或人群几乎没有完全不受它的影响或牵引，无论是直接的还是间接的。中国正是对这样一个巨大力量起到了关键的放大与加速作用，虽然不是唯一的，但却是最关键之一。

其次，中国的快速崛起，在不知不觉中，有意无意中削弱了美国霸权的基础。美国逐渐失去生产、贸易、科技创新以及意识形态领域的支配地位，勉强维持安全与军事，以及金融与货币领域的霸权。今日的美国与苏联解体后美国曾经一度享有的唯一超强地位已经不可同日而语。

再者，中国崛起打破了西方对普世价值话语权的长期垄断。中国发展模式挑战西方主流经济学，撼动了西方主导的国际发展机构对最佳经济发展与政府治理模式及路径的话语权。中国模式激发了第三世界许多国家重新思考，如何在社会公正、可持续发展及帕累托最优（Pareto Optimality）资源配置之间取得平衡。中国发展经验揭示了社会主义市场经济模式，可以在美国式资本主义与西欧式民主社会主义（福利国家）体制以外，开创第三条道路。而中国政治模式在平衡程序、能力与结果三个环节，以及引导社会追求最佳公共选择上有其明显的功效。

接着，中国的快速复兴带动了非西方国家的全面崛起，开启了深化南南合作的新时代。以前很多发展中国家的文化、经济的导向都是朝向前殖民宗主国，这些亚非拉国家虽然独立了，但各方面都难以摆脱对曾经殖民过它们的西方国家的依赖。比如法语非洲国家长期高度依赖法国，自己的军队与情报人员都要由法国培训，甚至自己的外汇储备也都存放在法兰西银行。被英国殖民过的国家在制度、认同和观念等很多方面都依赖英国。长期以来，这些发展中国家彼此之间的经济合作与联系比较薄弱。但是中国快速崛起后就不一样了，对东南亚、南亚、中亚和西亚、非洲乃至拉丁美洲国家而言，一方面它们可以与中国开展全方位的经济合作与建立互补关系，另一方面中国还可以协助它们走上可持续发展道路。

然后，以中国为首的新兴市场国家，已经开始带动全球秩序的重组，并发挥了积极性与建设性作用。在G20框架下，中国倡议提高新兴市场国家在国际经济组织的决策地位。金砖国家主张国际体系的多极化，国际关系的民主化，以及更包容、均衡、公正与可持续的国际经济秩序。但它们主张稳步推进这个长远目标，推动渐进改革与有序转型，不希望国际秩序出现混乱或崩解。金砖国家采取明确立场维护现有全球多边体制，包括联合国及G20体制，全力推进联合国2030年可持续发展议程设定的目标。

最后，中国已经构建全方位、多层次、立体的全球或区域政策协调与深化合作机制，并正带领新兴市场国家推动全球治理改革，以及为全球化注入新的动力。中国也已经开始为国际社会提供大量补充性或替代性国际公共产品。中国一向主张赋予国有开发基金、发展援助机构、多边融资平台、国有企业，以及政府主导的开发计划，在推进区域融合与全球化中扮演更重要的角色。中国也积极倡议让更多个体与微型企业参与全球经济，为跨境电子商务、电子支付、分享经济、万众创业等全球化新路径，打造有利生态环境。因此，中国可以对全球化未来的路径、指导思想，或者人类社会各地域彼此之间的经济合作和交换的游戏规则，产生巨大的引导与修正作用。

世界经济舞台主角换人

中国开始全方位发挥重塑全球政治经济格局的趋势使西方

国家非常不适应，西方社会精英伴随而来的失落、焦虑与敌意，也是预料中的。欧洲对“西方中心世界”的消逝有强烈的抗拒心理，美国更是对“唯一超强”地位有强烈的恋栈心态。特朗普政府对中国改变了建设性交往政策而全面转向战略围堵，其根本原因是 70 年来美国第一次遭遇有可能失去全球霸主地位的挑战。美国国家利益中最核心的利益是维护其全球霸权地位，维护美国主导的国际秩序并从中获益，不允许任何可能凌驾于自己之上的挑战者出现。因此，中美之间的战略竞争与对抗在可预见的将来必然越来越尖锐。

这也意味着，当中国越来越接近历史舞台中心地位时，面临的挑战必然越大，战略形势也必然更险恶与复杂。

欧洲国家对于中国角色的转换心理非常矛盾，因为它们长久抱持的西方中心思维一时间很难调整。西方国家担忧美国霸权的退位，仍希望美国继续扮演领导角色，因为它们对这个老大哥依赖惯了，更多是一种心理上的依赖。可是对广大的发展中国家而言，对全人类而言，美国霸权的消退与退位是机遇而不是危机。

特朗普带来的变局逼着中国和其他主要的新兴市场国家，重新思考自己应该在全球秩序转型与全球治理机制改革过程中扮演什么角色，如何有所作为。事实上，过去几年，中国在不张扬、相对低调的情况下，已经为国际社会提供了大量的补充性或替代性的国际公共产品。当然，中国要量力而为，不能挑超过自己能力的担子，或者在别人还没有思想准备的情况下去挑这些担子。同时，中国也并不纯粹是在道义上承担国际领导者责任，因为在很多领域是利人利己的，可以创造很多双赢或者多赢的可能性。

在特朗普退出《巴黎协定》之后，中国已经成为全球因应气候变迁的最重要力量，中国不但会提前达成承诺的温室气体减排目标，并顺势治理国内空气污染问题，以带动绿色能源产业发展，而且还将利用自己的技术与设备协助发展中国家逐步提高可再生能源比重。①所以中国开始在新兴市场国家中做一个“领头羊”，尽力承担国际秩序重组过程中的建设性角色，这既符合新时代中国自身发展的需要，也有利于人类社会和平与发展。这在2008年全球金融危机以后特别明显。

就拉动世界经济脱离2009年之后的衰退而言，中国发挥的作用非常大。中国对全世界经济增长的贡献度，至少将近1/3，有时更大，已经超过美国很多。所以当下世界经济的火车头是谁？是中国与新兴经济体。整个新兴经济体为全世界经济增长贡献了70%以上的份额，而美国不到20%，在18%左右。

到2016年，中国在世界贸易体系中已经后来居上。中国2001年加入世贸组织，在短短十几年里，已经成为世界最大的贸易国，发展速度惊人。②

根据AidData（援助数据库）研究机构的统计，中国在各

① Barbara Finamore, *Will China Save the Planet*? (Polity, 2018).

② Jeff Desjardins, “Four Maps Showing China’s Rising Dominance in Trade,” *Visual Capitalist*, first published on April 27, 2016. https: // www. visualcapitalist. com/four-maps-showing-chinas-rising-dominance-trade/.

个方面拉抬欠发达国家经济发展累加起来的作用已经明显超过美国。在官方发展融资领域，2011 年以后，中国的融资规模就明显超越美国。[①] 当然在每个地区不完全一样，比如在拉丁美洲，美国在贸易与投资领域的作用还是最大的。在非洲的话，欧洲国家的作用也不小。不过在全球范围内，中国绝对居于领先地位，不管是在通过经济互通有无拉抬欠发达国家方面，还是在对落后国家的发展援助方面。

中国近年来提供大量机会，让发展中国家的政府官员、专业人士来华进行在职进修与技术培训，涉及农业、医疗、卫生、气象、工程、扶贫、能源、城市规划等多个领域。此外，中国企业在国外进行投资或承接大项目时，不仅大量雇用当地人，也会提供在职培训，甚至将部分骨干成员带到中国培训，也就是在帮这些国家提升人力资源。[②] 此外，中国也扮演着关键的发展项目融资角色，在亚投行成立之前，中国很早就通过国家开发银行与进出口银行，对很多发展中国家进行发展项目融资，其融资规模在非洲与拉丁美洲都超过世界银行与地区开发银行加起来的总和。

---

① "China's Global Development Footprint: The Clearest Look Yet at Chinese Official Finance Worldwide," AidData: A Research Lab at Williams & Mary. https: //www. aiddata. org/china-official-finance.

② 可参考麦肯锡咨询公司对中国在非洲投资的 1 000 家企业进行的调研报告《狮龙共舞》。根据这份报告，在非洲的中国企业雇用当地人的比例达到 89%，而且对 64% 的员工进行培训，参见：*Dance of the Lions and Dragons: How are Africa and China Engaging, and How Will the Partnership Evolve?* Mckinsey & Company, June 2017 。

中国还有一个特殊作用，就是能够帮助大多数发展中国家发掘经济增长潜力，尤其是克服基础设施不足的瓶颈。中国体量大，针对不同地区的合作需求，中国已经建立独有的“多加一”模式，或者叫“区域加一”模式。例如，中国与非盟共同搭建的中非合作论坛，中国与阿拉伯联盟合建的中阿合作论坛，中国与中东欧16个国家共建的中国－中东欧国家经贸论坛，等等。这些协商与合作平台都不是松散的，而是越来越紧密的多边合作机制，有领导人峰会，有部长级会议，还启动很多专项合作，展现出中国与发展中国家和欠发达国家深化经济伙伴关系与全方位互联互通架构的强烈意愿。

中国在全球治理中逐渐成为很多重大议题的关键倡议者，至少是一个塑造全球共识的重要构建者。最明显的例子就是2016年在杭州举办的G20峰会。虽然那次峰会的领导人宣言日后如何落实是一个问题，但是它的精神、传递的政策信号具有历史性跨越意义。在此之前，G20峰会关注的都是短期问题，比如保护主义、全球经济复苏或金融系统性风险。但在中国的运作下，G20峰会终于把视野与焦点拉回到全球社会可持续发展和全球治理机制改革的中长期议题上，这是非常不易的。①

---

① “Hangzhou Communiqué: G20 Summit Concludes with Historic Consensus on World Growth,” Tralac, September 6, 2016. https://www.tralac.org/news/article/10415-g20-summit-concludes-with-historic-consensus-on-world-growth.html.

当前全球主要经济体的政策协商机制主要由两个集团主导，一个是以美国为首的G7集团，还有一个是以中国为首的“金砖五国”。因特朗普的激进单边主义，G7集团内部纷扰不已；而“金砖五国”却逐步升级，已经变成“金砖+”，因为中国计划把土耳其、墨西哥、印度尼西亚等这些重要新兴市场国家都吸纳进来。过去，世界各种经济合作规则的主要制定者都是美国和西欧，但今后以中国为首的新兴市场国家的重要性会超过G7。

全球四大会计师事务所之一的普华永道，发布了《长远前景：2050年全球经济排名将会如何演变?》，获得广泛关注，该报告也被兰德公司等美国智库引用。这份分析报告最重要的结论之一，就是世界经济中的七大新兴经济体（Emerging Seven Economies，简称E7）将取代传统的G7集团。[①] E7包括中国、印度、巴西、俄罗斯、印度尼西亚、土耳其、墨西哥，未来在世界经济中这些板块比较大的后起之秀更为举足轻重。根据购买力平价GDP来估算的话，在1995年，E7的经济总体量只是G7的一半。但是到了2015年，E7的经济总体量就已经和G7持平了，当然在名义GDP上可能还有落差。估计到2040年，E7的经济总体量就会是G7的两倍。在过去，这个变化是难以想象的，所以未来20年我们将进入非西方世界全面崛起的第二阶段，经济舞台上的主角会有很大的改变。

① https：//www. pwc. com/gx/en/issues/economy/the-world-in-2050. html.

美国智库兰德公司也依据这份分析报告，替我们描绘了2050年世界经济版图的轮廓（见图5－3）。[①] 届时，以购买力平价GDP为比较基准，世界第一大经济体非中国莫属，经济总量将达到前所未有的58万亿美元；印度的经济规模将可超过44万亿美元，成为世界第二大经济体；美国将以34万亿美元的经济规模屈居第三。传统的七大工业国，只有美国、日本、德国与英国还会进入前十大经济体。日本将下降为第八大经济体，而印度尼西亚、巴西、俄罗斯与墨西哥在经济体量的排名上都会超越日本。

这也难怪美国《金融时报》首席外交事务评论员拉赫曼在他的著作中，用“东方化”（easternisation）这个概念，来概括21世纪国际政治的大趋势。他认为从20世纪到21世纪，全球版图最根本的变化就是国际政治与经济的重心不断向东移，也就是向亚洲，特别是向东亚移动。他对亚洲日益上升的经济实力深具信心，东亚将是世界上最重要的生产基地、世界贸易的最重要源头，而中国必然成为亚洲的龙头。在这个大趋势下，亚洲的国际政治，特别是中日韩三国关系，以及中印关系，将成为国际政治的主轴，就像欧洲曾是19世纪国际政治最重要的舞台一样。[②]

---

① Michael J. Mazarr, *Summary of Building a Sustainable International Order Project* (Rand Corporation, 2018), p. 13.

② Gideon Rachman, *Easternization: Asia's Rise and America's Decline from Obama to Trump and Beyond* (Other Press, 2017).

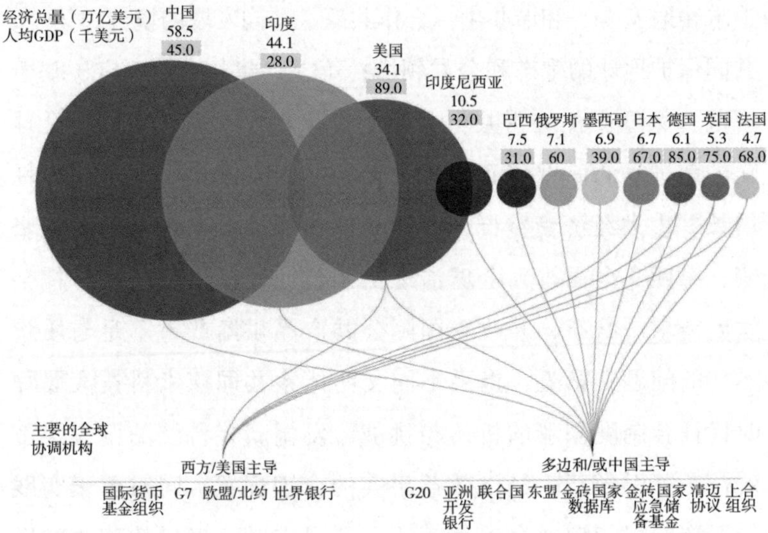

图5－3　2050年世界主要经济体的经济规模预估

资料来源: All data for 2050 are drawn from Pricewaterhouse Coopers LLC, "The World in 2050: The Long View: How Will the Global Economic Order Change by 2050?" February 2017 (as of March 7, 2018: https://www.pwc.com/gx/en/issues/economy/the-world-in-2050.html). National economic data: World Bank, "GDP(Current US $)," webpage, undated (as of February 12, 2018: https://data.worldbank.org/indicator/NY.GDP.MKTP.CD); International Monetary Fund, World Economic Outlook, October 2017 (as of February 12, 2018: https://www.imf.org/en/Publications/WEO/Issues/2017/09/19/world-economic-outlook-october-2017)。

中国道路影响人类未来

在这些全球变化趋势下，中国道路与人类社会的未来关系更加紧密。中国携手世界共筑更加紧密的命运共同体，可以从涉及人类社会整体福祉最关键的五个方面着手，协同其他国家追求普遍安全、和谐共生、合作共赢、共同发展的境界：第一，共同保护地球的生态和公共领域；第二，建立真正稳定、基于规范、保障多种文明共生共荣的安全秩序；第三，维持全球化的前进动力，并修正全球化路径与游戏规则，促进包容性增长，扩大经济受益群体，让全球化的社会支持基础更加坚实；第四，全面改善全球治理机制长期处于落后于全球社会发展需求的状态，并改善国际公共产品供给严重不足与质量不佳的问题；第五，携手不同文明体系共同探索科技大爆炸时代社会制度创新的机遇与挑战，发掘新兴科技的巨大经济效益，并引导新生经济效益果实的合理配置，同时勇于实践创新型的智能型社会治理模式，共同应对新兴科技蕴含的巨大社会风险。

首先，中国仍有维持长期中高速增长的巨大潜力，并与多数发展中国家有巨大互补优势，具备带动非西方国家持续发展的巨大能量。同时，中国立足于中国共产党领导的国家治理体制与社会主义市场经济，能够确保国家机构基本上不被跨国金融资本、军工利益集团或数字科技巨兽掌控；能够维护社会主义核心价值，即优先保障广大群众的生存发展权利；在赋予国家资本以优先地位的同时，又能有效节制资本的掠夺性与破坏性。再者，中国仍在探索最佳的社会治埋模式：制度创新的动力依然丰沛，意识形态包袱相对较轻，愿意学习与引进其他国家最佳的实践经验，鼓励多元文明相互借鉴。

还有，中国已经基本建立科技自主创新生态体系，在许多新兴科技领域开始走在世界前沿，既可以为14亿人开创全新的知识型经济与智能型社会治理模式，又可以在全球科学知识群体中做出重大贡献，并有余力与广大发展中国家分享科技成果及协助培训人才。更重要的是，中国传承兼善天下的文化基因，中国知识精英阶层仍深受传统的天下观、义利观等思维方式和道德观念的影响，更愿意承担对弱小者的扶持责任；同时，中国传统文化崇尚和而不同，包容与尊重多元宗教与文化，不强求价值标准统一，不会制造文明冲突。

西方的国际关系学者普遍对非西方国家的崛起抱持一种悲观的论断，认为非西方世界缺乏相应的文化传统与法治根基，如果西方国家不主导，这个世界一定会分崩离析。而近年来西方世界出现的许多悲观预测都是在这个逻辑上推演的。[①]他们着重强调如果美国不再继续提供国际公共产品，那也没有其他国家会提供，接下来就会出现如1929年前后全面爆发的世界经济危机。[②]他们普遍刻意低估包括中国在内的非西方国家，忽略其在全球重组和全球治理改革中起到的积极和建设性作用。

从《巴黎协定》的谈判与签订过程可以看得很明显，中国、印度、巴西与南非等新兴经济体对人类面临的重大全球议

---

① 最典型的论述就是欧亚集团总裁布雷默的“零级世界”论点，参见 *Every Nation for Itself: Winners and Losers in a G-Zero World*（New York：Portfolio，2012）。

② Joseph Nye，“The Kindleberger Trap，” *Project Syndicate*，Jan. 09，2017. https：//www. belfercenter. org/publication/kindleberger-trap.

题，已经有能力也有意愿与西方国家平起平坐协商，并承担起应负的义务与责任。在联合国维和任务领域，中国已经成为最大的人力派遣国，也是仅次于美国的最大出资国。因为西方主流媒体刻意忽视，大多数美国主流国际关系学者都不知道，过去几年中国在不张扬、相对低调的情况下，已经为国际社会提供了可观的补充性或替代性国际公共产品，甚至在有些领域中国还提供一些过去美国或西方国家不曾也不愿提供的国际公共产品。

中国这十几年来非常重要的建树，就是建立了全方位、多层次、立体的全球与区域政策协调和深化合作的机制。面对东盟、阿拉伯联盟、中东欧、整个拉丁美洲与加勒比共同体，乃至面对整个非洲，中国通过“多加一”多边政策协商平台启动很多专项合作，并推动跨区域基础设施互联互通。而美国从来没有搭建过这样的多边合作机制，美国花很大精力去搭建跟它最紧密的战略伙伴的军事联盟，基本上没有心思帮助欠发达国家走上可持续发展的坦途。在美国后院的拉丁美洲也缺乏这种全方位的发展援助机制，最近30多年美国带头创建的美洲开发银行的角色不断萎缩。整个拉丁美洲在世界贸易体系中的相对地位也持续下降，大多数国家的出口结构过于单一，经济结构转型面临严重瓶颈，国内贫富差距持续扩大。巴基斯坦曾经是美国的军事盟友，也是美国全球反恐行动中最倚重的帮手，但美国从来没有意愿与兴趣去协助巴基斯坦克服基础设施严重不足的发展障碍。在当前国际社会不够完整、不够完善的现有多边体制下，中国做了非常重要的补充性体制构建，而且正引领新兴市场国家为全球化注入新的动力。

此外，中国大力推动协助发展中国家基础建设的长期融资机制，包括亚洲基础设施投资银行、金砖国家新开发银行等，以及区域性的丝路基金、中国－中东欧基金、中非发展基金等。同时，中国也在美国主导的国际金融基础设施之外提供替代性设施，例如跨境电子商务平台、跨境电子支付平台、银联支付系统、人民币跨境支付系统等。还有，中国在全球通信与导航领域也提供新型公共服务产品，包括推动制定全球统一的5G标准，全球IPv6根域名服务器的架设计划，北斗卫星定位与通信系统，等等。中国也开始提供能源与金融交易替代性结算机制，包括发行特别提款权计价债券，增加发行境外人民币计价债券，培育伦敦与香港成为境外人民币结算中心，上海期货交易所开办以人民币计价（并可转换成黄金）的原油期货合约，等等。这些将从根本上改变过去以美元作为唯一的结算货币或储备货币的格局。

开拓非西方国家的发展思路

中国在经济快速发展过程中累积了很多有参考价值的经验，可以与其他发展中国家共享。中国靠摸着石头过河的实践而总结出来的发展思路与西方主流思维有明显区别，让西方国家主导的国际发展机构不再能独揽发展策略的话语权。在后冷战时代初期，绝大多数发展中国家的决策者都不由自主地落入新自由主义思想窠臼，发展中国家普遍面临发展道路选项被高度窄化的困境。

中国的决策者并不接受所谓放之四海而皆准的教科书模式，也不相信有一劳永逸的解决方案，对新自由主义经济学高举的市场万能主张有一定的保留，中国成功的实践经验是政府与市场两手并用。社会主义市场经济顶层设计下，使市场在资源配置中起决定性作用，在创造市场架构并引导改革、重组和制度创新的过程中更好地发挥政府的作用。同时，国有资本、集体产权、民营资本与外资都是构成市场经济生态的重要组成部分，中国共产党赋予整个国家机构政策连贯性和方向感，促使国内不同组成部分和利益相关方就实现国家长远发展目标达成社会共识。此外，中国非常强调尊重国情差异，每个国家都应该因地制宜，找出最适合自己的发展策略，而且不同发展阶段会面临不同的挑战与难题，需要与时俱进采取不同的对策。这些基本思路都超越了西方主流思维的框架。

在超级全球化时代，多数西方国家及众多的发展中国家都面临所得分配鸿沟不断加大的问题，尤其是劳工阶层的薪资增长非常缓慢，既跟不上整体的经济增长速度，也无法合理反映劳动生产力的提升速度。也就是说，劳工的单位产出效率提升了，但劳工却无法分享应得的经济果实，而公司大股东与管理阶层的股利与分红却节节升高。根据国际劳工组织（ILO）发布的 2018—2019 年的全球薪资报告，[①] 中国的经验却逆向而行，打破上述的全球趋势。进入 21 世纪以来，中国劳工的薪资所得的提高基本上与经济增长速度同步，劳工薪资调涨的速度与劳动生产力的增长速度也相匹配，这在全球范围是罕见的。在国际劳工组织发布这份报告之后，许多国家的经济决策官员都想知道中国是如何做到的。[②]

其实，即使没有国际劳工组织的这份权威性报告，我们根据自己的亲身观察也可以得到相同的结论。例如，北京、上海、广州等大都市许多家庭聘用的来自湖南、安徽与四川的家政服务员的待遇，最近十几年的年均涨幅几乎达到 8%—10%。在政策力度方面，各省市最低工资标准至少每 2—3 年调整一次，沿海各省的政府也几乎同步上调公务员与老师的月退休金，以及上调低保的补助金额。以广州市为例，职工的年平均薪资在 1991 年为人民币4 022元，到了 2016 年为 89 096 元，在 25 年间增长了 22 倍。此外，中国的劳动管理部门对基本劳动条件保障的执法监管是相当到位的，若劳工举报权益被侵害，也通常可以及时得到行政上的救济。

---

① ILO, *Global Wage Report 2018/19: What Lies Behind Gender Pay Gaps*, December 2018. https://www.ilo.org/global/publications/books/WCMS_650553/lang--en/index.htm.

② Jayati Ghosh, "What China Can Teach the World about Wage Growth, As Workers Globally Continue to Get a Raw Deal," *South China Morning Post*, December 12, 2018. https://www.scmp.com/comment/insight-opinion/united-states/article/2177551/what-china-can-teach-world-about-wage-growth.

此外，在中国如此大的版图范围内，打造高效率全国单一市场所需的现代基础设施，以及公共服务产品的均等化与普及化的程度，在发展中国家绝对是独占鳌头。今日的中国，即使是四线城市与中等规模的镇，所有最基本的现代社会基础设施，例如市政道路、供电与供气、自来水、下水道、街道照明、公园绿地、通信与网络、邮政与快递、金融保险服务、治安与交管、中小学教育、公共卫生与医疗服务设施等，都一应俱全，虽然不同项目各地服务质量仍有差距。

我考察过的从西北的新疆霍尔果斯到东北的吉林珲春，这几年新修的中小学硬件设施与沿海省份几乎没有差距。几乎所有的二线城市与地级市都已通了高速公路、动车或高铁，并能以高速公路连接邻近机场。再加上最近几年力度不断加大的全面扶贫与精准扶贫政策，甘肃、贵州等贫困省份的绝大多数偏远农村，都能达到村村通路、通车、通电、通自来水、4G 通信覆盖及接上高标准的宽频光纤网，这种均等化与普及化的程度连美国都做不到。

公共服务产品的均等化与普及化，全国范围的交通运输与通信设施的互联互通和质量提升，以及逐步放宽的社保跨省转移，让劳动与商品可以非常便捷地在全国流动。进入 21 世纪以来，中国境内的货物运输平均成本不断下降，以 2011 年为例，运输成本中国是 0.28 元/吨公里，美国是 0.54 元/吨公里，美国是中国的 1.93 倍。考虑到当时中国油价比美国要高 20% 左右，这使得中国物流成本优势显得更加难能可贵。中国物流业的整体绩效在全球的排名也不断上升，据世界银行的物流绩效指数（Logistics Performance Index）排名，2018 年中国大陆的物流效率在中等收入国家与地区中排名第 2，仅次于国土面积不到 8 万平方公里的捷克，在全球 160 个国家与地区中排第 26 名。而排名靠前的都是幅员不超过中国一个大省的中小型发达国家，唯一例外的是美国（排第 13 名）。[①] 这些条件让偏远与落后地区的个体与集体参与市场经济活动的机会大幅增加。这也是中国大陆电子商务与网购如此发达，以及各种形态的“淘宝村”如雨后春笋般涌现的关键原因。

另外，中国的许多制造业与服务业雇主为外来务工者提供基本食宿作为雇用条件的通行做法，也让劳动要素在全国流动的转移成本大幅降低。这对扩大发达地区的经济外溢效果、人力资本的空间最优配置，以及避免内陆与沿海地区收入差距过大等促进均衡发展目标都有明显的作用。

中国模式在非洲国家普遍得到关注。例如，东非大国埃塞俄比亚就非常认真地借鉴中国的发展经验，有些西方媒体还称埃塞俄比亚为“非洲的中国”。过去 20 多年，中国为埃塞俄比亚培训了大量的中层与高层政府干部。林毅夫教授主持的北京

---

① 关于世界银行“物流绩效指数”，参见 https：//lpi. worldbank. org/international/global。过去有一种错误的流行观念，以为中国的物流成本非常高，其实不然。物流成本在中国的 GDP 中所占比重比较高，这只是反映中国经济结构的特征，就是商品在全国大范围流通的规模特别大，与平均距离特别远，而并不反映单位物流成本。

大学新结构经济学研究院，经常为埃塞俄比亚领导人出谋献策。埃塞俄比亚政府也参考中国的国民经济和社会发展规划，制定与执行自己的五年综合发展规划。

这个人口已经达到一亿的东非大国，进入21世纪以来，GDP几乎以年均10%的惊人速度增长。不同于其他依靠能源出口并不断受全球经济波动左右的非洲国家，埃塞俄比亚以稳健的脚步，在经济增长的目标下辅以开放的社会政策，来解决食品安全、环境与教育等国家发展问题，大力改善交通与通信基础设施，并建设产业园区与规划经济特区，由上至下培养经济增长与转型的动能。

尽管埃塞俄比亚在政治强人梅莱斯总理于2012年去世后，政局面临转型挑战与局部动荡，但国外投资机构仍普遍看好这里的经济前景，2014年以后，外资更是大量涌入。在实施的第二个五年综合发展规划——增长与转型计划中，埃塞俄比亚政府给自己定下了到2025年成为非洲大陆轻工业制造龙头的目标。这些年埃塞俄比亚经济发展的亮丽表现，已经让更多的邻近非洲国家的政治精英开始认真研究中国模式。

埃塞俄比亚首都亚的斯亚贝巴已经成为非洲的政治文化中心，这里是非洲联盟的总部所在，联合国等国际机构与各国非政府组织都选在这里设立办公室。这里也是中国人在非洲的最大聚集地，这里60%的大型工程都是由中国企业负责兴建。比如东非第一条城市轻轨，埃塞俄比亚第一条高速公路，从首都通往红海沿岸吉布提港的电气化铁路，以及于2018年封顶的东非第一高楼，都是中国企业承揽的。埃塞俄比亚现在已经成为中资企业登陆非洲的桥头堡，国企埃塞俄比亚航空公司也成为第三世界中最可靠和最赚钱的航空公司之一，其联通80个国家与地区，开辟了飞往北京、上海、广州、成都、香港、深圳的直航航线，每周有多达34个航班直飞中国。难怪埃塞俄比亚的副总理曾说："我们的全球发展伙伴中，第一是中国！第二是中国！第三还是中国！"

埃塞俄比亚也是嗅觉敏锐的台资企业在非洲投资的首选。例如，台湾知名的制鞋厂——兆琪实业股份有限公司，看准此地基础设施持续改善、投资环境综合优势与经济增长潜力，在2013年投资约5 000万美元于博勒莱米（Bole Lemi）工业区设立制鞋工厂。设厂两年后，兆琪又于2015年开始打造新投资案，投入约1.2亿美元在首都东南方的莫焦（Modjo）市建设新生产基地。

历史上最大规模的经济融合工程

华盛顿出刊历史最久的政论杂志，并在自由派阵营颇具影响力的《国家周刊》，在2017年5月16日刊登了专栏作家劳伦斯的评论。他以毫不含糊的笔触提醒美国政治领袖，中国大陆在短短35年里使13亿人享有21世纪水平的基础设施及其带动的经济繁荣，如今中国准备将这个模式推广到整个欧亚大陆。①

从宏观角度看，“一带一路”倡议是可以翻转世界政治经济格局的大战略。在这个大战略下，中国试图带领沿线的发展中国家为逐渐失去动能的全球化注入新的动力，让被海洋时代抛弃的欧亚大陆内陆国家与中国广大西部地区，从全球经贸网络的边陲摇身一变为前沿与要冲。“一带一路”倡议是中国版的全球化方案，也是中国向世界提出的回应逆全球化挑战的有效策略，代表着中国将引领非西方国家探索全球化新路径，并适度修正全球化游戏规则。

过去 30 多年，美国版的全球化方案主要是为跨国资本与跨国企业利益服务，将政府的职能缩到最小，移除所有妨碍资金、商品与信息及专业人士跨国移动的障碍，让跨国资本在全球范围追求最大投资回报，让跨国企业所代表的市场力量全面主导生产资源配置与塑造消费偏好。现在中国准备将自己过去 35 年所累积的政府与市场两手并用之发展经验，介绍给“一带一路”沿线国家，并通过新的政策协商机制、经济整合架构、长期融资平台，以及技术与产能输出策略，让欧亚大陆与环印度洋地区借助全新构建的贸易、投资、运输、通信与能源联通网络，形成紧密的经济板块，并带动沿线国家的经济发展。

---

① Patrick Lawrence, “How China is Building the Post-Western World,” *The Nation*, May 16, 2017. https://www.thenation.com/article/how-china-is-building-the-post-western-world/.

"一带一路"倡议可以说是人类历史上最大规模的经济融合工程，这个宏大的构想依托欧亚大陆板块，外连非洲与拉丁美洲。跟美国在战后推出的"马歇尔计划"不同，"一带一路"倡议是全方位开放的，中国不搞小集团与军事联盟，也不会利用"一带一路"倡议来围堵哪个国家。"一带一路"倡议将加速推进欧亚大陆经济一体化，推动大型跨国基础设施合作，开辟新的经济走廊，打造全新跨国基础设施联通，促进内陆国家与海洋国家同步发展，带动世界经济板块重组。"一带一路"倡议的逐步落实将为全球化打造更厚实的基础，会远远超越传统区域整合所侧重的贸易自由化、旅游便捷化、投资便利化等范畴，而是全面推进基础设施、能源、金融、农业、环境、信息、医疗、科技、电子商务、城市管理、文化与教育等领域的深度合作。

因为中国走过不同的发展道路，所以更知道南亚、非洲这些国家需要什么。中国可以根据自己的发展经验，倡议新型国际公共产品的供给，这是过去西方国家不愿意提供的，它们意识形态里非常排斥的。在新自由主义思维的影响下，西方主导的国际机构把很多欠发达国家面临的难题都推向市场。例如，很多国家都说"我的基础设施不行，我没有很好的融资渠道"，这些机构就会说，"你就找华尔街投资银行来给你当顾问，让它帮你设计融资方案，来解决你融资期短与回收期长导致的期限不匹配问题"。结果这些计划根本不可能启动，因为华尔街投资机构希望得到的投资回报率太高，导致这些项目的财务规划常常流产。何况这些项目需要全面动用国家公权力，它的长期收益应该归社会所有，而不是由少数境外私募基金攫取。

过去，西方国家的发展援助计划都是一对一的，例如美国援助埃及，澳大利亚援助印度尼西亚。这是基于地缘政治的考量，西方发达国家几乎很少从整个地区的角度去考虑相邻国家的共同需要。你现在去非洲就会发现，很多国家的首都和首都之间没有民航航线，你得绕到迪拜或伊斯坦布尔，再飞到另外一个邻近非洲国家。很多邻近国家之间也没有铁路、高速公路或光纤网络，两个非洲国家的直线距离可能很近，但彼此之间的网络搜寻速度却很慢，所以非洲即便本身是一个很大的大陆，但它内部的互联互通处于极端落后的状态。中国在这个领域可以发挥相当大的作用。

通过“一带一路”倡议的宏远规划，中国正全力推进欧亚大陆经济一体化，推动大范围的跨国基础设施互联互通。在未来 10 年、20 年、30 年中，中国的这些新倡议，会给世界尤其给发展中国家带来翻天覆地的改变，最明显的应当就是非洲大陆，而非洲又正好是未来全世界经济发展的新大陆。现在非洲人口已经超过 13 亿，很快要向 20 亿迈进，人口对它而言是一个巨大负担，很容易产生饥荒、疾病、种族灭绝、恐怖主义等问题。所以非洲实现可持续发展，对全人类都很重要。

中国与非洲有很好的互补优势。比如现在中国电信带头与非盟合作，启动“中非共建非洲信息高速公路”项目。采取中国典型的“八横八纵”的模式，此宏大的构想已经在逐步落实，大概 2023 年就可以完成。15 万公里宽频光纤网络穿越非洲 48 个国家，覆盖至少 1/4 的非洲人口，而且每个国家会在骨干网络之外，铺设当地的枝干网络，将来它覆盖的范围会更大。这等于一口气把非洲的几亿人带入网络时代，给他们带来各种可能性，将来全球消费者可能在阿里巴巴或者其他网站可以直接找到非洲的店家。

另外，中国经济体量特大，产业结构已经全面提升，未来为全球提供的公共产品在深度与广度上必然超越过去西方国家的想象。当然也因此招致西方媒体各种“吃不到葡萄说葡萄酸”的冷嘲热讽，甚至是妖魔化的诬蔑，诸如“制造债务陷阱”云云。西方媒体的污蔑都是捕风捉影，倒是中国对众多发展中国家的援助与投资对当地经济发展产生的积极促进，确有坚实的经验证据支撑。

AidData 这个威廉玛丽学院的智库长期收集全世界与发展援助有关的所有数据，并且回溯了很长的时间。所以它也追踪了中国在 2000—2014 年，在全世界 138 个国家通过技术援助、工程援助或贷款援助的 3 485 个大型项目，以评估它们的经济影响与作用。测量方法很简单，根据卫星的夜间空照图，看同样一个位置亮度层次与空间分布的变化，因为他们已经有非常完整的经验资料去支持这个模型。这些亮度信息经过测量以后，可以非常准确地估算当地真正的经济活动与它的人均实际所得，而且还可以看到它的经济活动在空间上的分布是非常集中还是扩散程度非常大。结果 AidData 发现，中国投资的这些项目既促进了当地的经济增长，又让它的经济发展在空间上的覆盖程度进一步扩散，有助于当地所得分配更加均等化。这都是AidData根据14年来3 000多个项目的地点的卫星夜间空照图，进行数学推算得出来的重要结论。①

中国不仅可以提供比较传统的公共产品，比如跨国的高速公路，洲际的铁路运输，以及在运输、信息、通信与能源领域的大区域互联互通，还可以提供新型的公共产品，特别是基础设施融资机制、跨国电子商务平台、卫星导航与海洋生态信息系统，以及包含绿色农业、新能源、人工智能、生命科学在内的新兴科技领域的知识与技术分享。很多邻近海洋的国家，如果没有好的深水港，没有好的集装箱码头和伸向内陆的铁路运输，是不好发展的，这两个要搭配在一起。现在中国在全球范围内大力推进这两块业务。例如，希腊政府因债务危机前几年都快破产了，它把其最大的港口比雷埃夫斯港（Piraeus）交给中远海运集团（COSCO）运营35年。

当然也有希腊本国人说希腊政府是在贱卖祖宗的资产，但其实整体来看是一件好事，为什么呢？因为希腊自己没有能力再更新、扩张该港的设备与容量，COSCO一开始投资，

① Soren Patterson and Bradley Parks, "Chinese Infrastructure Investments Reduce Inequalities in Developing Countries," AidData, December, 18, 2018. https://www.aiddata.org/blog/chinese-infrastructure-investments-reduce-inequalities-in-developing-countries.

马上就使比雷埃夫斯港的吞吐量翻倍，未来甚至还可以再翻倍。而且马上开始配合兴建铁路，把连接的铁路一直往巴尔干半岛延伸，让它的吞吐量更大，这是以前任何政府都做不到的。现在由内地企业跟港资企业在全球承租、投资或营运的集装箱深水码头，占全世界海路集装箱运输的比重高达70%，令人难以想象。[①]

“一带一路”倡议将为欧亚大陆开辟许多新的陆上经济走廊。过去全球化的经济辐射作用高度集中在沿海地区，离沿海300公里以上的地方，辐射作用越来越弱。但中国通过基础设施建设，通过铁路、高速公路、内陆经济走廊，让内陆国家与地区也可以便捷联通全球经济。它的覆盖空间与辐射作用会超过以前任何历史时期，这也是让全球化与包容性增长目标相结合的必要策略。

中国对落后国家的技术与知识分享也远远超越过去西方发达国家。中国不会对落后国家事事讲知识产权，然后坐收专利使用费。袁隆平院士去中东教当地人怎么种海水稻（耐盐碱水稻），从来不是从牟利角度出发，从不要求先注册种子专利，然后每年靠高价卖种子给当地农民来赚钱，这是孟山都公司（Monsanto）干的事。当然，孟山都公司一定反对中国搞这些农耕技术援助工程，因为动了它的奶酪，让它以前赚取暴利的模

① James Kynge, Chris Campbell, et al, “How China Rules the Waves,” *Financial Times*, January 12, 2017. https://ig.ft.com/sites/china-ports/.

式搞不下去了。但站在人类整体的发展来看，这是好事，利人利己，为什么不鼓励呢？中国把自己富余的产能运用在其他需要的地方，并在环境、医疗、绿色能源、农业技术等很多领域，提供技术与知识分享机制，这是难能可贵的。

中国将来也一定是推广全球电子商务平台的领导者。试想，如果电子支付系统可以全球通行，类似顺丰的快递服务网点可以遍布五大洲，而且小额跨境商品可以享受零关税，那将形成彻底的全球化经济。哥伦比亚种植咖啡的农民，可以通过网络在全世界寻找消费者的订单，定量生产。而且将来可以通过区块链技术完整记录与追踪咖啡豆的生产与运输过程，保证是符合原产地与有机认证的，没有假冒伪劣。很多消费者可以轻易从源头购买，绕过垄断咖啡豆采购的跨国企业。许多个体经营的咖啡店也可以与星巴克这样的大连锁集团公平竞争，跨国饮料集团也无法继续维持目前从采购到零售环节之间的巨大利润，全球的生产者与消费者双方均可成为赢家。

地球上最大的安全合作组织

乌法（Ufa）市是俄罗斯辖下巴什科尔托斯坦共和国的首府，距莫斯科 1 300 多公里，地处东欧平原边缘，乌拉尔山南麓，位于联结东欧地区与西伯利亚及中亚地区的枢纽位置。这个名不见经传的城市，在 2015 年突然成为国际新闻媒体追逐的焦点，因为这里举办了一场震撼世界的“双峰会”。

2015年7月上旬，普京总统在此召开了金砖国家领导人峰会，同时，上海合作组织领导人峰会也在此举行。这两场峰会的重要性与后续影响，远远超过西方媒体的预期。“乌法双峰会”帮助俄罗斯阔步走出西方国家经济制裁的阴影，也为“一带一路”倡议奠定了坚实的政治基础。双峰会最重要的历史性突破，就是上合组织正式启动同时吸纳巴基斯坦和印度为成员国的程序。上合组织还有四个观察员国，分别是白俄罗斯、蒙古国、阿富汗与伊朗，这是下一阶段受邀成为正式成员国的优先名单，此外还有包括土耳其在内的六个对话伙伴。这意味着横跨欧亚大陆的上合组织将成为目前人类历史上幅员最广、人口最多的安全与经济合作组织，会员国也包括了全球七个被正式承认的核武国家中的四个。①

西方观察家经常把上合组织与北约组织相提并论，将其视为中国和俄罗斯领导的中亚地区安全合作组织，有与美国领导的北约组织相抗衡的用意。但上合组织与北约组织的基本宗旨有根本性的区别。北约组织是封闭与排他性的军事结盟与政治集团，有明确的针对性与假想敌，也有意识形态集团对抗的历史背景。北约组织基本上完全依附美国，盟国军队听从美国指挥，基本上完全配合美国的全球安全战略需要。北约组织不追求普遍的安全，只是狭隘地巩固成员国自身的安全，并不在乎

① 2017年实现“扩员”后，上合组织成员国总面积为3 435.7万平方公里，占亚欧大陆总面积的3/5，人口约30亿，约为世界总人口的43%。

自身的国防方针与军事投射力量是否对周边国家构成严重威胁。这是典型的零和游戏思维，也就是把自己的安全建立在集团外国家的不安全之上。从北约组织强势介入苏联解体后的地区的地缘政治重组，以及南斯拉夫联邦的解体，就知道北约组织从来不是单纯的集体防御联盟，而是具有强烈意识形态扩张主义倾向的政治集团。

上合组织体现的则是多元文明共生。上合组织的成员国承袭不同的文化与宗教传统，走过不同的发展道路，处于不同的经济发展阶段，实行不同的政治体制，但都坚持以平等互信为基础、以互利共赢为原则、以对话协商为手段、以共同发展为目标，都愿意推进共同、综合、合作与可持续的新安全观。在共同与普遍安全的指导理念下，上合组织秉承“互信、互利、平等、协商、尊重多样文明、谋求共同发展”的“上海精神”，遵循公开、开放和透明的原则，奉行不结盟、不对抗、不针对任何其他国家和组织的原则，不把自己的安全需求建立在牺牲其他国家的安全之上。上合组织更不是基于特定意识形态而结盟的政治集团，尊重所有国家独立自主选择自己的政治体制与发展道路的权利，反对把特定的意识形态与价值强加于人，也反对西方的意识形态扩张主义。

上合组织可以从最初的边境维稳、打击跨境恐怖主义与宗教激进组织等具体而微的安全议题合作开始，逐步开拓更广泛的安全与经济议题合作，并能成功吸纳南亚的两大宿敌印度与巴基斯坦同时入会，正式成为《上海合作组织成员国长期睦邻友好合作条约》的缔约国，这既展现了主事者的政治智慧，也将必然考验主事者的胆识。在长期睦邻友好合作关系的指导原则下，以及上合组织和金砖峰会的协商与合作机制下，印度政府将有更强的意愿管控好与中国的边境问题摩擦，印度的政治精英也会逐步降低对“中巴经济走廊”计划的疑虑，也更愿意正面评估中国倡议的“中缅孟印经济走廊”区域经济整合构想。因为政治互信基础的逐步增强，印度领导人始终保持清醒的战略判断，不轻易落入美国与日本设下的“印太联盟”这个战略圈套。

2018 年 6 月，上合组织峰会在青岛顺利举行，与会各国元首批准了《〈上海合作组织成员国长期睦邻友好合作条约〉实施纲要（2018—2022 年）》。与会国还共同发表《上海合作组织成员国元首关于贸易便利化的联合声明》，并签署了反恐、禁毒、环保与粮食安全等 10 多份合作文件。未来，上合组织还将建立开发基金与发展银行。由于上合组织的成员国、观察员国和对话伙伴国都是“一带一路”沿线国家，这使上合组织可以就联合推出相关合作项目进行协商，并付诸实施，可以为“一带一路”建设提供新的推动力。

各国元首共同发表的《青岛宣言》明确点出对全球秩序变迁的基本判断，认为当今世界正处于大发展大变革大调整时期，地缘政治版图日益多元化、多极化，国与国相互依存关系更加紧密。同时也适时提醒国际社会，世界面临的不稳定性不确定性因素不断增加，世界经济形势明显向好，但仍不稳定，经济全球化进程遭遇贸易保护主义、单边主义等更多挑战，部分地区冲突加剧、恐怖主义、非法贩运毒品和有组织犯罪、传染性疾病、气候变化等威胁急剧上升，引发的风险持续增加。国际社会迫切需要制定共同立场，有效应对上述全球性挑战。

《青岛宣言》特别强调上合组织遵循“互信、互利、平等、协商、尊重多样文明、谋求共同发展”的“上海精神”，要经受住国际风云变幻的严峻考验，不断加强政治、安全、经济、人文等领域合作。具有里程碑意义的上合组织青岛峰会，更强化了结伴而不结盟的国际关系新模式，也为国际社会构建以合作共赢为核心的新型国际关系实践注入新的动力。

上合组织将是新型国际关系模式的重要实践，因为上合组织的成员组合蕴含了各种传统国际关系理论认为不利于在安全领域互信合作的条件，包括记忆犹新的军事冲突历史阴影，经济融合程度不高，文化交流根基不厚，宗教信仰高度多元，政治经济体制差异巨大，有分离倾向的少数民族大量跨境分布，边界领土争议一触即发，激进民族主义领袖有实际动员能力，区域外超强势力不断蓄意破坏和谐。在这些艰难的条件下，上合组织如果能克服政治障碍，逐步积累成功的实践经验，将可以引领人类社会在全球范围构建一个真正稳定、基于规范、保障多样文明共生共荣的安全秩序，并逐步实现所有国家与民族享有普遍的、可持续的安全环境，让文明与文明之间实现和睦相处，并且保障彼此发展机会之愿景。

如何驾驭科技革命

21 世纪，人类社会面临的另一个巨大挑战是如何驾驭突飞猛进的科技创新。我跟弗朗西斯·福山 2017 年在台北有一场对话，我提出这样一个观点：未来竞争的关键，不是在已经看得到的领域，比如人工智能、量子计算、生物科技、核聚变、半导体等，这些都是相对比较容易掌握的趋势，真正的挑战在于社会制度的创新。

现在人类社会正处于社会结构剧烈变动的阶段，我称之为“科技大爆发时代的前期”。这些科技爆发未来对我们整个社会生活的形态、公共治理的模式，以及国际关系都会产生颠覆性的、革命性的影响，我们现在还只是刚开始探索而已。人类社会需要更快速地调整自己，去驾驭这些新的技术，尤其是数字科技、信息科技、人工智能、生物技术等，把它们的应用引导到增进社会可持续发展的大目标上，并确保新科技带来的经济效益能够达到雨露均沾的合理分配，让所有社会群体都有机会享受更安全、健康、富足与充实的生活，让政府的施政方向更符合绝大多数人的根本利益，让公共服务职能更贴近人民的真实需求。这些都涉及生产组织的变革，社会保障模式的创新，公众表达、参与和问责机制的突破，以及数字资本的所有权、使用权与受益权的全盘制度设计。这才是 21 世纪社会模式与政治文明竞争的真正焦点所在。①

从这个视角而言，雄安新区的试验的确是千年大计。它试图以全新的发展思路，摆脱以前中国城市建设与管理模式，摆脱依赖土地批租与房地产开发来推动经济发展的路径，摆脱城镇户口的僵硬体制，而且首度实现全方位城市智慧管理，以及实施绿色 GDP 发展指标管理。雄安新区也必定是世界第一个实现 5G 时代全面无人驾驶的大规模城市。所以雄安新区是践行新发展理念的试验田，“生态优先、绿色发展”是这座城市建设的基本要求。按规划要求，雄安新区将在 2050 年完全实现二氧化碳零排放。雄安新区将充分吸收前沿理念来打造其能源系统：一是基于“互联网 +”建设雄安多功能互补云平台；二是按照智慧交通的理念构建交通能源系统；三是用构建产业集群的理念支持地热能源资源开发利用。

从 2017 年雄安新区正式成立开始，在新发展理念的指引下，经过数千名规划人员夜以继日的探讨、论证与精心绘制，2019 年 1 月，《河北雄安新区总体规划（2018—2035 年）》获得国务院正式批复。这意味着，雄安新区规划蓝图的顶层设计已经完成，即将从规划编制转向大规模实质性建设阶段。

在雄安新区规划编制过程中，形成了一套科学的方法与可操作性较强的规范体系。这既是一个由上而下也是自下而上的

---

① 长风文教基金会．从历史的终结到民主的崩坏：弗朗西斯·福山讲座［M］．台北：联经出版公司，2018.

规划编制过程。2018 年，大队人马走遍雄安新区的 33 个乡镇 637 个村庄，踏勘形成的村镇报告使规划团队掌握了新区每一寸土地与每一个居民村落的实况。利用一年多时间，经过专家反复论证的《雄安新区规划技术指南》体现了规划编制的科学性、统一性和规范性。这套规划的科学方法，未来通过定期评估、完善和提升，将成为引领全国乃至全球城市发展的可复制、可推广的经验、标准和示范。

未来发展道路的竞赛就看哪个社会能够走在最前面，能够更灵活、更有开创性。如何让新的 AI 科技在增强人的能力上，加强应用性而不是单纯地替代人，让绝大多数利益攸关者在科技推进的社会制度变革过程中，都有机会受益而不是受损，这是一场全新的挑战。在这个领域大家都是学生，没有师父可以跟着学，因为中国与西方发达国家差不多都在一个起跑线上。对西方国家而言，这也是历史发展长河中的一个全新挑战，旧有体制要做巨大的调整才能去适应。北欧现在正在开展“无条件基本收入”试验，到底这个试验要怎么去设计，怎么让人工智能、大数据与机器人产生的经济效益中的很大一部分能够适应社会重新分配，新的所得保障与旧的社会保障体系如何转轨与衔接，稳定的财政来源如何规划，现在来看都是难题。

在数字经济时代，由于大数据、人工智能与云计算等技术突飞猛进，以及运算与储存成本快速下降，数字交易平台的规模效益与网络效应惊人，再加上数字科技的生产力具有边际成本趋近于零的特性，所以非常容易形成少数垄断性科技集团，可以轻易扼杀数字科技原本蕴含的巨大普惠效应，更会导致极端扭曲的社会权力结构与贫富悬殊。如果政府无法采取有效监管与强制拆解措施防止巨型科技企业对数字资产的垄断、操控与滥用，如果国家机构不能为新时代创立全新的法律架构来明确界定数字资产的集体产权属性，以及保障社会成员对自己贡献的数字资产享有支配权与收益权，那么垄断性数字资本集团的出现是必然的结果。

过去20多年，美国完全放任华尔街金融资本驱动科技发展路径与数字科技企业的商业模式，已经走上一条歧路，甚至可以说是一条邪路。美国社会现在正饱尝苦果，极少数垄断性数字资本集团扭曲市场竞争机制，逐一吞并或歼灭竞争对手，以及利用垄断平台来同时压榨消费者与供应商。结果是极少数的超级富豪拥有前所未有的社会权力，他们控制经济命脉，掌控所有人的隐私信息，甚至可以操弄民意、影响选举结果与左右国会立法。同时，社会贫富两极分化更趋严重，财富高度集中的现象超过资本主义发展史上任何时期。正如被拜登延揽到白宫任职的哥伦比亚大学法学院教授吴修铭（Tim Wu）所描绘的，“少数几家大企业完全掌控了我们的生活”，所以他强烈主张要强制拆解这些科技巨兽。①

美国经济权力与财富集中程度已经达到匪夷所思的田地。

① Tim Wu, *The Curse of Bigness: Antitrust in the New Gilded Age*, Columbia Global Reports, 2018.

有90%以上的在线搜索都是通过谷歌完成的，脸书与谷歌共同控制80%以上的在线数字广告市场。华尔街所称的六大科技集团，英文缩写为FAANGM，这六个字母分别代表脸书、亚马逊、苹果、网飞、谷歌与微软。这六大公司的股市市值在2013年就已经占美国股市总市值的9%，到了2021年已经膨胀到25%以上。[①] 这六家公司也支配着巨额的政治献金预算，在华盛顿雇用最庞大的政治游说队伍，在美国国会安插了众多利益代言人，所以它们可以回避反托拉斯法的监管，大范围免除纳税义务，甚至可以动用美国政府力量来阻挡欧盟对它们进行监管或抽取数字交易税，已经是尾大不掉。

立足于社会主义的中国就更不应该放任华尔街资本来主导中国数字经济的发展模式，或是纵容那些掌控垄断性电子商务平台的中国企业模仿美国那一套——从消费者与供应商身上两头剥削，攫取暴利的商业模式。在发展数字经济的道路上，中国应该引领全球进行制度探索与创新，以尽可能实现数字科技革命所蕴含的巨大普惠效益的终极目标。例如，像滴滴这样具有市场垄断地位的网约车平台去美国纳斯达克上市，只是让极少数的人一次性拿走价值几百亿美元的公司长期的未来预期收益，等于是让滴滴大股东从几百万网约车驾驶员与几亿乘客身上一次性提取了未来二三十年的压榨与剥削。

---

① Edward Yardeni and Joe Abbott, "Stock Market Briefing: FAANGMs," Yardeni Research, Inc., August, 2021. https://www.yardeni.com/pub/faangms.pdf.

像滴滴这样的垄断性交易平台，只要政府提供有效的法律架构与有力政策扶持，绝对可以转型为合作经济模式。首先应该明确界定这些平台的大数据的共有产权属性，它的收益权也属于提供信息的驾驶员与乘客集体所有。在合作经济模式下，驾驶员（供给方）可以得到更好的劳动权益保护，乘客（需求方）可以享受童叟无欺的高质量服务，平台产生的超额利润应该高比例地回馈给驾驶员与乘客，就像合作社社员分红一样。平台的管理团队应该得到合理的劳务报酬与绩效奖励，但不应该拥有股权收益，交易抽成比例与收费模式应受政府严格监管，而且必须积极配合城市与治安管理的社会义务。其他各类的垄断性网络交易平台也都可以转型为合作经济模式，让数字科技时代生产力大爆发的经济效益能为社会多数人分享。当然，这样的新型分享经济模式会牵扯巨大的利益冲突、复杂的博弈，但这样的思路可以开启很多前所未有的社会创新实践。各种有利于可持续发展的创新模式都应该尝试，并发掘其潜力。

我最近在很多演讲场合都会提醒台下的听众，由深度学习、大数据、物联网以及量子运算等科技领域带动的社会冲击与经济结构变革，将是史无前例的，也是颠覆性的。人类将首次迎来一个超级透明的社会，每一个人的生物特征与一生足迹，都会被完整记录。从个人所继承的遗传基因编码开始，所有的健康、体验、言行、移动、消费、生产与交往活动细节都将被完整记录。每一个人一生将完全透明，一言一行都有记录，好事与坏事天下皆知，而且数字记录很难窜改。除非一个人退出现代社会，与世隔绝，否则无法遁逃于天地之间。纸币可能很快会彻底消失，由数字货币全面取代，所有经济交易与金钱流向一目了然。将建立无死角的社会信用制度，腐败无所遁形，财富无法藏匿，企业无法逃税，犯罪难逃法网。也许天堂就是这样一个超级透明的社会，每个人就都变成天使了，因为不能做坏事。

伴随超级透明社会而来的，可能是超级智慧政府。政府拥有最完整的大数据与最强的运算能力，可以对社会进行全天候、全覆盖的数字管理。政府掌握了每一位公民的体质特征、健康状况、社会关系、生活习惯、经济活动与资产变动的所有记录，并据此提供公共服务，进行智慧城市管理，以及调节经济活动。超级透明社会加上超级智慧政府，可以迎来夜不闭户、讲信修睦的人间净土，但也可能导向个人自由彻底消失的极权社会。

面对掌握大数据资源，具备超级运算与深度学习能力的政府，传统西方国家所依赖的三权分立与制衡机制将失灵。在超级透明社会时代，必须设计新的权力制衡机制。对应超级透明社会的应该是超级透明政府，政府针对民众权益的所作所为都应摊开在阳光下接受检验，所有公权力行为都应该留下记录，作为日后问责与纠偏的依据。超级智慧政府的运行本身就需要内建日常管控与监督机制，这些内控机制需要配备等量齐观的数字资源、运算能力与深度学习能力。

当政府部门使用替代人为判断的 AI 系统时，都需要从 AI

设计源头上内置伦理守则，任何逾越伦理守则界线的状况，都有自动揭露与自动纠正功能。此外，应该将个人所产生的各类数字信息利用区块链技术记录，让不同类别的个人活动、社会信用与经济交易记录分散保存与平行认证，避免单一强制性机构集中保存与认证。

将来很多政府职能都是可以被智能化的，公务员可能被 AI 替代。现在中国海关很多工作人员工作量不饱和，因为几乎所有集装箱都是通过网上申请自动验关通关，事后再抽查。根据大数据计算机系统，对于记录优良厂商的申报马上就可以放行，事后还可以根据厂商的货料库存、出货量、能源使用、现金流等其他数据来比对稽核。所以海关的职能需要转型，人力资源需要重新配置，海关官员要干吗呢？可以做更多的企业咨询服务与政令倡导，或是根据大数据提供产业经济预测，或去接受新的专业培训，去贫困地区扶贫。①

这个变化已经出现了，将来公安的主要责任可能是维护网络安全、防治网络犯罪和金融诈欺。整个社会形态改变了，公共治理的挑战会变得完全不同。所以，中国若能在这些领域有一些好的制度探索与实践，对全人类而言，尤其是对那些同样起点低、人口规模大、资源薄弱的国家而言，都有重大启发作用。如何驾驭这些科技，增强人类社会可持续发展，中国的责

---

① 朱云汉：《AI 对政治领域的影响及挑战》《AI 对科技经济社会政治暨产业之挑战及影响》，财团法人中技社主办，2017－02－22，台北。

任重大，为了14亿人的福祉，需要迎接好挑战，对其他国家、民族产生示范作用更是如此。

维护地球生态与公共领域

位于青岛即墨区鳌山湾畔的青岛海洋科学与技术试点国家实验室（简称“海洋国家实验室”），在2016年发起“全球海洋院所领导人论坛”。首次会议于9月26日在海洋国家实验室召开，来自20个国家的60余家海洋院所负责人参会。这个论坛可以说是全球海洋科技领域的“G20峰会”。

在这个会议上，实验室主任吴立新院士向全球专业同行介绍了“透明海洋”大科学计划，其中包括“海洋星簇”“海气界面”“深海星空”“海底透视”“深蓝大脑”五大计划。最终目标是借助卫星遥感、大型潜浮标、深海智能浮标、水下滑翔机等海洋技术装备，再利用大数据、人工智能与超级计算机的超高运算能力，发展全球海洋智能模拟器，让科学家在实验室就能知道全球海洋正在发生的事情，以及未来将要发生的事情，如海洋的温度变化、水声通道的变化、鱼群的变化等，并能做出预测。

例如，“海洋星簇”计划就是通过研发具有自主知识产权的“观澜号”卫星、创新卫星遥感和组网技术，在国际上首次实现将主动微波扫描成像高度计+激光雷达水体剖面同步观测相结合的新体系，构建海洋从中尺度（10—100km）到亚中尺度（1—10km），从表面到海洋上层（500m）的天基观测系统，实现从空中将海洋看得透明。

这个大科学计划的实施，将以通过建设覆盖“两洋一海”（西太平洋－南海－印度洋）的海洋观测系统，建立海洋环境、资源与气候变化的预报和预测系统为近程目标。然后在此基础上与各国海洋研究机构进行交换、分享与合作，最终建成对全球海洋的海气界面、上层海洋，以及深层海洋的信息实时获取与近期变化预测能力。

“透明海洋”以优先覆盖“两洋一海”为目标，因为西太平洋－南海－印度洋为中国核心战略海区。“两洋一海”的透明化将成为支撑21世纪海上丝绸之路发展的重要基础。西太平洋－南海－印度洋既是21世纪海上丝绸之路的重要空间载体，也是火山、地震、海啸、台风等自然灾害的多发地带，对海上丝绸之路的安全和畅通构成潜在威胁。

2019年3月，我到青岛海洋国家实验室调研。潘克厚秘书长给我做介绍时提到，2015年启动的“透明海洋”大科学计划，在短短4年之间，已经初步构建了世界上最大规模的区域海洋潜标观测网——“两洋一海”潜标观测网，突破了潜标实时传输这一全球性难题，首次实现深海数据长周期稳定实时传输并共享应用。海洋研究原来是中国科技能力的短板，而“透明海洋”大科学计划，将为中国在海洋观测与探测领域从跟跑、并跑到领跑的转变提供一大助力。

2019年4月，习近平主席在青岛向出席海军建军70周年庆祝活动的各国海军代表，首次提出构建“海洋命运共同体”的倡议。这是中国领导人第一次针对全球海洋治理领域正式提出的完整中国方案构想，这也可理解为中国倡导人类命运共同体理念在海洋领域的实践方案。中国提出构建“海洋命运共同体”，就是要联合世界其他国家共同努力，在保护海洋生态环境的前提下，有序开发海洋资源，积极参与全球海洋治理，共同建设美好的地球家园，实现人与海洋的和谐共处。

这个倡议的提出，代表着中国的海洋强国建设已经初步达成目标。中国已经具备足够的海洋领域综合实力，从造船工艺、海港设施建设能力、填海技术、商船运输能力、海洋观测与探测能力、海洋生物科技、海上执法能力，到海军远洋巡弋能力，都逐步达到了世界先进水平。如果欠缺这些综合能力，在全球海洋治理领域是无法发挥关键影响力的。唯有具备对全球海洋生态体系变迁理论的系统性理解与精确数据掌握，才可能形成更有效的对抗全球变暖的方案。唯有具备对上层海洋与深层海洋的全覆盖，以及高精准尺度的观测与探测能力，才可能引导国际社会对海洋资源的有序开发利用形成共识。

地球是人类的共同家园，是人类生存发展最根本的依托，而地球表面积超过71%的是海洋。为了子孙后代，我们必须共同保护海洋生态环境。如何保护好上天赋予人类的这个共有资源，节制滥用，做好管理、分配与共享，避免悲剧性的生态失衡，留下永续造福人类的“蓝色银行”，是一个巨大的难题，也是无法逃避的全球议题。

人类的生产与消费活动已经让地球没办法负担了。以前我们认为海洋无限宽广，不管倒多少废水，倒多少重金属，排多少废油都无所谓，它自己会稀释掉。其实不然，我们已经破坏了整个海洋生态平衡。很多国家对这些问题无能为力。另一方面，某些技术先进国家还试图借助自己技术先进，占用更大的资源。知道鱼群在哪里就设法捕获更多的鱼，知道石油、天然气在哪里，就赶紧开采。不只是自扫门前雪，还非常自私自利地攫取、掠夺和滥用。从这个角度看，海洋治理规范与机制的完善化，以及构建“海洋命运共同体”的倡议，已经是刻不容缓。

中国的全球担当

从促进多元文明的和谐共处，保障人类社会的普遍安全，完善地球公共领域治理，为全球化注入新动力，到驾驭新兴科技的巨大潜力，这些当前人类共同面临的挑战，都不是单独一个国家就可以解决的。很多涉及区域与全球层级新规范、新规则、新治理机制的建立。在这些领域，中国有无法推卸的发展中国家领头羊的责任。当前全球治理机制已经远远落后于全球化的发展进程，而且科技大爆炸所带来的一些新挑战，可能都需要在区域与全球层次建立一些辅助性机制，来支撑每个国家内部的体制改革和法律完善。中国主动承担国际秩序重组过程中的一个建设性角色，这既符合新时代中国自身发展的需要，也有利于人类社会的和平与发展。

科技大爆炸时代把人类社会带到历史的十字路口。我们可能通向零边际成本社会与分享经济的理想时代，也可能跌入数字资本绝对支配与垄断的黑暗前景。AI使迷信武力的国家发动战争与国家恐怖主义行径的心理门槛大大降低。此外，多数新科技带来的巨大经济利益，如果没有新的监管与社会再分配机制，很可能被极少数人攫取。而且将来这些垄断交易平台、智能专利与大数据库的企业，创造的投资回报都是几百倍、几千倍的，因为知识经济时代很多生产活动的边际成本都接近于零，最重要的生产要素是算法与信息，这些的复制成本趋近于零。

全球的经济游戏规则需要做调整。过去35年新自由主义思想下打造的经济全球化游戏规则，实际上是资本友善至上，私有经济至上，它的行动主体、主角或利益驱动者，就是大型跨国企业、跨国银行、投资机构、私募基金等。实际上，它给全球带来了巨大的风险，积累了巨大的社会矛盾，也让虚拟金融活动泛滥，严重威胁到实体经济活动。

资源与财富快速地集中在极少数群体的手中，对宏观经济也产生非常不利的影响。美国在1929年经济大萧条前夕，处于分配最不公平的时期。大多数群体的收入处于下降状态，消费能力不够，经济也失去增长动力。一些富豪炒金融资产、房地产，将实体经济空壳化，创造虚拟金融交易，因而制造巨大的金融泡沫。对不良房地产资产包装，产生次贷，泡沫破裂，又给实体经济带来严重损伤，政府用纳税人的钱去补窟窿并滥印美元，增加美债，这就是2008—2009年发生在美国的故事。[①]

未来经济全球化的游戏规则，掌控平衡资本友善、劳动友善、环境友善三者，而且不能独厚私有经济，或者独厚大型跨国企业，要让小微企业、个体都有直接参与全球经济分工的机会。所谓兼顾资本友善，不是要把资本消灭，因为资本有它的活力与动力。在有些市场结构里面，让国有企业与合作型经济体有参与的机会，有一席之地，产业生态会比较健全，会产生好的竞争效率。而且网络科技与数字交易平台的发展，将会打破完全由跨国企业垄断的跨国经济分工或者产业供应链，实现生产组织扁平化。很多个体、小微企业、边缘经济体都可以直接在网络上找到自己的交易对象，然后直接参与经济全球化的分工。实际上这个过程已经在发生了，只是它还没有很好地变成跨国联通机制。

另外，一定要在全球范围重建财税正义，因为现在所有的西方国家，也包括有些发展中国家面临的最大困境就是偷税漏税。一些跨国企业与富豪阶层隐藏自己的利润与所得，而政府难以去规范它们，这需要所有国家放下狭隘的个体利益，协商全球性的租税合作机制，否则这些问题没有办法得到根本的解决。

非西方世界全面崛起的大趋势不可阻挡，非西方国家之间将会构筑越来越绵密的经济、能源、科技、信息与金融交换与

---

① Joseph Stiglitz, *The Price of Inequality: How Today's Divided Society Endangers Our Future*, W. W. Norton & Company, 2012.

互助网络。这将为全球化带来新的动力，这也不是西方的反全球化政治势力，或美国对中国采取战略围堵政策所能阻挡的。

中国不仅要积极参与全球治理，弥补现有全球治理机制的不足，同时还要在现有的机制出现基础性动摇时提供主要支持。中国还需要积极参与新兴全球议题领域的规范构建，例如海洋与外太空的人类公共资源的维护与管理，以及在电子加密货币与互联网领域新全球规范的构建。例如，IPv6 的逐步推广可以有效打破美国独家的主控权，让互联网变成一个最重要的真正实现共建共有共享的全球基础设施。中国正在积极参与互联网行业、数字经济规范和经济规则的制定。中国定期在乌镇举办的世界互联网大会，逐渐得到全世界的互联网行业巨头认可，并认为它们不能缺席这个年度集会，因为这蕴含很多行业中新的发展趋势和新的合作机会，还有一些新的规范的制定，都将会在这里落地生根。

2015 年 9 月，习近平主席出席联合国发展峰会，倡议“探讨构建全球能源互联网，推动以清洁和绿色方式满足全球电力需求”。虽然这个倡议现在还没有开始落实，但引起了欧亚大陆沿线很多国家的兴趣。中国规划从欧亚大陆开始做起，通过全球范围内特高压的输电网连接，实现全世界能源供给的共享，在技术上与经济可行性上已经打下基础，因为中国有一家在全世界名列前茅的大型国企——国家电网。它在这个领域的技术已领先全世界，它首先解决了中国自己的西电东输问题，也在巴西、菲律宾、澳大利亚承担建设长途输电网的工程。

此外，中国在光伏发电、第四代核能、地热发电以及核聚变能源领域都已走在世界的前沿，这些都是更清洁与更安全的能源，可以减少碳排放，促进可持续发展。而全球各地区由于时差，发电与供电的尖峰与离峰彼此错开，理论上电源完全可以共享。如果将来这个愿景能实现，人类社会与命运共同体就相距不远了。等于说，人类把最重要的基础性需求——一天也不可或缺的能源需求捆绑在一起，那么国家与国家之间不可能再打仗了，也不可能再用网络病毒彼此攻击了，因为大家已经难分难解了。

第六章

探索新冠病毒危机后的世界

百年不遇的大封锁

2020 年 4 月 7 日，美国的新冠肺炎疫情正处于大暴发阶段，一位住在科罗拉多州丹佛市的老朋友赵穗生教授，在微信群里发了一则让他很感伤的新闻：位于丹佛市联合火车站附近，见证了 128 年辉煌历史的布朗广场酒店（Brown Plaza Hotel），突然无预警就歇业了。《丹佛邮报》的记者很感慨地写道，这座富丽堂皇的五星级酒店从 1892 年开业至今，从来没有歇业过一天。它挺过许多历史事件的冲击，无论是第一次世界大战、经济大萧条、第二次世界大战、“9·11”恐怖袭击事件，还是 2008 年爆发的全球金融危机，都不曾让这个丹佛市民引以为傲的地标性酒店等不到顾客上门而不得不关门歇业。[①]

---

① https：//www. denverpost. com/2020/04/07/coronavirus-brown-palace-closed-128-years/.

在地球遥远的另一端，印度总理莫迪于2020年3月24日突然公布从当天午夜起在全国实施为期21天的封锁抗疫措施。在孟买行医的海尔马斯（Dr Jagadish J. Hiremath），目睹政府的封城禁令让成千上万流离失所的印度穷苦民众进退失据，于是他在推特上写下一段发人深省的文字："能保持社交距离是一种特权，说明你家有足够的地方隔离。能洗手是特权，说明有自来水。有免洗洗手液也是特权，说明你有钱购买它。不出门也是特权，说明你有能力不出门工作。"①

这两则对比强烈的新闻，鲜活地描绘出新冠病毒大流行给处于不同社会条件与状态下的群体，带来截然不同的冲击与损害。这两个具体而微的例证也凸显了一个共同点：无论用哪一种历史尺度来衡量，这场百年不遇的全球大流行病，给全球社会带来的价值选择难题、社会压力、心理震撼以及生计损害都是空前的。

新冠病毒的传播速度是空前的，在暴发后的短短4个月内就席卷了全球200多个国家与地区。它引发的全球金融震荡与债务危机将超过2008年的金融危机，导致的失业人口比例将直追1929年的经济大萧条。它给许多国家带来的生活秩序与生产活动的冲击绝不亚于两次世界大战，给高度全球化的世界经济运行带来的窒息性打击将远远超过"9·11"事件。它让原本

① https://www.msn.com/en-gb/news/spotlight/a-viral-reminder-that-social-distancing-is-a-privilege-that-poor-people-cannot-afford/ar-BB11VQOS.

人潮汹涌的芝加哥、阿姆斯特丹、迪拜、新加坡等空运枢纽机场门可罗雀，它让原本衔接得天衣无缝的全球供应链处处面临断链危机，它让绝大多数的主要经济体至少连续好几个月基本处于休克状态，它让全世界四成以上的人出于无奈而遵守不同程度的禁足或隔离措施。

国际货币基金组织在 2020 年 4 月 14 日发布的《世界经济展望报告》里，已经正式把这场百年不遇的全球公共卫生危机命名为“大封锁”（the Great Lockdown），正好与“大萧条”（the Great Depression）相提并论，凸显这场疫情给世界经济带来的冲击是百年来所仅见的。①

虽然疫情的未来发展态势还有诸多的不确定性，没有专家可以断言全球社会何时可以摆脱病毒的肆虐，持续突变的新冠病毒是否会在每年冬季卷土重来，有效对抗新冠病毒的特效药是否能在短期内问世，但很多世界政治经济问题专家已经迫不及待地对“后新冠病毒世界”（the Post COVID-19 World）提出各种预测，也试图解读这场突发疫情对人类历史发展各方面的长期影响，包括从价值与伦理观念、社交与消费行为、公共卫生医疗体制、社会风险管理、国家权力边界与基本职能、全球产业分工模式、大国战略竞争关系、东西方意识形态冲突、政治认同与共同体意识，到全球治理机制所可能出现的永久性调

① https: // www. imf. org/en/Publications/WEO/Issues/2020/04/14/World-Economic-Outlook-April-2020-The-Great-Lockdown-49306.

整与改变。

不少国际知名的观察家把这场疫情定位为历史分水岭事件，意味着新冠病毒会将人类历史带入一个新的时期，将会带来结构性的改变或新的趋势。其中值得重视的预测有四个方向。

一是对全球化前景的悲观预测。例如，英国皇家国际事务研究所所长尼布利特（Robin Niblett）在《外交政策》杂志的专辑里宣称，“我们所熟悉的全球化将一去不返”，新冠肺炎疫情将是压倒全球化骆驼的最后一根稻草。获得过普利策奖的知名评论家加勒特（Laurie Garrett）也支持尼布利特的看法。他预言，今后跨国公司都会重新评估跨国远距供应链在灾变下的脆弱性，它们会设法将全球供应链进行收敛，让生产资源调配在空间上更紧凑，而且宁可牺牲效率及利润，也要增加替代来源及安全库存，来增强供应链抵御突发事故风险的韧性。[①] 著名的英国评论家莱格兰（Philippe Legrain）也预测新冠病毒将终结我们所理解的全球化，这场疫情彻底凸显国际整合的风险，将赋予各国政府采取限制全球贸易与跨境人员流动措施的正当性。[②]

二是对美国国际领导地位陨落的预测。例如，主管美国东亚和太平洋地区事务的前助理国务卿坎贝尔和布鲁金斯学会中国战略计划主任杜如松（Rush Doshi），在 2020 年 3 月刊的

---

① https：// foreignpolicy. com/2020/03/20/world-order-after-coroanvirus-pandemic/.

② https：// foreignpolicy. com/2020/03/12/coronavirus-killing-globalization-nationa-lism-protectionism-trump/.

《外交事务》发表“新冠病毒可能重塑全球秩序”的评论。他们提醒美国决策者，如果说1956年的“苏伊士运河危机”（第二次中东战争）暴露了大英帝国的无能为力，并使其丢失了超级大国资格的话，这次抗疫或许会成为美国的“苏伊士运河时刻”。如果美国不能在这场抗疫中展现政治体制的有效治理能力，并在全球抗疫行动中不再能扮演国际公共产品主要提供者的角色，那么中国会填补美国留下的真空。[①]

美国国际关系学界现实主义学派的领军人物、哈佛大学斯蒂芬·沃尔特教授，在《外交政策》发表了一篇题为《美国能力声誉之死》的尖锐评论。他认为美国过去享有的无与伦比的国际影响力建立在三大支柱之上：一是美国拥有的强大经济与军事复合体；二是盟国的坚定支持；三是其他国家对美国能力的信任，相信美国在各专业领域具备世界上最称职的能力，可以制定出最值得信赖的标准与正确的决策。但是在这场关键的能力检验上，特朗普政府却显露出的疏忽、失职、无能与慌乱，让美国国家权力最重要的三大支柱之一彻底崩解，难以修复。[②]《大西洋月刊》的主笔悲愤地写道，“病毒并没有打碎美国，而是揭露了一个早已破碎的国家”，这些问题存在已久：腐败的

---

① https：//www. foreignaffairs. com/articles/china/2020-03-18/coronavirus-could-reshape-global-order.

② https：//foreignpolicy. com/2020/03/23/death-american-competence-reputation-co-ronavirus/.

精英阶层，僵化的官僚体制，冷酷无情的经济，四分五裂且心烦意乱的公众。

到了2020年4月下旬，目睹美国成为全球新冠肺炎疫情最严重的国家，确诊人数逼近90万，死亡病例超过5万，失业人口暴增至2 600万，牛津大学著名欧洲历史学教授艾希（Timothy Garton Ash）在接受《纽约时报》采访时说，“我感到极度悲伤”，这次新冠病毒危机动摇了“美国例外主义”的基本假设。过去凭借价值观与国力的巨大影响而成为全球领导者和世界榜样的美国，在二战后数十年扮演了一种特殊的角色。这次是战后70年来第一次，在一场全球危机中没有人寻求美国扮演领导角色。①

三是对西方自由民主体制前景的预测。很多观察家都预告这场疫情将导致民主体制的衰败，以及西方国家将失去良好治理的话语权。他们的担忧来自两方面：第一，这场灾变必然大幅扩张国家的权力边界，让各种限制个人自由与侵犯隐私的措施合理化，甚至常态化。紧急权力的扩张必然巩固在位的强人领袖，或让更多有强烈威权主义或民粹主义倾向的政治人物攫取他们所需要的政治土壤。② 第二，在这场对政治体制的决策质量、学习与纠偏、应变与灵活、协调与统筹、执行与贯彻、

① https: // www. nytimes. com/2020/04/23/world/europe/coronavirus-american-exce-ptionalism. html.

② https: // www. project-syndicate. org/commentary/covid-19-poland-hungary-authoritarians-by-slawomir-sierakowski-2020-03.

调度与配置、动员与号召，以及公民政治信任最严酷的考验中，西方民主体制明显败下阵来。因为最严重的疫情扩散，最惨烈的生命与财产损失，居然集中发生在西方发达国家，从意大利、西班牙、法国、德国、英国、加拿大到美国，无一幸免，这完全颠覆了人们的传统认知。① 过去发展中国家都是将西方民主国家奉为圭臬，深信西方体制具备最佳的公共治理能力，能为公民提供最好的医疗与公共卫生保障。②

这次危机让西班牙前外长帕拉西奥（Ana Palacio）担心自由民主能否在新冠病毒危机之后存活下来，因为2008年的金融危机以及随后的长期经济衰退，已经让欧洲公民失去对本国体制的信心，而在这场大流行病之后，经济危机必然进一步恶化，人们对西方自由主义的怀疑必然加深，它在世界思想市场中的竞争地位也将更为脆弱。③

《彭博新闻》总编辑米思伟（John Micklethwait）和《经济学人》政治版主编伍尔德里奇（Adrian Wooldridge），也特别联名发表一篇题为《病毒应该唤醒西方》的长文。他们忧心忡忡

---

① 在西方国家中也有例外，澳大利亚与新西兰在疫情的控制上表现相对较好，它们得益于岛国的地理条件以及南北半球气候的颠倒。

② 福山试图拆解控制疫情绩效与政体的联结，而强调抗疫绩效取决于国家能力与政治文化（特别是对权威的信任），但他回避了为何绝大多数的西方民主国家欠缺国家能力与政治信任这个问题。

③ https: // www. project-syndicate. org/commentary/covid19-crisis-pits-liberal-democracy-against-china-by-ana-palacio-2020-04.

地提醒西方政治领袖，这场大流行病显示西方的核心机构无法履行保护公民的基本职责。他们的结论是："西方世界毫无疑问面临着二战以来最大的危机。世界面临一个巨大的地缘政治问题，即西方国家能否可以像以往那样面对挑战，并重新思考政府治理的理论和实践，还是自欺欺人，最终让出全球领导地位？"①

四是对新自由主义步入历史终结的预测。很多社会评论家都认为，新冠病毒危机将给过去 40 年盛行的新自由主义的棺木钉上最后一枚钉子。左派批判学者纷纷指出，新冠病毒危机将新自由主义的贻害暴露无遗。② 资本拥有者为了享受短期利润极大化，过去 40 年以市场的优越效率为名，将国家能力逐步掏空，在生产全球化旗帜下，许多国家经历产业空洞化，并创造了一个极为脆弱的金融结构，每一次危机爆发都依赖国家出面抢救。③ 尤其在新自由主义发源地的美国与英国，政府对防疫与公共卫生体系的投资严重不足，公共产品属性的新疫苗研发已沦为制药集团的牟利工具；行政官僚体系的专业能力全面下降；大多数基层劳动者都陷入贫困边缘，缺乏工作与收入保障，普遍欠缺承受经济风险的能力。

在过度市场化的美国医疗体系中，以利润为导向的医疗集

---

① https: //www. bloomberg. com/opinion/articles/2020-04-13/coronavirus-pandemic-is-wake-up-call-to-reinvent-the-state?sref = yQynBrwF.

② https: //www. euractiv. com/section/economy-jobs/interview/chomsky-on-covid-19-the-latest-massive-failure-of-neoliberalism/.

③ https: //mronline. org/2020/04/18/coronavirus-crisis-and-the-end-of-neoliberalism/.

团都听命于一批拥有 MBA（工商管理硕士）学历的专业经理人（而不是资深医学专业人士）。他们最重视的是财务报表，而不是维护病患健康或保障医护人员。在疫情暴发高峰期，许多美国医院的第一线医生护士，在完全缺乏专业防护装备与无法获得检测的情况下，被迫与新冠肺炎患者密切接触，由此导致极高的医护人员感染率。

这场危机也导致资本主义体系出现有史以来最急遽、最严峻的经济萎缩，各种市场机制都失去功能。为了缓和股市的极度恐慌，美联储推出无上限的债券回购计划，把自己的资产负债表在短短几个星期内扩张 4 万亿多美元。金融市场的正常资产定价机能全部失效，逼近零的长短期公债利率也完全失去指标意义。许多濒临倒闭的欧美大企业最后都有可能走上国有化一途。曾经是新保守主义阵营大将的福山，在接受法国《观点》周刊的采访中承认新自由主义已死。他判断新冠病毒危机会促使西方社会重新找寻自由主义、社会保障和国家干预之间的平衡。他说，我们将回到 20 世纪五六十年代的自由主义（或称为“镶嵌式自由主义”），即市场经济、对私有财产的尊重，以及通过干预手段减少社会和经济不平等的高效国家三者并存。全球大流行病再次表明，一个强大的国家是必要的。[①]

应该如何评断上述对“后新冠病毒世界”的各种预测呢？

---

① https: // www. lepoint. fr/editos-du-point/sebastien-le-fol/francis-fukuyama-nous-allons-revenir-a-un-liberalisme-des-annees-1950-1960-09-04-2020-2370809_1913. php.

客观上说，这场大疫情给各国经济与社会带来的各种短期冲击都已经陆续浮现了。但新冠病毒危机究竟是否会给世界秩序带来一些永久性的改变，或扭转人类历史发展的方向，其实还言之过早，目前很多评论家的分析可能过于武断。

从政治经济学分析的角度观之，自从人类文明出现细密的经济分工与交换体系，建立各种保障社会存续功能的阶层组织，构建国家统治机构与治理职能，塑造集体认同与历史记忆，以及发展出有限度的国际协调合作机制和国际社会互动规则以来，任何大型自然灾害对人类社会的影响与冲击都不是在“自然状态”下出现的，也可以说不是在“社会真空”的条件下出现的。任何一场大流行病的暴发都不是这种病毒天然本质（如感染途径、传播速度、发病率或致死率）的单纯展现，而是这种流行病天然属性与特定社会条件的互动结果。

一个社会既存的物质生活状态及这个社会所具备的各种结构特征——人口与空间结构、制度与组织、知识与技术、观念与行为、冲突与矛盾，以及其所隶属的国际体系，都会深刻影响这个社会面临大流行病的应对模式与效果，影响这场公共卫生危机可能引发的政治、经济、社会与心理后果，影响不同群体如何理解与总结这场灾害的教训，以及影响大流行病最终会留下什么样的历史烙印与长期影响。

要回答这场新冠病毒大流行是否会将人类历史带入一个新的时期，或导致结构性的改变，或改变历史前进的方向，我们必须把这场庚子年大疫放在我们所处的这个时代的结构、制度与文化脉络之中，以及放在疫情暴发前已经形成的历史发展趋势之中来进行分析、推敲与判断，同时设法找出一些有对比价值的历史经验作为参照。

大战与大疫："西班牙大流感"的历史痕迹

综观人类历史，人类历史的前进轨道因为一场大流行病而彻底改变的例子有，但并不多。① 当不少评论家在对"后新冠病毒世界"提出各种大胆预测的同时，也有一些冷静的观察家不约而同地指出：大流行病往往是加速或推迟了原来的历史趋势，而不是重新塑造世界秩序；大流行病也很少会对现有的社会结构及其特征带来根本性的改变，更可能是凸显现存社会结构的本质与特征，更鲜明地暴露已经长期积累的结构失衡与体制缺陷问题，或是激化蓄势待发的冲突与矛盾。

例如，总部位于纽约的对外关系委员会会长哈斯（Richard Haass），在《外交事务》撰文提醒读者，并不是每一次危机都是历史转折点，"后新冠病毒世界"不会是一个无法辨识的世

① 最著名的例子是14世纪暴发的黑死病，欧洲大约有2 500万人死亡，导致劳动力严重短缺，进而动摇封建体制与庄园经济的社会基础，可参见经典之作：Barbara Tuchman, *A Distant Mirror*: *The Calamitous 14th Century*（New York: Alfred A. Knopf, 1978）。另外一个常被引述的例子是欧洲殖民者将天花病毒带到美洲新大陆，导致美洲原住民的灭绝，可参见 Jared M. Diamond, *Guns*, *Germs*, *and Steel*: *The Fates of Human Societies*（W. W. Norton & Company, 1999）。

界，这场大流行病更多地将加快世界历史的前进速度，而不太可能改变其方向。他指出，美国领导地位的衰落、全球合作的崩解、大国关系失和，所有这些原本存在的国际环境特征与趋势，在这场疫情之后只会更凸显。①

以研究全球化、国家主权与民主体制三者间结构性矛盾而著称的哈佛大学政治经济学教授罗德里克，也敏锐地指出，一场如此重大的历史事件必然会诱发特定方向的验证性偏见（confirmation bias），观察家会倾向于将事件视为支撑他们既有世界观的证据，并努力在这场危机中找到自己期待的未来经济与政治秩序出现萌芽的迹象。②

如果我们要找一个历史案例作为解析新冠病毒大流行的最佳参照，那非“西班牙大流感”莫属。这场暴发于1918年1月的大流感，是一百多年来人类社会经历过的最惨烈的大流行病。在短短两年内，地球上有近5亿人被感染，病毒在全球夺走了5 000万条性命③，而当时世界人口约为17亿。在美国，估计应该有

---

① https: //www. foreignaffairs. com/articles/united-states/2020-04-07/pandemic-will-accelerate-history-rather-reshape-it.

② https: // www. project-syndicate. org/commentary/will-covid19-remake-the-world-by-dani-rodrik-2020-04.

③ 有关“西班牙大流感”导致的全球死亡人数有各种不同的估计，当时很多国家的人口统计不是很精确，所以很难有高度可信的数据。5 000万是目前最常被引用的数据，乃根据迄今为止最新的研究结果，可参见Johnson, N. P. and Mueller, J.（2002）- Updating the Accounts：Global Mortality of the 1918-1920“Spanish”Influenza Pandemic, in *Bulletin of the History of Medicine*, 76（1）, pp. 105-115。

50 万以上的人因大流感而丧生，而当时美国的人口约1.01亿，如果以这个死亡率套上今日的美国人口数，那就相当于150万的死亡人数。当时最多的死亡人数出现在印度，在这个人口密集的英国殖民地，估计超过1 200万人死于大流感。

为何“西班牙大流感”是比对当前新冠病毒大流行的最有意义的历史参照，是因为“西班牙大流感”是一场真正蔓延全球的大流行病。疫情迅速扩散到五大洲，波及地球上每一个角落，连远在天涯海角的太平洋小岛都难以幸免。这也是一场暴发在全球化时代的大流行病。在第一次世界大战爆发前夕，殖民、贸易、投资、移民、金融资本与电报通信网络，已经将世界联结成非常紧密的经济体。伦敦金融市场的股票与期货波动会在几个小时内传递到全球其他的金融中心，大清帝国的铁路债券可以在全球资本市场发行，来自波士顿与纽约的金融资本深度参与全球鸦片、棉花、蔗糖、咖啡、橡胶的生产与贸易。当时虽然没有民航运输，但国际旅行比现在受到的限制还少，因为我们熟悉的护照与签证制度是1920年以后才陆续建立起来的。当时任何人只要有钱买张船票，就可以跨国旅行或举家迁徙。所有我们熟悉的现代国家官僚体系、跨国企业、国际金融、超级都会城市，在20世纪初期也都初具规模。

与当前的新冠病毒大流行最大的不同在于，“西班牙大流感”暴发在一场空前的世界大战末期，而新冠肺炎疫情暴发在承平时期，而且是西方国家所经历过的最长承平时期。“西班牙大流感”并非起源于西班牙，只因为西班牙是一战中的少数中立国，没有实施新闻管制，所以最早公开披露疫情。为了避免动摇军心或让敌军掌握疫情对战力影响的信息，美、英、法、德等参战国的疫情都因严格的新闻管制而被掩盖。

目前有记录的证据显示，病毒最可能起源于美国纽约（也有起源于堪萨斯州一说），然后随着大量投入欧洲战场的美军而扩散到协约国，被俘的英法士兵又把病毒传给德军。病毒也经由商旅、贸易渠道，以及欧洲列强在全球各地进行的殖民地战争动员（例如英国动员殖民地组织远征军），而快速向世界各地蔓延。之后又经由从欧洲战场复员的美军再次回流美国本土。

“西班牙大流感”的疫情如此惨烈，一方面是因为当时各国医疗与卫生条件远远不如现在；另一方面是因为大疫暴发在大战末期，欧美各国主政者都以赢得这场关系民族（与政权）生死存亡的战争为最优先目标，所有资源都优先投入战场，连医护资源也随着战时动员而大量调度到前线，没有太多余力来防治病毒扩散或照料后方的病患。战争动员本身也加速了疫情的扩散，军营的封闭与密集环境、大部队的远距离调防（美国共动员了高达 140 万人的部队投入欧洲战场，英国从印度、非洲、澳大利亚等殖民地调度军队），以及战争末期惨烈的肉搏战，都是加速病毒扩散的最佳温床。与今日相同的是，当时应对病毒扩散的最有效手段还是隔离，因为没有特效药。

如果我们要问一百多年前这场空前惨烈的病毒大流行病，给人类历史发展轨道带来什么样的影响，给美国与欧洲的社会制度或观念思维带来哪些永久性的改变，其实比较有限。大流感可能让欧洲战事提前几个月结束，因为交战双方的部队都饱受病毒打击而损失战力与丧失斗志。但是大流感不是决定一战结局的关键因素，真正左右第一次世界大战胜负的关键历史事件有两个：一是 1917 年 4 月美国决定参战；二是 1917 年俄国爆发的二月革命与十月革命。

美国惊人的工业生产能力、高达 300 万人的军队动员规模，以及华尔街为战争筹款的巨大融资能力，让欧洲战局从以德国为首的同盟国占优势，演变为以英法为首的协约国占优势的局面。即使大流感不曾暴发，从 1918 年 5 月开始，美国远征军大批登陆欧洲，让协约国军队的士气大振。德军在协约国最后一波“百日攻势”下损兵折将，当时其盟友奥斯曼帝国及保加利亚早已高举白旗投降，奥匈帝国更形同解体而自顾不暇：同盟国大势已去。

如果说美国的参战让协约国在欧洲战场逐步反败为胜，俄国革命的作用则是在德国内部瓦解了德意志帝国的统治基础。俄国二月革命推翻了沙皇，十月革命建立了苏维埃政权，震惊世界。推翻封建帝制、建立共和，以及无产阶级翻身的革命思潮快速向德国传播。从 1917 年开始，在左翼工人团体带领下，德国工人阶级的政治意识全面觉醒，开始发起一拨拨的罢工行动。1918 年 1 月底，柏林 50 万工人大罢工，要求建立议会共和，以及比照苏俄的提议，与协约国缔结不割地不赔款的和平条约。罢工风潮迅速扩展到了汉堡、基尔、莱比锡等城市，接着革命思潮开始渗透部队底层。厌战情绪迅速在德国士兵之间传播，最终在1918年10月底引爆基尔港4万名海员兵变，工人与士兵迅速占领各地议会并宣布成立共和，德皇威廉二世被迫退位。11月11日，德军向协约国投降，第一次世界大战结束。

一战的过程与结局对人类历史发展的影响极为深远，一直延续到今日。一战是人类历史上第一场总体战，这不仅是一场杀伤力空前惨烈的战争，也是第一场社会总体动员的战争，动员机制覆盖了所有的社会部门、各个群体以及绝大部分的生产活动。这场战争塑造了我们熟悉的现代国家机构的权力、职能、角色以及合法性基础的基本形貌。

一战也孕育了主导20世纪世界政治经济秩序重组的两大历史事件：美国的崛起以及苏维埃体制的诞生。美国的综合国力在一战后明显超越英国，并快速取代英国成为西方世界的龙头，纽约跃升为与伦敦并驾齐驱的国际金融中心。俄国革命在欧洲社会唤起工人阶级的政治意识，也在世界各地带动无产阶级革命以及殖民地民族解放风潮。在超过半个世纪后，苏维埃共产主义成为西方资本主义的强势竞争对手，逼使西方国家资本家不得不对工人阶级进行政治妥协，也迫使推行帝国主义的列强最终不得不放弃殖民统治。

一战结束后，短视的英法领袖在《凡尔赛条约》谈判期间，坚持对德国实施严苛的政治与经济惩罚，以及美国威尔逊总统因国会掣肘而无法落实以国际联盟（League of Nations）为基础的国际和平体制，注定为日后爆发更惨烈的第二次世界大战埋下祸根。一战使德意志、沙俄、奥匈与奥斯曼这4个帝国解体了，触发了民族独立运动，也引发了列强间新一轮的势力范围争夺。

英法试图瓜分奥斯曼帝国在中东与西亚遗留下来的政治地盘，意大利趁机角逐巴尔干半岛与北非，日本试图吞并德国在中国的势力范围，并逐步侵占中国东北与华北。严苛的战争赔款条件，让德国经济濒临崩溃，并长期陷入超级通货膨胀的深渊，酝酿了挣脱《凡尔赛条约》桎梏与洗刷割地、赔款与裁军屈辱的强烈情绪，最终造就了法西斯政权的兴起。

“西班牙大流感”并没有给所有上述一战之后人类历史发展的主轴带来明显改变。大流感虽然造成的死亡人数极为惊人，但对当时主要西方国家经济与社会的冲击，却被大战的巨大影响掩盖了很大一部分。大流感的第一波暴发在1918年春天，疫情消息的传播被战时新闻管制压制。此时美国与英法正在全力准备对德国的军事大反攻，各国政府选择忽视疫情风险，仍按计划部署军队调动与生产动员。大流感的第二波暴发在1918年秋天，疫情比第一波更为惨烈，但疫情造成的经济打击、社会恐慌与心理冲击，很快又被战争结束后各国急于启动战后重建、部队解编复员，以及恢复社会与经济正常运作的强大需求掩盖，所以受感染国家只有个别城市采取短暂封锁措施，没有全国范围的封锁。世界贸易从1919年就重回增长轨道。

大流感对人类历史的后续发展轨迹，没有产生根本性影响的另外一个重要原因是，这场大流感肆虐的高峰期并不长。第二波疫情大暴发到 1919 年春天就迅速缓和下来，等到 1919 年冬天出现第三波暴发时，大流感已经如强弩之末，传播速度与毒性都明显减弱。疫情很快就消失得无影无踪，然后逐渐从人们的记忆中淡出。

“西班牙大流感”比较明显的长期影响还是集中在医疗与公共卫生领域。这场灾难既加深了西方社会对病毒引发的流行性疾病强大摧毁力量之认识，也让欧美社会富豪阶层意识到大流行病威胁的对象是不分阶级与种族的，有效防疫必须动员社会整体资源。这场惨烈疫情激发了各国建立现代公共卫生体制，并带动了各国医疗体制的改革，让高度私有化的医疗体制走上社会化道路。事实上，苏俄是在一战之后首先创立覆盖全民的强制医疗保险的国家，随后北欧、西欧以及其他国家纷纷仿效。美国则走上了另一条轨道——医疗保险与雇佣合约捆绑在一起。美国从 1925 年开始逐步建立了疾病通报系统，作为对抗传染病的重要预警机制，其他西方国家也建立了类似的制度。[①] 今天大家所熟知的美国疾病控制与预防中心（CDC）的前身，是传染病中心（Communicable Disease Center）。传染病中心是二战后（1946 年）创立的，主要任务是在美国扑灭疟疾。

---

① https: // www. smithsonianmag. com/history/how-1918-flu-pandemic-revolutionized-public-health-180965025/.

梳理新冠病毒大流行的历史脉络

从历史对照的角度来看，尽管新冠病毒大流行最后导致的感染与死亡人数规模（无论是绝对数值还是相对比例）可能会远小于“西班牙大流感”，但当前的全球疫情造成的短期社会经济冲击肯定会超过一百多年前的大流感。原因很简单。

首先，21世纪人类社会的人员移动，在规模、空间距离、移动频率与速度，以及伴随而来的频繁人际交往与大型群聚活动，都远远超过20世纪初期。这不仅导致病毒可以在很短时间内快速传播与扩散，也让任何对人员移动的严格管制措施带来更大的社会与经济窒息性震撼。

其次，在超级全球化时代发展的高度细密的国际分工、高度精致的全球供应链，以及极为频繁的跨境金融交易与高度复杂的所有权结构，让世界各地群体的社会、经济、信息与金融联结和相互依赖程度远高于一百多年前。世界任何角落的社会运作的短暂休克，都会打乱距离遥远的广大群体的正常活动。

武汉是全球汽车零部件的重要生产基地，武汉全面停工就会导致邻近国家汽车厂装配线受到波及；医院使用的橡胶手套60%在马来西亚生产，正当全球订单暴增时，马来西亚政府开始实施人员移动管制，立刻导致全球供应严重短缺；华尔街股市暴跌之后，全球风险性资产全面崩跌，游资快速流出新兴市场，拉丁美洲国家的债务危机立即浮现。

再次，在新自由主义思潮的驱动下，21 世纪西方发达国家的多数群体，都是生存在安全系数最小化、资源分配短期边际效益极大化，甚至寅吃卯粮的环境下。这种走在悬崖边缘的金融操作、生产方式、社会管理、劳动雇佣或个人财务模式，会让任何一场突如其来的震荡之冲击出现数倍或数十倍放大效果。在平时，企业管理层一定尽可能采取生产外包策略，尽量多雇用临时工，把库存生产备料压到零，目的是把股票估值拉抬到极致；医疗体系管理层一定把人力资源、病床及其他设备做最优化配置，以发挥最大经济效益；对冲基金与投资银行一定把融资杠杆率发挥到极限，并用尽各种叠加的衍生金融合约；消费者倾向于将不动产抵押与信用卡融资额度用尽；多数民选政治人物都倾向于尽量变卖国有资产，把政府举债额度用尽，把个人与企业税率降到最低。

像挪威这样愿意把大量石油收益以主权财富基金方式保留给下一代的国家是罕见的异数。多数政府、企业、社会机构、家庭与个人都没有余裕，没有储备，没有闲置资源，尤其是新自由主义革命走得越深越远的社会，处在社会悬崖边缘的人口就越庞大。多数美国家庭在任何时候都拿不出 500 美元的应急现金，只要失业就可能失去医疗保险、汽车与房子；美国提供的失业保险给付在发达国家中最为单薄，各州的给付金额不同，全美国 50 个州的平均给付金额是每周 385 美元，最多只能领 26

周，且必须满足过去三年全职上班的条件。① 专家估计在美国有高达40%的劳动参与者属于零工经济（gig economy），② 论件或按时计酬，经常朝不保夕，而且他们多数不在失业保险覆盖范围内，也必须自费购买昂贵的医疗保险。③

最后，21世纪很多社会长期信奉的价值观与世界观，让多数人很难承受新冠病毒对自己关联群体的生命与健康的急剧摧残，尤其在一个信息流通极为迅速的网络传播时代，他们被这些震撼的消息与画面笼罩而无所遁逃。不同社会处境下的人群，其心理承受能力原本就有天壤之别。曾经经历过两次世界大战的，或当下生活在叙利亚、阿富汗或南苏丹的百姓，因为饱经战乱与自然灾害，都有更高的承受能力。相对而言，长期生活在安逸状态下的人们，深信科技的神奇力量，信赖政府的保护能力，他们难以接受医院尸体成堆，根本来不及火化的这种悲情画面，他们更无法相信一个原来讲求宠物生命权的文明社会，

---

① 因为现有的失业救济补助如此单薄，为了避免社会崩解危机，美国国会不得不通过紧急救助法案，给每一个中低收入家庭额外每周600美元的失业救济，最多可以领4个月，参见https：//www. cnbc. com/2020/03/26/coronavirus-relief-act-expanded-unemployment-payment-and-eligibility. html。

② https：//wtfeconomy. com/how-big-is-the-gig-economy-e674c7986a28.

③ Kathleen Thelen，"The American Precariat：U. S. Capitalism in Comparative Perspective，" *Perspectives on Politics*，Volume 17，Issue 1，March 2019，pp. 5-27. This article is based on Professor Thelen's 2018 APSA Presidential Address，https：//www. cambridge. org/core/journals/perspectives-on-politics/article/american-precariat-us-capitalism-in-comparative-perspective/13BFEA02B83DBBD792D05107A9149D2D.

居然有一天会面临必须在让大批年长者死亡与让经济大衰退之间进行抉择，必须让医生不得不做出有限的呼吸机让哪些病患优先使用这样的生死判决。

西方发达国家的公民更是期待自己的政治体制与医疗体制应对传染病危机的能力要远超非西方国家，远超发展中国家。但事与愿违，西方发达国家居然成为全球疫情集中大暴发的新震中。包括中国在内的东亚国家在应对疫情第一波暴发所展现的应变、控制、协调与调度能力，以及把确诊病例和死亡人数增长曲线迅速而有效控制下来的客观记录，给西方社会精英带来巨大的心理震撼，他们对自身的体制与文化自信、自尊与优越感遭遇到一次颠覆性的打击。让西方社会原本就有浓厚种族主义与排外主义倾向的政客与群众特别焦虑与感到挫败的是，在对抗新冠病毒过程中最关键的医疗资源，从口罩、防护服、呼吸机、制药的原料，到测试新冠病毒所需要的化学试剂，居然都需要大量从中国进口。①

大封锁后的全球化前景

很多分析家都指出，“后新冠病毒世界”带来的最大改变

---

① 班农创办的网络媒体就炒作这个议题，参见 https: // www. breitbart. com/politics/2020/04/17/andrew-cuomo-sounds-national-security-warning-everything-we-need-is-made-in-china/。

将是全球化的全面逆转，各种不利于全球化的因素都会因这场疫情而变本加厉。逆全球化的趋势在这场疫情暴发前就已经逐一浮现，至少有四股力量在削弱全球化的前进动能，甚至加速全球化的裂解。

第一，全球化的社会支持基础严重流失，新自由主义意识形态指导下的超级全球化让国家失去经济主权，削弱政府的社会保障职能，并导致经济整合的风险剧增与利益分配严重不均。西方发达国家的大量中产阶级与劳工长期陷入经济困顿，社会安全网减缩，贫富日趋两极化，激进右翼与激进左翼反全球化政治势力纷纷崛起。

第二，中美关系滑向“修昔底德陷阱”，美国对华鹰派占据政策主导地位，加速构筑对中国的地缘政治围堵，加大对中国的经济冷战，并试图硬生生让世界两大经济体全面剥离。

第三，美国在特朗普主政下全面转向激进单边主义，抛弃国际领导责任，摆脱所有国际规范与多边体制的约束，对无法配合自己政治需要的多边组织进行抵制、打击或干脆退出，导致战后自由国际秩序摇摇欲坠，开放贸易体系濒临崩解。

第四，全球经济结构性失衡日趋严重，各主要经济体的债务结构持续恶化，负债比例不断创历史新高。各国央行在全球金融危机后实行无上限的量化宽松政策，只是勉强不让资产泡沫危机全面爆发。全球金融体系系统性风险有增无减，美元的币值信用问题越来越突出。

在新冠病毒大流行暴发前，这些裂解全球化的力量已经开始产生相当作用。世界贸易增长减速，外商直接投资规模缩水，跨国金融机构收缩全球业务，跨国企业面对中美科技战与贸易战的风险，被迫重新评估全球产业布局，以美国市场为导向的制造业基地有一部分移出中国大陆，转入东南亚、南亚与墨西哥，适合全面自动化生产的也有少量迁回美国。

很多研究机构对全球化前景做出悲观预测，因为他们认定新冠病毒大流行会助长上述这些裂解全球化的力量。有四个趋势可能加速进行：一是经济民族主义抬头；二是中美战略对抗加剧；三是全球事务群龙无首，多边协调与合作机制加速崩解；四是全球增长动力熄火，债务危机加深，欧美经济滑向日本式“零利率陷阱”，新兴经济体出现债务危机。

不过，我们不必因这些预测而过度悲观，因为大流行病在各个领域造成的长期影响经常是双向的，而非单向。危机也经常蕴含激发新的思维与加速寻找替代机制的可能性。

这场全球大流行病也可能强化下列趋势：一是强化各国社会精英更深刻地认识到人类社会福祸高度相依的事实，没有一个国家能成为独善其身的孤岛；二是加速暴露民粹政治人物的短浅无能，美国政府在应对疫情上荒腔走板的表现，以及疫情失控导致的经济重创，导致特朗普政治路线被扬弃；三是让各国政治精英更深刻认识到，在全球化时代，人类社会更需有效的全球治理机制，应该提升多边体制功能，而非削弱国际机构，因为没有一个国家可以独力应对这场全球公共卫生危机，以及伴随而来的全球经济危机；[①] 四是加速 5G + 物联网、数字经济与人工智能的发展，激发全球范围 5G 基础设施建设的需求，各种替代人员群聚与空间移动，依托云端与虚拟世界的经济、社会与文艺活动将大量涌现，有效追踪与控制病毒扩散的社会治理创新模式会加速推广。2020 年广交会第一次在线上举办，虚拟商展未来有可能常态化。目前在中国大陆普遍实行的手机健康码凭证，将来可能成为国际通行的跨境人员移动的数字健康管理制度。云端交响乐演奏、视频学术论坛、留学境外虚拟校园也将成为常态。

总之，谋事在人，成事在天。“后新冠病毒世界”的历史走向既受制于主观不能左右的客观因素，但也取决于包括美国、中国、欧盟以及其他重要新兴市场国家的决策精英，在这场危机中做出什么选择，如何亡羊补牢，以及如何总结教训。如同《人类简史》的作者赫拉利在《金融时报》评论中指出的，新冠病毒后世界的面貌取决于人类社会在这场危机中如何面对两个关键抉择：一个是选择极权监控还是公民赋权，另一个是选择民族主义孤立还是全球团结。他提醒我们，如果我们走上分裂道路，各国各自为政，甚至以邻为

---

① 正如同在 G20 临时峰会举行前夕，英国前首相布朗领衔及 92 位卸任总统、首相联署的公开信所呼吁的：G20 必须发挥协同的全球领导角色，立刻采取果断的全球协同行动，来控制大流行病以及拯救全球经济，参见 https：//www. globalgovernmentforum. com/former-world-leaders-call-for-g20-to-coordinate-corona-response/。

璧，不但会让疫情危机更看不到尽头，也很可能引发更大的全球灾难。[1]

逆全球化的制约因素

进一步而言，目前出现的各种悲观预测有明显的盲点，我们也必须正视下列因素：第一，不宜高估国家退出全球化与区域整合这个选项的现实可行性；第二，在与中国彻底经济剥离这个议题上，美国社会精英并未形成统一的牢固共识；第三，全球多边体制的韧性能够经受美国缺席或抵制的考验，绝大多数国家都有支撑全球多边体制的强烈意愿，中国与新兴经济体也愿意承担更多责任；第四，全球化仍拥有广大社会支持基础，新自由主义指导下的全球化模式早已面临困境，但以中国为首的新兴市场国家正在为全球化挖掘新的动力与开辟新的路径。

首先，经济民族主义的情绪必须面对客观现实。绝大多数国家政府很快就会发现，本国的经济社会常态运作根本脱离不了过去 70 多年形成的全球相互依存结构。闭关自守与寻求经济上自给自足会削弱社会生存发展条件，所以欧洲国家不可能选择去全球化，新兴经济体对全球化带来的机遇仍抱有很高的期待。美国虽然在能源与粮食上可以自给自足，但除非愿意牺牲生活水平，不再独享国际储备货币的特权，否则去全球化也不

---

① https：//www. ft. com/content/19d90308-6858-11ea-a3c9-1fe6fedcca75.

是现实选项。

在疫情暴发高峰期，不少国家饱受无法自行生产防疫物资之痛，也饱尝争夺防疫医疗用品与设备之苦，所以在疫情消退后，条件允许的国家必然会改弦易辙，将医疗资源视为与粮食和能源一样重要的战略资源，必须建立战略储备，以及确保一定比例的本国自制能力。

但毕竟只有少数富裕国家有能力储备大批的医疗资源，也只有屈指可数的具备高端医疗科技与完整产业体系的大国，才有能力生产从医用口罩、呼吸机、断层扫描仪、病毒检测设备、药品原料、抗生素与疫苗，到加护病房设备等全方位医疗产品。而且任何一个国家的生产能力与应急储备有其极限，要有效应对像新冠肺炎这样急速暴发的大流行病，一定要在全球范围建立一套应急资源互助机制，以及医疗物资紧急生产动员与跨国调配机制，一方有难八方驰援。中小型国家及落后国家更需要这个互助机制，大国必须通过这套机制集体履行对小国的救援职责，否则自身也难逃池鱼之殃。从长远看，建立一套完整的健康与公共卫生全球互助机制势在必行。就好像中日韩与东盟国家在经历了亚洲金融风暴惨痛教训后，决心创建清迈协议，必要时可以动用外汇储备相互支持，来协助各国有效抵御国际游资流窜带来的外汇与金融震荡，防止金融危机的蔓延。

跨国企业全面收缩全球供应链的选择也必须通过经济合理性的检验。的确，这场疫情冲击凸显跨国产业供应链缺乏因应突发大型灾变的韧性，跨国企业必然会重新考虑如何降低远距供应链的断链风险。主要工业大国也会顺势引导本国企业重新布局，从跨地域的水平分工转向空间上更紧凑的区域垂直整合。因而有些研究机构预测，全球产业供应链可能重新组合为三大垂直整合体系：以美洲市场为腹地，围绕美国为核心的供应体系；以欧洲市场为腹地，围绕德国为核心的体系；以亚洲市场为腹地，并以中日韩为核心的体系。①

不过，这些预测可能随着疫情发展而持续修正。在疫情第一波暴发的高峰期，武汉的封城与中国大陆的大范围停工，激发了全球供应链将加速撤离中国的想象。不少印度观察家还乐观预期，可以趁机接收许多迁出中国的制造业活动。但等到2020年3月，欧洲与北美成为疫情第二波暴发的重灾区，到了4月，第三波疫情开始在土耳其、印度、巴西、印度尼西亚等地迅速升温，地球上几乎找不到“净土”。

美国底特律的汽车制造厂无论是从广州采购零部件，还是从邻近的墨西哥，都无法躲过大流行病带来的断链风险。所以，摩根士丹利的分析报告指出，在疫情消退后，全球供应链布局的大移转未必会发生，因为大规模移转需要新的投资，跨国企业在因应经济衰退时对大笔资本支出会更保守；更何况，中国政府展示出有能力在短时间内有效控制疫情，以及能在相当短的时间内有序复工，如果新冠肺炎疫情将来反复暴发，就降低

① https://www.thenation.com/article/economy/globalization-regionalization-covid/.

供应链风险而言，中国反而有比较优势。[①] 所以合理的推测是，未来跨国企业会试图分散供应链的风险，避免集中于单一国家。但是最具制造业竞争力以及产业供应体系最完整的中国，仍将在全球供应链占最大的分量，尤其是高附加值的产品。此外，中国自有品牌的高端制造业也将持续在世界市场上扩大份额。[②]

美国反华鹰派所鼓吹的全面发起对中国的经济冷战，让中美经济彻底剥离，本来就是损人不利己的选项，而且杀敌五千可能自损一万，所以很难贯彻到底。尽管鹰派想借助疫情失控引发的美国民众的不满与挫折感，加速推进中美经济剥离，但这个政策也必然面对经济因素的制约。

从奥巴马政府开始就鼓吹制造业回流美国，特朗普更高举这个目标作为自己的当选承诺，但要落实起来非常困难。美国产业空洞化已久，许多产业部门的供应链早已消失，各专业领域很难找到技术工人。因此郭台铭去威斯康星州生产液晶面板的投资计划落得虎头蛇尾。即使美国政府愿意支付美国企业所有搬迁费用，把在中国大陆（或亚洲）的生产线迁回美国，也未必会有很多企业响应。许多美国跨国企业都明白，如果把生

① https: // news. cgtn. com/news/2020-04-21/China-s-supply-chain-competitive-in-the-global-network-PS8TX3zxcs/index. html.

② https: // www. scmp. com/comment/opinion/article/3078940/why-coronavirus-crisis-wont-weaken-chinas-position-global-supply.

产线迁回美国，它们不但会失去中国市场，也会失去海外市场，而且还需要关税保护或美元大幅贬值才能竞争。如果美国政府强迫许多大公司把生产线迁回美国，那么美国消费者的购买力将立即下降，通货膨胀必然上升。对一个负债总额早已濒临爆表的经济体而言，通货膨胀导致利率上升将带来灾难性后果。

马斯克非常清楚中国的比较优势，所以他把特斯拉的前途押在上海的超级工厂上，这个关键性决定经过了新冠病毒危机的初期考验。作为中国大陆最早复工的企业之一，特斯拉上海工厂 2020 年 2 月 10 日起就开始全面复工。据中国工信部合格证产量数据显示，其复工后产能已超过疫情前。新冠肺炎疫情在美国暴发后，从 2020 年 3 月下旬开始，特斯拉在纽约以及加利福尼亚州费利蒙（Fremont）的整车工厂被迫停产，到 5 月 22 日才恢复正常生产，有整整两个月上海工厂成为唯一能制造整车的特斯拉工厂。特斯拉上海超级工厂第一期的第一阶段于 2019 年 1 月正式动工，不到一年的时间就完工建成，高效的项目审核与建设速度引发全球业界瞩目，也让特斯拉的股价从谷底反弹。上海超级工厂第一期的第二阶段也在 2021 年 6 月 27 日竣工，并在 7 月 5 日正式开始调试。

少数极为激进的反华鹰派甚至主张全面发起金融战，把中国逐出全球美元支付系统。与上述极端主张一样疯狂的是，少数美国政客鼓吹向中国声讨天价赔偿，以弥补本国在新冠病毒大流行造成的生命与财产损失。无论美国政府以何种理由冻结中国政府与企业在美国的资产，或是切断与中国的金融往来，都形同发动一场相互毁灭的金融核大战，这样也会自毁美元霸权的长城。此举只会逼使中国壮士断腕，宁可牺牲巨大经济利益与承受金融震荡，也要用尽全力建立人民币货币圈与贸易圈。一旦美国出此下策，只会迫使中国全力推动本币贸易结算，加速推广人民币数字货币，扩大与各国双边换汇规模，中国人民银行也将不再以美元外汇储备作为货币发行准备。

当美国也必须用人民币才能购买中国制造的产品时，美国就很难继续靠长期维持巨额贸易顺差来弥补国内消费透支与储蓄不足的问题。中国不再扮演支撑美元霸权地位的重要支柱角色时，必然全面动摇全球财富拥有者继续以美元资产作为价值储存工具之信心，美元霸权的终结将加速到来。也正因为如此，华尔街金融资本一定会全力阻挡这样的灾难发生。

眼下对于全球多边体制式微的悲观预期，都假定美国的领导角色是支撑当前全球多边体制不可或缺的关键，没有其他大国或多国集团可以替代这根支柱，这个假设未必符合实际。特朗普政府的激进单边主义的确削弱了许多现存的多边体制，但另一方面，全球变暖、大流行病、保护主义，以及经济大萧条风暴等这些迫在眉睫的全球性危机，反而更凸显全球层次政策协调与多边合作的重要性。

在 G20 成员中，没有国家跟随特朗普的反时代潮流做法，美国的长期盟友也反对特朗普的单边主义，从未松动它们对现有多边体制的支持。2020 年 4 月 15 日，特朗普公开批评世卫组织并宣布暂停拨付资助经费后，刚从医院返家的英国首相约翰逊通过发言人表示，英国不会跟随美国暂停拨款的决定，并强调世卫组织在全球对抗新冠病毒大流行中扮演的重要角色。在随后举行的 G7 视频峰会上，特朗普完全孤立无援，六国领袖都表达对世卫组织的坚定支持。①

特朗普对世卫组织的敌视立场也不代表美国主流外交精英或众多专业群体的立场：美国医学会（AMA）公开呼吁请特朗普收回成命；比尔·盖茨夫妇马上宣布在原先对世卫组织 1 亿美元的捐赠基础上，再追加 1.5 亿美元；由美国流行乐坛天后"女神卡卡"（Lady Gaga）发起的全球慈善演唱会《一个世界，一起在家》，在几个小时内为世卫组织设置的团结基金募集了将近 1.3 亿美元。

其实，在特朗普任期，所有国家都对特朗普主政下的美国不抱任何期待，各国都在设法如何在美国退出甚至阻挠的情况下，继续让《巴黎协定》、伊朗核协议、世贸组织、联合国教科文组织等持续运作。绝大多数国家的决策者都清楚地认识到，在面对新冠病毒大流行的威胁时是别无选择的，必须同舟共济。中国、德国、法国、日本等医药科技强国，都明确支持以紧密国际合作的方式，推进新冠肺炎特效药与疫苗的研发，而且承诺成果由全球分享。在这个议题上只有美国不曾明确表态。

相反，特朗普政府曾于 2020 年 3 月中旬试图以 10 亿美元

① https://www.theguardian.com/world/2020/apr/16/g7-backing-for-who-leaves-trump-isolated-at-virtual-summit.

重金挖角德国疫苗公司 Cure Vac 的研发团队，并约定未来疫苗研发成果独家供应美国，但遭到德国总理默克尔的阻止。① 许多国家都担心，如果美国在疫苗研发上抢占先机，特朗普政府会把 COVID-19 疫苗当作战略筹码，并谋取商业暴利。墨西哥领衔在联合国提案，要求确保各国能够经由公平、透明、平等、实时与有效的途径取得未来的 COVID-19 疫苗。在美国代表团来不及私下阻挡的情况下，2020 年 4 月 20 日联合国大会以网络投票无异议通过该决议案。②

2020 年的关键大选

是否应该与中国经济脱钩，是否应该追求碳中和与全面推进新能源发展，应该欢迎还是严格限制新移民，面对这些重大议题，美国社会不是铁板一块。相反，美国社会高度分裂，从奥巴马上台到特朗普执政，美国政治精英间的裂痕不断深化。2020 年 11 月的大选又是一场城市与乡村政治板块的较量，以及支持全球化与排斥全球化群体的对决。这场异常激烈的选举把投票率推升到罕见的 66. 8% 的水平，美国的建制精英与主流

---

① https: // www. politico. eu/ article/ germany-confirms-that-donald-trump-tried-to-buy-firm-working-on-coronavirus-vaccine/.

② https: // www. straitstimes. com/ world/ united-states/ us-failed-to-block-un-virus-vaccine-resolution.

媒体铆足全力才助拜登胜选。让他们大感意外的是，尽管特朗普在应对新冠肺炎疫情上的表现几乎是荒腔走板，拜登仍然赢得如此惊险。特朗普获得的普选票居然超过 7 100 票，成为历史上普选票得票第二高的候选人。在两党得票的地域分布上，跟 2016 年非常相似，拜登的选票集中在特大城市、东西两岸都会区、大学城与科技产业带，以及新移民比较集中的州，例如加利福尼亚州、亚利桑那州、新墨西哥州、得克萨斯州最南部紧挨着墨西哥的几个县。而特朗普则赢得了几乎所有的乡村、中小城市，以及广袤的内陆。根据布鲁金斯学会的统计，在大选接近尾声时，在美国的 2 974 个县中，特朗普赢得了 2 497 个县，拜登赢得 477 个，只比 2016 年希拉里的 472 个县多 5 个。当然拜登赢得的县多数是人口较稠密、经济较发达的地区，所以他赢得的县的经济占美国的七成。

拜登的外交政策在大方向上是延续奥巴马，他试图重新团结西方盟友来维护美国对国际秩序的主导权，并试图重新确立美国在多边体制内的主导地位，发挥美国在意识形态与文化领域的软实力，重视全球气候变暖问题与美国在新能源领域的竞争力，并继续把全球战略部署的重心移到亚洲，以全力对抗中国崛起与日益上升的国际影响力。

拜登上台之后，他的几项重返多边体制的决定符合众人预期，例如，他宣布重回《巴黎协定》，重返世卫组织并恢复拨款，准备重新启动与伊朗有关核协议的谈判。他的首要外交目标是修复与西欧盟邦的裂痕，并试图重振 G7 机制，利用 G7 重新夺回在G20框架内的议题主导角色，例如推动跨国企业全球最低税负。但拜登在某些领域也必然会做出调整，因为他所处的时空背景已经大不相同。

首先，他无法忽视特朗普的巨大身影。特朗普已经在美国社会全面挑起对“中国威胁”的同仇敌忾，所以他的团队必须证明自己比特朗普更有办法对付中国带来的挑战；同时，他无法忽视特朗普对自由贸易协定导致美国制造业空洞化与制造业岗位流失的指控（虽然特朗普也并没有任何有效的对策）。2016年民主党流失了不少蓝领白人选民的票源，所以拜登在贸易自由化与全球化议题上，不能仅仅满足美国跨国企业全球布局的需要，也不得不考量如何缓和经济全球化对美国中产阶级与劳工的冲击。

再者，拜登无法忽视中国的巨大身影。他的团队必须客观看待中国模式的竞争优势，也必须承认中国提出的“一带一路”倡议在发展中世界已经形成风潮，并持续削弱西方国家的影响力。所以他领导的美国政府必须采取有针对性的回应措施，甚至在某些领域不排除模仿中国的做法。例如重视基础设施投资，增加联邦政府预算来更新美国陈旧的桥梁、道路、铁路、通信以及电网；拜登还推出了美国版产业政策，强化美国的半导体与电信设备产业供应链，以及补助生物科技、可再生能源、人工智能、电动车等前瞻科技研发。拜登还在2021年6月的G7峰会上推出“重建更好世界”（Build Back Better World, B3W）基础设施计划，以抗衡中国提出的“一带一路”倡议。

不过，不少观察家认为 B3W 无法与“一带一路”倡议相提并论，更何况这个政策宣示还未见后续的财务安排。①

在新冠病毒大流行前，美国主导的全球化模式已经陷入困境，全球化的红利与风险的分配严重不均，全球性金融危机频发。在发达国家，经济开放的社会支持基础流失，新自由主义经济政策引发社会强力反弹。过去几年，全球化路径与游戏规则必须修正的呼声此起彼伏。在意识形态极度保守的美国，民主党候选人桑德斯所鼓吹的社会民主主义路线，也得到新千禧世代的高度支持。

越来越多的社会有识之士认识到，要重建全球化的社会支持基础，就必须让经济全球化服务于包容性增长的目标，必须配合社会可持续发展的需求，不能让全球化的游戏规则独惠跨国企业、跨国金融资本或垄断数字平台的科技巨兽。展望未来，这个改革方向，将因这场大流行病而得到更强的推动力量。这次新冠病毒危机在西方带来如此严重的健康与经济灾难，除了源于西方人对亚洲人种族主义式的傲慢与偏见，而导致轻忽疫情风险外，过去 30 多年新自由主义改革的贻害也暴露无遗，尤其是疫情最严重的美国。

所以，在“一带一路”倡议下，中国协同发展伙伴推进的

---

① Dnyanesh Kamat, "Biden's B3W Proposal No Serious Threat to China's BRI," *Asia Times*, June 14, 2021. https: //asiatimes. com/2021/06/bidens-b3w-proposal-no-serious-threat-to-chinas-bri/.

经济合作新模式与区域融合新路径，会在疫情消退后在广大发展中世界得到更高的认可，将为全球化注入新的融合动力，也有助于世界经济走出新冠肺炎疫情导致的严重衰退。

“一带一路”倡议本来就是应对逆全球化挑战与世界经济增长趋缓的有效策略，这个策略有四个重要的抓手：第一，中国在能力允许范围内提供更多补充性或替代性国际公共服务产品，包括提供跨国信息、商务与金融基础设施，创建多边开发融资机构，以及在绿色农业、新能源、医疗卫生、智能化治理等领域的知识分享、技术支持与人才培育；第二，通过政府主导的“区域+1”政策协商平台、官方投资基金的杠杆、指导性开发项目、教育与文化交流计划等机制深化南南合作；第三，协助发展中国家加速打造数字经济与网络社会，让个体、微型企业、中小企业、社会企业等，都有机会（绕过跨国企业）直接参与全球范围的经济分工、产销合作或金融互助；第四，建设跨区域甚至跨洲际的运输、通信、能源、信息、资金流与支付系统等基础设施的互联互通。这四个抓手可以帮助许多发展中国家激发潜在的经济增长动力，让经济融合覆盖更多的潜在受益群体。

“一带一路”倡议下启动的许多合作项目当然不免因疫情冲击而延迟，有些项目融资安排可能需要进行务实调整。但整体而言，中国引领的深化南南经济合作在疫情消退后的复原速度，将超过发达国家的经济复苏速度，因为经济互补优势不变，经济增长潜力不变，网络经济的巨大赋能能量不变。

在新冠肺炎疫情消退后，中国协同全球经济伙伴开辟全球化与区域融合新路径的积极作为，必然会遭遇来自西方国家更大的阻力与更恶毒的攻击。在新冠肺炎疫情暴发前，西方政客与媒体已经对“一带一路”倡议与中国发展模式进行各种妖魔化的指控，并不断抛出“锐实力”“债务陷阱”“数字极权主义”等诬蔑性的概念。这场新冠病毒危机对西方国家政治与知识精英的优越感与自信心打击太大，中国治理模式展现出来的相对优势，给他们带来前所未有的焦虑与挫折感，尤其是中国作为广受发展中国家欢迎的新型国际公共服务产品提供者，现在又成为全球防疫援助大国，更让西方国家咽不下这口气。所以以美国为首的西方国家政客与媒体必然会掀起新一轮对中国的诋毁与攻讦，西方媒体与智库也会炒作全球化“去中国化”的议题，对中国的海外合作项目以及中国企业“走出去”项目各种妖魔化的指控必然变本加厉。

但是他们无法阻挡中国引领的全球化新路径，因为这些新路径并不依靠美国或西方主导的多边机构或区域贸易协议，也不必担心美国利用科技与网络封锁来阻挠，在所有关键领域，中国都可以提供功能相当的平行系统。但要提防美国在“一带一路”沿线国家以及非洲大陆制造动乱与内战，或设法扶植亲美政治势力。其实，“一带一路”倡议的推进可以给陷入经济停滞的欧洲带来各种商机，中国从未排除西方国家，欧亚大陆经济整合的机会之门将对欧美跨国企业、金融机构与专业人士开放。

深化南南合作的势头并未被新冠肺炎疫情遏制，我们可以从贸易统计数据中看出端倪。2020 年全球经济萎缩了 4.4%，全球贸易更是大幅萎缩了 9%，在此经济衰退的背景下，中国与“一带一路”沿线国家货物贸易额仍出现逆势增长，同比增长0.7%，达到1.4 万亿美元，占中国货物贸易总额的比重也创新的纪录，达到29.1%。作为欧亚大陆重要陆上通道的中欧班列，在疫情笼罩的2020 年也出现逆势增长，全面开行 1.24 万列，发送113.5 万标箱，分别同比增长50%、56%。2020 年中国与东盟货物贸易也呈现逆势强劲增长，双方贸易额达6 846.0 亿美元，增长6.7%。从2019 年开始东盟就超越欧盟，成为中国第一大贸易伙伴，美国退居第三。截至 2020 年 12 月底，中巴经济走廊在确保70 个项目以及2.6 万多名中巴员工有效防疫和生命健康的前提下，所有项目实现建设运营基本正常。同时，瓜达尔港、交通基础设施、能源、产业合作、社会民生、农业、科技等领域取得一系列重大进展。具有标志意义的白沙瓦至卡拉奇高速公路的苏库尔 - 木尔坦段，也在 2020 年 12 月正式移交通车。

从比较长程的角度来看，进入 21 世纪以来，人类历史前进的脚步加速。过去认为牢不可破的结构开始全面松动，过去认为浩浩荡荡不可逆转的历史潮流出现明显退潮与反转，所谓百年不遇的大变局之轮廓日益清晰，全球秩序进入剧烈重组阶段。有四重历史趋势同步出现转折。

第一，在冷战结束后达到顶峰的单极霸权体系开始式微，美国的权力基础全面动摇，在各领域的支配能力下降，国际领导威信大幅衰落。

第二，曾经被誉为人类政治文明演进终点的自由民主体制走下神坛，西方代议体制治理失灵问题日益严峻，合法性基础动摇，人类历史回归政治文明多元并举的常态。

第三，自 2008 年全球金融危机爆发，过去 30 多年以新自由主义为指导原则的“超级全球化”明显失去动力，全球社会裂解与再融合力量交替涌现，更能响应包容性增长需求的、以南南合作为增长动力的新型全球化模式蓄势待发。

第四，西方中心世界秩序开始式微，以中国为首的非西方世界全面崛起，人类历史进入后西方中心时代，世界经济重心快速向亚洲转移，新兴经济体开始全面参与国际社会规则与标准制定。

上述四重历史趋势的前进方向，不仅没有因新冠病毒大流行而改变，反而会因这场大流行病而加快步伐。

这场百年不遇的大流行病更彰显构建人类命运共同体的真正教训，并非全球化时代的高度相互依存与巨量跨国流动带给各国空前的健康、社会与经济风险，而是当前全球治理机制与共同体意识严重落后于经济全球化。真正的解药不是让经济全球化逆转，而是让全球健康与公共卫生互助机制赶快跟上，让深刻体认全体人类命运福祸相依的全球意识，能超越狭隘的但求自保的国族本位思维。

“中国学派集成” 丛书

《抽签与民主、共和——从雅典到威尼斯》

《全球化的裂解与再融合》